KB233624

伽倻山 남연군 묘

駕洛國 十代 양왕능묘

# 실용생활풍수

정 정운 著

# 실용생활풍수

정 정운 著

三志社

# 추천사

태고의 神秘를 간직한 자연의 진리를 탐구하는 風水地理는 우리들 人間의 母體에 입태(入胎)되면서부터 세상에 태어나 삶을 누리다가 天壽를 다하고 사후 매장되어 유골이 소진(消盡)될 때까지 자연의 氣의 善惡에 절대적 영향을 받게 될 것입니다.

자연만이 간직한 명당길지의 진리는 천장지비(天藏地秘)의 보호 속에 수줍은 듯 참 모습을 보이지 않으면서도 풍수지리 자연의 오묘한 진리에 겸허하고 성실한 마음으로 접근하게 되면 秘藏된 진리의 문은 열릴 것이요, 노력한 자만이 자연이 주어진 진리의 특혜를 최대로 누릴 것입니다.

三無私 天, 地, 日, 月, 자연은 육식(六識)의 분별력있는 우리들 인간과 같이 情感의 애증(愛憎)은 존재하지 않으며 오직 자연의 공식에 따른 진리와 정직만으로 자연에 성심껏 순종한 자에게는 福祿이 따르고 자연의 진

리에 역행하는 자에게는 추상(秋霜)같은 災難이 따르는 것은 자연의 天理라 할 것입니다.

(順天者는 興하고 逆天者는 亡하는 진리라 하겠다.)

이같은 자연의 진리가 담겨진 本書著者 巨堂 丁貞云 교수는 대학과 동아일보 문화센터에서 오랜 세월 강의와 현지 실습의 경험을 바탕으로 이 한 권의 책자에 풍수지리 자연의 오묘한 진리를 관심있는 풍수학도와 실생활에 응용코자 하는 동호인 여러분이 알기 쉽게 풀이하여 수록되었으니 실용 풍수 생활 연구에 크게 도움이 될 것을 확신하면서 자연의 진리에 어두워 방황(彷徨)하는 길을 고달프게 홀로하지 않기를 바라는 마음 간절하여 추천사를 가름합니다.

2002. 6.

東亞 墨香會 會長 甫泉 金 鍾鏞

# 머리말

풍수지리는 우리들 生者의 안식처가 되는 양택풍수와 돌아가신 조상의 유택인 음택풍수를 총칭하는 표현으로 영겁으로 유원하게 이어온 지구에는 산천정기(山川精氣)만이 간직한 진리가 천장지비(天藏地秘)의 보호속에 모습을 내보이지는 않으면서도 자연의 오묘함과 진리를 깨닫고 정성어린 노력으로 겸허하게 접근하게 되면 얻고자 하는 비장(秘藏)된 진리의 문은 열릴 것이요, 얻고자 하는 진리는 반드시 얻을 것이다. 대자연은 우리들 인간과 같이 육식(六識)의 분별력이나 사적(私的)인 정감은 존재하지 않으며 무사(無私)하니 오직 자연의 진리에 순응하며 노력한 자만이 자연의 특혜를 최대로 누릴 것이다.

풍수지리는 자연에 접목시켜 대자연에서 받을 수 있는 특혜를 최대로 응용하여 건강장수로 행복한 삶을 누리고자 하는 데 참뜻이 있다.

따라서 자연과 우리 인간은 어머니에 입태(入胎)되어

세상에 태어나 천수를 누리며 살다가 사후에 유골이 소
진(消盡)될 때까지 대자연이 주는 氣의 연분과는 단 한
순간도 끊을 수 없는 것이다.

天, 地, 日, 月은 육식의 분별력 있는 人間과 같이 정
감과 애증(愛憎)은 존재하지 않으며 공식에 따라 정직과
진리만 있을 뿐이다.

우리들 풍수학도는 살아 있는 자신과 사랑하는 가족의
건강과 화목을 위하고 돌아가신 조상에 대한 참 효를 다
하기 위해 과학적인 접목으로 실용풍수에 담겨진 진리를
더욱 연구하여 우리들 삶에 기여하는 힉문으로 도움이
되기를 바라며 정성어린 孝親善業으로 더 많은 복록을
누리게 될 것을 확신하는 바이다.

2002. 6.

巨堂 정 정운 씀.

# 목차

# 제1장 총론

## 생활풍수 (生活風水)

풍수란 우리 인간이 오랜 세월을 지내오면서 터득한 대자연의 이법을 최대한 이용하여 생기가 모인 길지에 터를 잡아서 인생에 행복과 번영을 누리고 돌아가신 조상의 시신을 안장함으로써 유골과 영혼을 편안케 하려는 데 그 목적이 있다.

우선 양택인 주거지는 산수풍화의 양기가 취기된 곳에다 집을 짓고 따뜻하고 편안한 보금자리를 만들어서 가족의 화목과 건강으로 행복을 구하는 것이요, 음택인 묘지는 조상의 시신을 길한 곳에 모시어 편히 쉬도록 효를 다함과 아울러 그 자손은 돌아가신 조상의 선성의 양질에 기를 받아서 건강과 무병장수로 사회에 기여함을 추구하는 것이 그 바탕이다.

묘지는 부모 조상의 택지요 유택이며, 양택은 현재 생존한 자손의 주택으로서 조상의 시신과 생존한 자손과의 관계를 나무에 비유하면 돌아가신 조상은 뿌리요 근간(根幹)인 줄기요 생존한 우리들 자손은 꽃이요 열매가

맺는 지엽(枝葉)에 비유됨으로 지엽보다는 근간을 중시
하는 사상이 후손의 건강과 행복에 더 신속한 영향을 미
친다고 보는 것이다. 이와 같은 사상 때문에 풍수라고 하
면 양택보다는 음택인 묘지에 우선을 두는 경향이 많다.

길산도

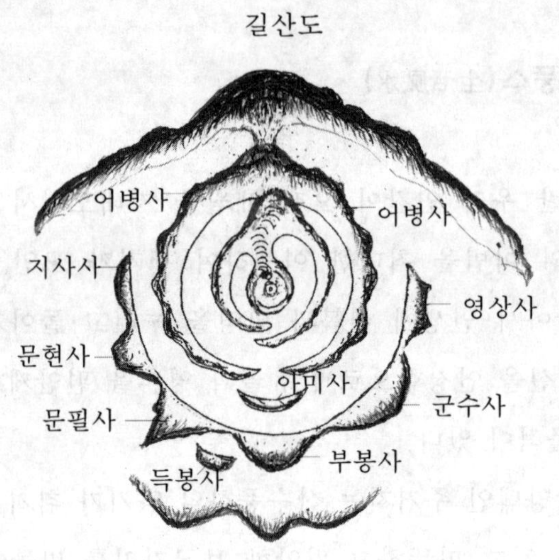



　　인자수지(人子須知 명나라 풍수지리학자)는 묘지를
살아 있는 생존자의 주택에 비유하고 있다.
　　양택인 가옥은 장풍이 잘되고 양지바른 곳에 튼튼히
지어서 벌레가 침입하거나 물에 잠기거나 맞바람, 골바
람이 닿지 않아야 기거가 편하고 행복한 것과 같이 음택
인 조상의 유골을 모시는 유택도 목근이나 충염, 수염 등
흉살이 없고 지기상승(地氣上昇)하고 취기된 길지에 편
히 모셔야 영혼은 편안하고 영혼이 편안하면 조상으로부

터 선성의 양질에 동조적 기를 받은 후손은 화목하고 건
강하게 번창한다고 하였다.

이는 마치 나무가 기름진 땅에 뿌리내리고 자라면 지
엽도 무성하고 결실도 건강하게 잘 맺는 것과 같은 이치
로서 취기된 길지에 부모와 조상의 시신을 편히 모시면
후손도 번창하고 복을 받아서 부귀를 누리며 사회에 기
여하는 동기감응(同氣感應)의 선성에 소응을 받는 것이
다.

반대로 흉지의 지맥에다 조상을 모시어서 흉살을 받거
나 수침이 되거나 목근에 해를 당하거나 충해를 받게 되
면 영혼과 유골은 산화되며 불안해지고 피해도에 따라
그 후손도 인패, 재패, 병폐 등의 재앙을 받게 되어 점진
적인 몰락으로 절사나 패망을 맞게 되는 것이다.


산형줄맥도

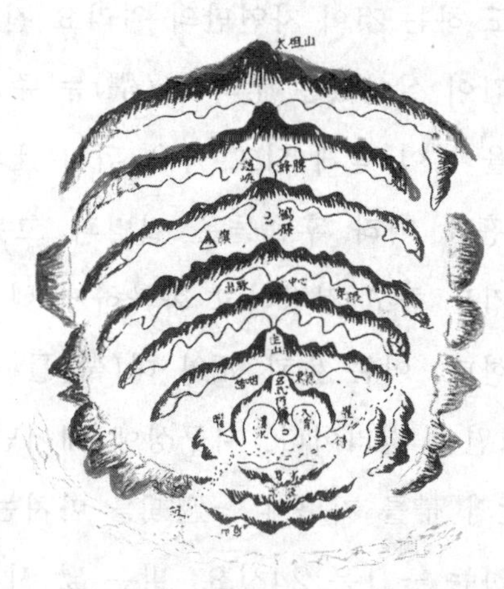

　풍수지리학은 조상의 유골을 매개로 하여 자연의 생기와 인간 생명 에너지의 합성작용을 통해 우리들 인간이 추구하는 선성의 소응을 갈구하는 자연과학의 한 분야이다.

　요컨대 선인들이 연구하고 가르침이 오늘에 이르도록 그릇됨이 없으니 온고지신(溫故知新)의 지혜와 조화로써 이 학문을 더욱더 발전시켜 재앙과 우환을 미리 막을 수 있는 생활풍수를 과학적인 학문으로 승화시켜 생활풍수사의 일원이 되도록 노력하여야 겠다.

### 風水地理와 自然科學

　風水地理 기본이 되는 山, 水, 風, 火의 자연과 방위특성의 연분적(緣分的) 작용에 의한 공식에 따라 山川정기가 결응된 명당길지의 조윤한 穴徵이 형성되기도 하고 非穴地로 남기도 하는 것이 자연만의 원리요 진리이다.

　우리들 인간이 살아있는 生의 대(帶)는 주거풍수에 상대적인 영향을 많이 받게 되고 죽은 뒤의 死의 대(帶)는 매장풍수 길흉에 따라 후손들은 질병과 고통의 우환에 시달리며 살기도 하고 건강하고 화목하게 행복을 누리며 살아가기도 한다. 이는 生과 死의 대(帶)를 인간의 일주기로 보는 보편적 진리이다. 지구상에 태어난 모든 동식물도 生과 死의 帶를 지나야 一週期를 마치는 것과 같이 우리가 생활하는 一日은 24시요 밝은 낮 시간은 인간의

生의 대(帶)에 비유되고 어두운 밤 시간은 死의 대(帶)에 비유가 되어 우리 인간의 일주기는 살아있는 낮 시간과 사후의 밤 시간이 자연의 생성괴멸(生成壞滅)의 원리에 따른 환원작용으로 100년 200년 오래도록 유골이 보존되면 그 후손은 양질에 선성의 氣를 받아 건강장수와 부귀를 누리게 되고 이에 반하여 무지와 방심으로 읍습한 흉지에서 생활하거나 흉지에 매장된 유골이 환원되지 못하고 산화작용으로 짧은 시일에 산화되어 소멸될 때 그 후손들은 우환과 고통을 맞게 되는 것은 자연법칙의 진리이다. 옛말에 역천자(逆天者)는 亡하고 순천자(順天者)는 存하는 순리이다.

지구상의 자연속에서 살아가는 동물들도 본능적으로 자신들의 쉬어가는 보금자리는 선택적으로 가려잡아 가면서 살아가고 있는 것처럼, 우리 인간도 원시시대부터 "터잡기"를 시작했던 것이다.


山水 길상도

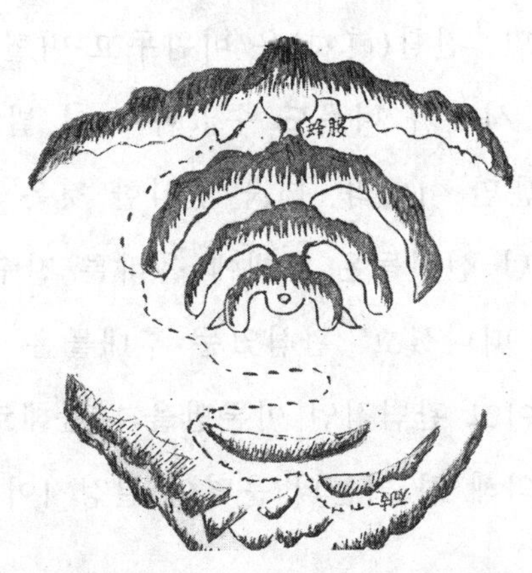

또한 돌아가신 조상의 시신(屍身)은 살아 있는 자손들의 정성어린 참 孝의 사상을 바탕으로 잘못된 흉지 매장으로 산회되지 않도록 나름대로 좋은 길지(吉地)를 찾아서 안장(安葬)하려고 노력하고 연구하여 왔으며 바로 이것이 오늘날의 風水地理學으로 이어 온 것이다.

이와 같이 風水地理學은, 우리 조상들의 체험을 통한 지혜와 오랜 세월동안의 끈질긴 노력과 혼이 담긴 귀중한 유산으로서, 우리들은 끊임없이 연구 발전 시켜야 할 학문임에는 두말할 나위도 없다.

그러나 이 학문은 山地를 실제로 답사(踏査)하면서, 체험을 통한 진리의 正論이 이루어져야 하는 학문임에도, 선인들은 山地 답사의 실습은 외면한 체 추상적이고 관념적인 이론만을 전해왔던 부분도 많았다고 할 것이다.

실제 山地의 진리와는 일치되지 못하고, 산은 산대로 책은 책대로 절름발이 학문이 되어 전해오는 오류를 범하게 되었다고 보겠다. 그 증거로는, 전국각지의 墓地를 답사하여 보면, 진혈(眞穴)은 비워두고 비혈지나 수맥위에다 매장한 사례가 너무도 수없이 많이 발견되고 있는 것이다. 그뿐만 아니라, 더욱 한심한 것은 소중한 학문에 심취하였던 선인들은 후대에 올바른 전수를 하지 못하고 세상을 떠나셨고, 관심있는 후대들은 정확한 검증 없이 추상적이고 관념적인 이론만을 나름대로 익힌 속사(俗師)들에 의해 한 가문의 운명이 결정지어질 중차대한 조상의 묘지(墓地)를 잘못 점혈(点穴)함으로 인하여, 그 피해가 헤아릴 수 없는 결과로 나타나는 사례를 우리의 주변에서 너무 많이 보게 된다.

이와 같은 오류는, 자연과 인간관계의 과학적인 진리가 담긴 귀중한, 氣의 학문이, 오히려 미신으로 오도되기까지 하는 어리석음의 결과를 초래하게 된 것이다.

과학문명의 발전과 더불어, 이 학문도 과학적으로 연구되고, 합리적으로 발전시켜서, 그 실행결과가 당장에, 또는 빠른 시일 내에 실질적(實質的)인 현상으로 증명이 되어야 비로소 학문으로서의 진가를 받게 될 것이다.

명당은 먼저 土色이 길하고 장례 후에는 후손의 가문이 안정되어 우환과 재앙이 따르지 않아야 할 것이다. 이 같은 결과가 증명되지 않음은 허상이요, 비혈이 된다.

이 순간에도 수많은 사람들이 속사(俗師)들에 현혹되고 있음은 한심한 일이요 우리들이 꼭 바로잡아야 할 과제이다.

당장에 병들어 고통받고 우한에 시달리는 자손을 구원(救援)하는 일이 더 급하고 우선함에도 속사(俗師)들은 20년 30년도 못되어 유골은 산회되며 소골될 흉지(凶地)임을 알지 못하고 물형론 등으로 현혹시키며 조상묘지(祖上墓地)를 수대 후까지 소응을 받을 길지(吉地)로 현혹되게 오도함을 보았을 때 너무나 가슴 아픈 일이다. 이제 정도풍수의 진리를 전수하여 산청정기가 모인 명당길지에 조상을 모시게 함으로서 유골은 이백년, 삼백년

오랜 세월을 두고 서서히 환원작용을 하면서, 후손들에게 동조적 양질에 생기를 주고, 좋은 소응을 받게 되는 확실한 진리의 풍수를 전수하고 전수 받아야 할 것이다.

명당길지의 진혈은 그 연분이 되는 주변의 여러 산수풍화의 역학작용에 의하여 변화하면서, 기의 응결처인 혈장(穴場)은 과학적 원리와 공식에 따라 결응된 것이다.

우리의 인체(人體) 또한 수많은 물질원소(物質元素)의 집합체(集合體)로서, 生者는 生者대로, 死者는 死者대로의 기의 작용원리가 존재한다. 이러한 자연의 氣, 인체의 氣를 접합시켜, 그 변화의 결과를 우리 인간에게 피흉(避凶)으로 선성의 길복(吉福)의 소응(所應)을 얻을 수 있게 하는, 원리와 공식을 연구해야 하는 것이, 곧 風水地理學이며 풍수의 과학화이다. 즉, 자연의 생명에너지와, 인체에너지의 합성된 氣의 작용을 통해, 우리 인간의 갈망하는 선성의 소응을 얻고자 추구하는 학문이 곧 풍수지리학이요 자연과학인 것이다.


## 祖上과 氣의 交感原理

氣는 우주만물에 존재하며 각기 고유특성의 파장(波張)을 발산하여 주변에 많은 영향을 주고 있는 것이다.

氣란, 모든 자연현상과 인위적 현상을 새롭게 싹트고 태어나게도 하고 병들고 소멸되게도 하는 생성괴멸(生成

壊滅)의 원리에 따라, 변화시키는 힘의 근원이 된다. 명당 길지의 조상의 유골은 후손에게 生命의 氣로 변화되어 서서히 환원(還元)되어야 하며 산화(酸化)작용으로 짧은 시일내에 소진(消盡)되면 그 후손도 병들고 우환과 고통으로 신음하게 된 것이다. 우리 인간이 세상에 태어남과 죽음도 마찬가지의 진리다.

氣는, 보이지도 않고 형체도 없고 만져지지도 않지만, 영원히 없어지지 않는 불멸의 존재이다.

다만 시간의 흐름과 환경변화에 의하여, 즉 시간적 공간적 존재특성(時間的空間的存在特性)의 관계작용에 의한, 그 모습만 변해갈 뿐이다.

이러한 氣는, 형체가 있는 모든 물체의 원소(元素)에 존재하면서, 제각기 특수하고 고유한 氣의 파장으로 발산되어 나타나면서 주변에 영향을 끼치게 한다.

그 고유특성의 원리에 따라 같은 氣는, 서로 교감하여 그 힘이 증폭되거나 약화되기도 한다.

그리고 생명에너지는 생명이 끊어지면, 그 형태는 변하지만, 氣의 고유특성은 변하지 않는다.

동시에 생명이 끊어진 비생명체는 그 氣가 발산되면서, 원래 元素로 되돌아가려는 성질 즉, 이산(離散)과 환원(還元)의 특성이 있고, 살아있는 생명체는 자기생존을 위하여, 氣의 특성이 동일한 氣를 교감흡수하면서, 스스로를 生成시키는 성질 즉, 集合과 生成의 特性이 있다.

이러한 물질원소의 본질과, 生命에 氣의 특성에 의하

여, 비생명체(非生命體)가 된 조상유골의 물질원소가, 이산과 환원의 특성 작용에 의해 발산하는 氣는 종성인자(種性因子) 유전인자(遺傳因子)가 동일한, 후손의 생명체에너지가 集合과 특성작용에 의하여 교감흡수함으로써, 조상의 유골은 후손의 생명에너지로 변화되어 가는 것이다.

다시 말하면, 祖上과 子孫間에는 동일유전인자로서, 체질 즉, 물질원소가 동일하고, 그 氣의 고유특성파장이 동일한 원리에 따라, 선천적으로 동조되어 있음으로 조상의 유골이 전부 소진되고, 후손의 생명이 다할때까지, 쉴사이도 없이 후손에게 교감흡수된다.

이러한 물질원소의 본질과 생명의 氣의 특성작용에 의하여, 후손에게 교감흡수되는 氣는, 동조氣와, 간섭氣의 두 종류로 구분된다.

그리하여 후손의 길흉화복은, 후손이 교감흡수하는 조상의 氣가 同調氣인가, 干涉氣인가에 의하여 결정이 되는 것이다.

이 두 종류의 氣가, 각각 발생하는 원인과, 그 작용에 의한 결과의 소응은 양질에 同調氣는 善性의 소응을 주고, 干涉氣는 재앙과 우환을 주게 되는 것이 자연의 진리요 법칙임을 깨달아야 할 것이다.

이제 우리는 합리적인 풍수지리의 학문탐구에 의하여, 과학적으로 정립되어진, 자연의 진리인 이 학문을 잘 이해하고 선용함으로써, 조상에게는 영원한 참 孝를 다하고 후손에게는 화목과 건강할 수 있는 기회를 갖도록 해야 할 것이다.

이와 같은 穴相은, 그 墓地의 자연환경과 연분이 穴場으로 응기하는 五氣를 유지하여, 동조적 역학작용이 일어나게 되고, 주변의 온 山川정기가 응축되는 것이다.

혈장의 구비조건이 갖추어지고, 자연의 山水가 응기하는 혈장에 安葬된 유골은 氣가 서서히 환원작용을 하여, 균형적인 氣의 파장을 발산하는데, 이것이 바로 祖上으로부터 받은 동조의 氣다.

이러한 동조의 氣는 생명체의 세포에 氣의 동조현상이 일어나서, 氣는 상승되면, 생명체에 氣는 그 증폭현상을 극대화현상을 일으키게 된다.

이러한 결과로, 조상의 선성에 氣를 교감흡수하는 자손들에게는 재앙은 없으며, 선성의 길복의 소응을 받게 되는 것이다. 이같이 生吉地에 모신 祖上으로부터 받는 善性의 氣의 交感原理를 더욱 연구발전시켜 현실풍수에 응용이 되도록 최선의 노력을 다하여야 할 것이다.

## 풍수와 기학 (風水와 氣學)

기(氣)는 올라가면 구름이 되고 내뿜으면 바람이 되고 땅에 떨어지면 비가 되고 지하에 돌아다니면 생기가 된다. 이 같은 생기는 살풍의 바람을 타면 흩어지고 물을 만나면 머물게 되고 지하에 돌아다니면 만물을 생육하는

데, 이와같은 기를 모아 흩어지지 않고 머물게 하니 바로 이것이 풍수지리학적인 기학이다. 기는 천지인을 비롯한 만물의 생존 존재운동의 근원적(根源的) 법칙이고 원천이다. 그러므로 지하로 흐르는 취기처를 찾아서 동조적 좋은 기의 동기감응(同氣感應)을 얻고자 하는 사상이 풍수사상이요, 기학이다.

지리서 청오경에는 인간의 운명은 지기에 의해서 좌우되는 것은 의심의 여지가 없이 확실하다고 하였다. 땅은 인간의 어머니로서 세상에 태어나서 살다가 땅으로 되돌아간 유골이 취기된 생길지에 감응되면 지기의 선성이 그 자손에게 행복과 번영을 전해 주는 것이다.

땅 속에는 목, 화, 토, 금, 수 오행의 기가 있고 이 오기(五氣)를 질이라 하고 기에 작용을 생기라고 한다.

인생에 운명을 지배한다는 것이 풍수의 본질인 생기론이다.

인간은 죽으면 뼈와 혼으로 나눠지는데 뼈는 인간의 모체인 땅으로 되돌아 가고 정신 즉 영혼은 우주의 정영계(精靈界 영의 세계)로 돌아 가는 것이다.

풍수의 목적은 천지에 자연의 이치를 합리적 접목으로 선용하여 생기지(生氣地)에 조상을 모시고 양지바른 따뜻한 곳을 찾아 집을 짓고 살면서 인간의 영화를 누리고자 하는데 참뜻이 있다 하겠다.

대지에 생육하는 만물의 포육력(哺育力)은 토사보다는 지하에 흐르는 생기에 있는 것이다.

봄이 오면 만물이 발육생성하고 추운 겨울날 따뜻한 방안의 씨앗이 싹트는 것과 같이 조상의 유골을 생기지에 모시면 유해를 매개체로 하여 후손에게 선성의 소응을 가져다주는 것이 동기감응에서 오는 동조 에너지의 전파이치이다.

즉, 천지 생기설과 부자간의 동기감응론이 풍수의 요체이다.

## 풍수의 기본(基本)

산(山), 수(水), 풍(風), 화(火), 방위(方位).

모든 혈장은 산에너지인 지기와 물에너지의 수기의 흐름과 바람에너지의 공기의 내왕과 태양에너지 천기의 일조량과 방위에너지의 특성의 합치를 기본으로 한다.

그러나 여기서 山勢용맥의 지기와 천기의 에너지는 거의 양과 질에 큰 변화가 되지 않고 방위의 특성도 용맥의 혈장이 형성되면서 이미 결정되어 있으므로 인위적인 방향 변화는 그리 많지 않다. 단, 바람과 물 흐름에 기는 질과 양에서 변화가 크고 많다. 따라서 풍수는 바람과 수기의 변화를 주로 삼는다.

### 산(山)

산은 혈장의 과실이 주인이 되고 그 혈장을 보호하면서 태조산에서 주산에 이르는 연분들이 장원하고 아름답

29

고 수, 화, 풍의 동조 에너지의 생성적 연분을 갖추고 기
복굴곡의 생기를 얻으면 길산이다.

### 수(水)

수는 천기와 지기와 조화작용으로 지기에너지를 조윤
취윰보호하며 용맥과 혈장에 생명에너지를 보완생육하면
서 혈장의 조연 분적 작용이다. 수의 득수는 혈장에 성국
을 이루는 물의 발원지요, 일명 득견 또는 천문이라고도
하며 생왕관대 방의 물은 길하다.

수구 파는 물이 흘러나가서 마지막 보이지 않은 곳 장
수처 물이 나가며 마지막 보이지 않은 곳을 말하고 일명
불견 또는 지호라고도 하며 흉방으로 장수가 되면 길격
으로 본다.

### 풍(風)

풍(바람)은 천기와 지기의 변화에 의한 발현으로 지기
의 순환 조절의 생기적동조작용으로 혈장에너지를 보완
하나 태과하면 용맥과 혈장을 파괴 또는 산기나 설기도
시킨다.

혈장의 바람은 장풍을 뜻하며 들어오는 바람을 순화시
켜 산기되지 않고 저장하는 것이 길격이다.

### 화(火)

화는 천체에너지의 주된 태양과 십이항성의 합성체로

지기의 보온과 화기의 응기량은 사계절의 변역방향작용
에 따라 거의 일정하며 변화량도 고정되어 있으므로 주
인연인 혈장에는 조연분의 작용을 한다.

방위(方位)

방위는 혈장을 만들기 위한 용맥과 보호사(산수풍화)
에 의하여 결정되어 있으나 혈장에너지를 안정되게 맺어
주고 기의 응축으로 기가 모이는 자연의 법칙과 질서를
터득하여 땅 속을 흐르는 지기의 생왕방을 찾아서 피흉
취길로 자연의 음덕을 얻어보자는 천지인 동기동근사상
에서 합치점을 찾고자 하는 이론이다.

따라서 혈장의 조건이 구비되지 않은 방위와 분금은
인위적으로 아무리 돌려 놓아도 소응없는 것이다. 단 양
택은 방위의 중요성이 더하다.

## 천지인 동기동근론 (天地人 同氣同根論)

천지는 나와 뿌리가 같고 만물은 나와 한봄이요 하늘
은 아버지요 땅은 어머니이다.

나 자신은 그 속에서 싹이 터 자라면서 혼연히 살아가
고 있다.

그러므로 천지 즉 하늘과 땅 사이에서 가득한 공간을
점유하고 하늘과 땅의 운행이 나와 같이 하는 것이 자신
인 나의 본성이다.

우주의 모든 물체는 나와 더불어 살아가면서 존재한다. 곧 천지는 부모요, 부모는 천지이니 하늘의 태막과 땅의 태반이 자연의 이치에 따라서 배태되고 생육되면서 자라가고 있음을 깨달아야 할 것이다.

## 음택과 양택 (陰宅과 陽宅)

앞서 말한 바와 같이 풍수에서는 음택과 양택은 다 같이 산, 수, 풍, 화, 방위의 조화된 지세나 국세나 보국사의 길흉에 따라 고매하고 귀한 인품도 나오고 지천한 악인도 나오는 법이다.

산세가 장원하면서 아름다우며 기상이 온후하고 물도 맑고 넓은 평야를 갖춘 지형에서 태어난 인물은 인품이 후덕하고 인심이 후하며 부귀도 많이 태어나지만 산수가 험악하고 협착한 지세에서는 광폭한 자가 태어나는 법이다.

### 양택

양택은 생존자의 주거지로서 도읍과 촌락 등 집단적으로 생활을 영위할 환경으로 자연이 주어진 산, 수, 풍, 화의 취기된 곳이라야 한다.

또는 양택은 음택과는 다르게 지기보다는 주산이 잘 감싸 안아주면서 일조량이 많아 온난하고 장풍득수가 잘되며 주변환경에 중점을 두어야 한다.

야세는 넓고 풍우를 잘 받아야 편하고 무병장수할 것
이다.

수리는 기를 모으며 부를 뜻함으로 인간생활에 필수요
건이다.

따라서 길방에서 수원이 발원되어 길방으로 오는 물이
길격이다. 또한 파구는 음택과 같이 흉방으로 역류해 나
가는 것이 길하다. 토색은 생기있는 길토라야 하고 주변
사가 유정하고 보기에 아름다워야 한다.

## 음택

음택은 천리행룡이 일석지지라고 해서 장원하게 내려
오는 용맥에 취기되어 있는 토색이 아름다운 혈처에 부
모조상의 유골을 모시어 시신을 편히 함으로써 종성인자
에 동기감응을 받고자 하는 데 그 목적이 있다.

즉 같은 씨앗을 한날 한시에 심어도 기후와 지질에 따
라서 성장과 결실은 천차만별의 결과로 나타난다.

음택은 길산길수의 장풍이 잘 되어야 하며 혈장에는
생기가 응축되어야 하고 입수, 전순, 청룡백호 등 사신사
가 잘 짜여야 되며 국세는 배면없이 조공하는 상으로 아
름다워야 하고 내룡과 득수, 파구도 아름다워야 길상이
다.

## 십간 십이지지(十干 十二地支)

天干은 열 글자로 되어 있어 十干이라고도 하며 다음
과 같다.

천간 : 갑을 병정 무기 경신 임계

    (甲乙　丙丁　戊己　庚申　壬癸)의 열 글자는 양
干과 음干으로 구분된다.

양 간 (＋) : 甲 丙 戊 庚 壬 의 다섯 글자는 양干에 속
하고

음 간 (－) : 乙 丁 己 辛 癸 의 다섯 글자는 음干에 속
한다.

地支는 열 두자로 되어 있어 十二地支라고도 하며 다
음과 같다.

지지 : 자 축 인 묘 진 사 오 미 신 유 술 해
　　　　子 丑 寅 卯 辰 巳 午 未 申 酉 戌 亥
의 十二地支는 양支와 음支로 된다.

양 지 (＋) : 子 寅 辰 午 申 戌 여섯 글자는 양支에 배
속되고

음 지 (－) : 丑 卯 巳 未 酉 亥 여섯 글자는 음支에 배
속되어 있다.


이상 양干은 양支와 합을 이루고 음干은 음支와 합이
되어 六十花甲으로 구성되어 음양오행의 변화와 우주만
물의 성쇠를 검정하는 동양학 陰學에서는 十干十二地支

가 바탕이요 기본이 됨으로 음양오행 동양학을 공부하고
자 하는 사람은 자유자재로 구사하여 응용이 되도록 반
드시 익혀야 할 것이다.

**오행(五行)**

1) 오행(五行) : 목(木), 화(火), 토(土), 금(金),
　　　　　　　　수(水)

2) 천간과 지지의 오행 배속과 음양

| 음양＼오행배속 | 목 | 화 | 토 | 금 | 수 | 참　고 |
|---|---|---|---|---|---|---|
| 양 (＋) | 甲寅 | 丙午 | 戊辰戌 | 庚申 | 壬子 | 앞글자 : 천간 |
| 음 (－) | 乙卯 | 丁巳 | 己丑未 | 辛酉 | 癸亥 | 뒷글자 : 지지 |

1) 오행의 상생(相生)은

만물이 순리에 따라 상호협조 하는 것으로

水生木 : 나무는 물의 도움으로 뿌리 내려 싹이 트고 자
라며 꽃을 피우고 열매를 맺게 된다.

木生火 : 불은 나무가 타야 상성이 되니 나무의 도움을
받아야 잘 타게 되고

火生土 : 토는 불이 타고 나면 재가 되어 흙으로 변하
니 불이 타고 나면 도움이 되고

土生金 : 금은 흙속의 광물질에 포함되어 있으면서 정

련(精練)되어 생겨나고

金生水 : 물은 지하 金石이 차갑게 되어 결로 현상이 모여 물이 되는 것이다.

이상의 五行의 相生은 자연법칙의 순리라 할 것이다.

2)오행의 상극(相剋)은

상극은 순리에 역행하고 일방적인 규제 행위이다.

木剋土 : 나무는 흙에 뿌리내려 땅을 갈라놓고 영양분을 섭취해 간다.

土剋水 : 흙으로 제방을 쌓아 흐르는 물을 막아서 흐름을 막아버린다.

水剋火 : 물은 타오르는 불에 물을 부어 불은 타지 못하고 꺼지게 한다.

火剋金 : 불은 金石을 태워 녹여버린다.

金剋木 : 금속으로 만들어진 낫이나 톱은 나무를 잘라버린다.

이는 상생과는 다르게 五行상 견제나 규제행위에 속한다.

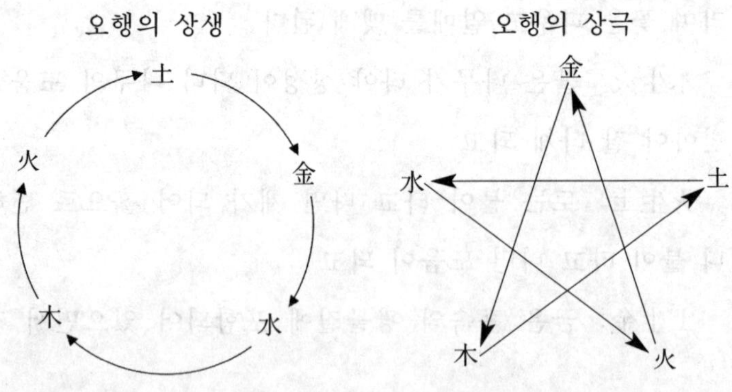

## 천간지지 선천수와 후천수

천간지지의 선천수(天干地支 先天數)

갑자순(10)의 성수에서 태극수(1)을 제한 수가 선천
수가 된다.


예 : 1) 갑자에서  임신까지는 9가 되므로

　　　 갑기자오는 9(甲己子午九),

　　2) 을축에서  임신까지는 8이 되므로

　　　 을경축미는 8(乙庚丑未八),

　　3) 병에서  임신까지는 7이 되고

　　　 병신인신은 7(丙辛寅申七),

　　4) 정에서  임신까지는 6이 되고

　　　 정임묘유는 6(丁壬卯酉六),

　　5) 무에서  임신까지는 5가 되고

　　　 무계진술은 5(戊癸辰戌五),

　　6) 천간이 없는 巳에서  申까지는 4가 되고

　　　 사해속지 4로서 4(巳亥屬之四)

선천수는 천간은 합을 이루고 지지는 충의관계를 이룬
다.

즉, 천간은 합이 되고 지지는 충의 관계이다.

천간지지의 후천수(天干地支 後天數)

壬子 : 1　丁巳 : 2　甲寅 : 3　辛酉 : 4　戊辰戌 : 5

癸亥 : 6　丙午 : 7　乙卯 : 8　庚申 : 9　己丑未 : 10

음(陰)은 짝수 양(陽)은 홀수의 천간(天干)과 지지(地支)로 구성된다.

### 八方位와 陰陽

| 二十四方位 | 八方位 | 五行 | 六親 | 陰陽 | 河洛數 | 八卦 |
|---|---|---|---|---|---|---|
| 壬子癸 | 北 | 水 | 中男 | 陽 | 1-6 | ☵ |
| 丑艮寅 | 北東間 | 土 | 少男 | 陽 | 5-10 | ☶ |
| 甲卯乙 | 東 | 木 | 長男 | 陽 | 3-8 | ☳ |
| 辰巽巳 | 南東間 | 木 | 長女 | 陰 | 3-8 | ☴ |
| 丙午丁 | 南 | 火 | 中女 | 陰 | 2-7 | ☲ |
| 未坤申 | 南西間 | 土 | 老母 | 陰 | 5-10 | ☷ |
| 庚酉辛 | 西 | 金 | 少女 | 陰 | 4-9 | ☱ |
| 戌乾亥 | 北西間 | 金 | 老父 | 陽 | 4-9 | ☰ |

방합 수장법(方合手掌法)

| 구분 \ 계절 | 봄 여름 가을 겨울 | 신 살 |
|---|---|---|
| 4생지<br>(4각지) | 寅 巳 申 亥 | 驛馬 |
| 4왕지<br>(4정지) | 卯 午 酉 子 | 桃花 |
| 4고지<br>(4장지) | 辰 未 戌 丑 | 華蓋 |

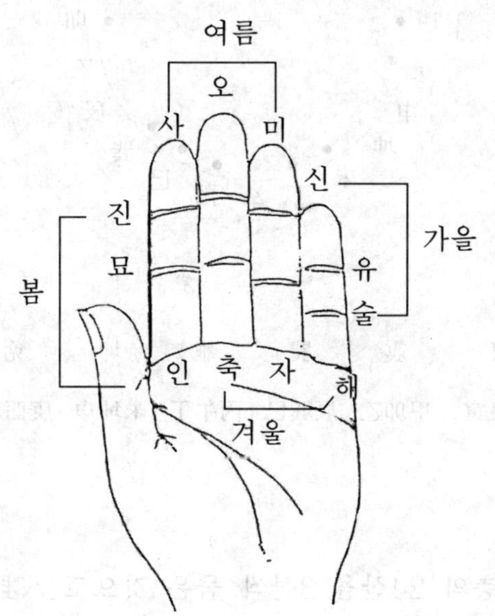

# 八山과 十二山 二十四 산론

## 팔산론(八山論)

팔괘방위도

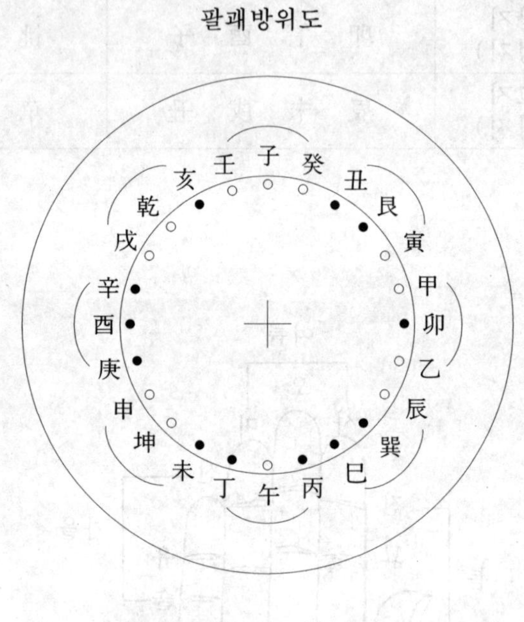



坎　　　艮　　　震　　　巽　　　離　　　坤　　　兌　　　乾

壬子癸　丑艮寅　甲卯乙　辰巽巳　丙午丁　未坤申　庚酉辛　戌乾亥

패철 四층의 24산을 3산씩 묶은 것으로 八卦 방위를
표시하니 다음과 같다(양택에서 중용됨).

　　坎山 : 임자계　　　　　震山 : 갑묘을

　　離山 : 병오정　　　　　兌山 : 경유신

艮山 : 축간인　　　　　　巽山 : 진손사

坤山 : 미곤신　　　　　　乾山 : 술건해

　이상은 양택인 동서사택의 방위를 보는데 많이 쓰인다.


## 12산(雙山)론

　패철 四층을 순행으로 先天干後地支가 동궁을 이루어서 천간과 지지가 합이 되어 일궁이 되므로 쌍산오행이라고 붙인 명칭이다.


十二쌍산도

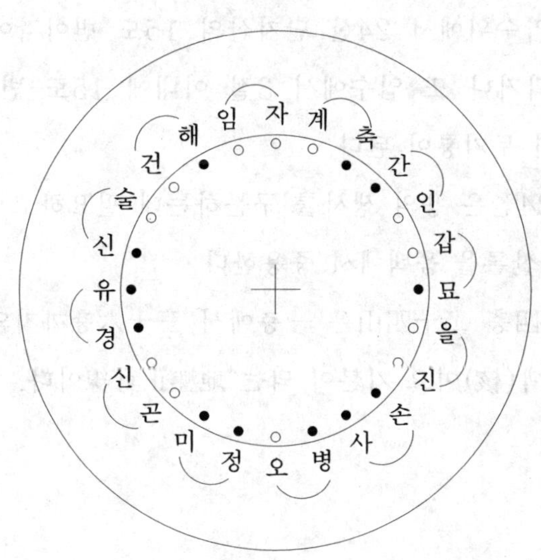

　임자, 계축, 간인, 갑묘, 을진, 손사, 병오, 정미, 곤신, 경유, 신술, 견해의 천간지지　24자가 순행으로 선

天干후地支의 2자씩 합이 되어 12방위를 이룬 것이다.
十二山은 배합용과 불배합무기용을 측정하는 二字동궁을
이룬 쌍산론이다.

### 24산론(二十四山論)

24산은 패철 四층의 二十四자를 15도 변이각에 의한
단자일자(單字일자)산이 되니 내룡의 변이 각 측정으로
용의 생사와 24방위의 길흉을 감별하는 곳이다.

(1) 30도의 변이각으로 음양이 배합절일 때는 배합으
로 길격이 되나 배합이 되지 못하면 불배합용이 된다.

(2) 입수위에서 24산 단자산의 15도 변이각이 3절,
4절이 되거나 또 입수에서 3절 이내에 15도 변이각을
유지하면 무기룡이 된다.

(3) 24산은 용의 생사를 구분하는데 필요하고 현재는
통상 12산론을 음택에서 중용한다.

패철 四층 二十四山은 一층에서 三十六층까지의 모든
검정의 핵(核)이요 기본이 되는 地盤正針線이다.

五行의 種類

| 구분 \ 五行 | 木 | 火 | 土 | 金 | 水 | 비고 |
|---|---|---|---|---|---|---|
| 正五行 | 寅·甲·卯 乙·巽 | 巳·丙·午 丁 | 丑·艮·辰 未·坤·戌 | 申·庚·酉 辛·乾 | 壬·子·癸 亥 | 干支正五行 |
| 三合五行 (雙山五行) | 甲·卯·丁 未·乾·亥 | 艮·寅·丙 午·辛·戌 | | 癸·丑·巽 巳·庚·酉 | 壬·子·乙 辰·坤·申 | 坐와 石物 및 入首 |
| 四大局 | 丁·未·坤 申·庚·酉 | 辛·戌·乾 亥·壬·子 | | 癸·丑·艮 寅·甲·卯 | 乙·辰·巽 巳·丙·午 | 坐와 破口 포태법 관계 |
| 八卦 | 震·巽 | 離 | 艮·坤 | 乾·兌 | 坎 | 八卦方位 |
| 走馬六壬 | 艮·乙·丙 坤·辛·壬 | 子·寅·辰 午·申·戌 | | 乾·巽·甲 癸·丁·庚 | 丑·卯·巳 未·酉·亥 | 陰陽年 좌 법 |
| 舊墓五行 | 坤·壬·乙 艮·丙·辛 | 申·子·辰 寅·午·戌 | | 巽·庚·癸 乾·甲·丁 | 巳·酉·丑 亥·卯·未 | 구묘穴坐와 포태법 |
| 洪範五行 | 艮·卯·巳 | 壬·乙·丙 午 | 癸·丑·未 坤·庚 | 丁·酉·乾 亥 | 子·寅·甲 辰·巽·申 辛·戌 | 山運 |
| 星宿五行 | 乾·坤·艮 巽 | 甲·庚·丙 壬·子·午 卯·酉 | 乙·辛·丁 癸 | 辰·戌·丑 未 | 寅·申·巳 亥 | 砂와 坐의 관계 |

이상의 오행은 풍수지리에서 많이 활용되는 부분만을 수록하였으니 풍수지리 연구에 도움이 되기를 바랍니다.

# 제2장 풍수술어

## 태조산 (太祖山)

태조산은 여러 고을을 대표하는 높고 큰 산으로 혈장에서는 가장 먼 산이다. 사방팔방으로 줄기가 뻗으면서 수많은 산을 낳은 산의 조상으로 모든 용의 근본이 되며 산정상은 구름이나 안개의 서기가 서려 있고 수(水), 화(火)의 형상으로 렴정화(濂貞火)나 장천주(張天水)로 되어야 진격이 된다. 염정화나 장천수는 높은 山허리에 구름이나 안개가 서려 있는 것과 같은 형상을 뜻한다.

태조산의 모습이 당당하고 웅장하며 생동감이 있고 서기양명하며 주변의 만산을 마치 신하처럼 거느리고 있는 형상이 되면 태조산으로서의 위용을 갖춘 고귀한 진용이라고 할 것입니다.

## 소조산 (小祖山)

소조산은 태조산을 떠나 사방으로 굽이쳐 갈라져 나가다가 크고 작은 지룡으로 갈라져 장차 혈이 되려는 곳을 수절을 남겨두고 높게 솟아 있는 산을 소조산 또는 주산이라고도 한다.

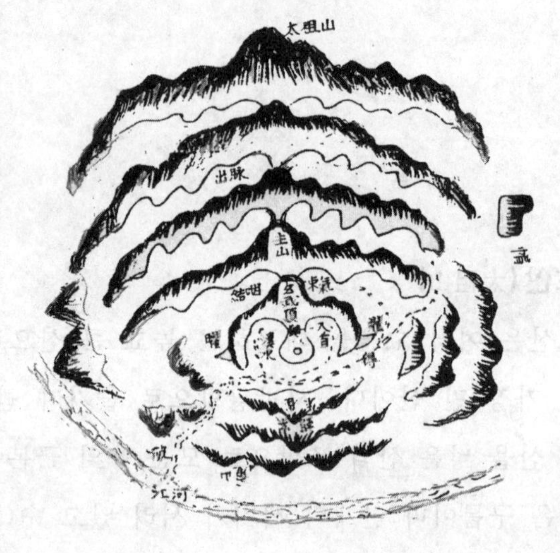



## 주산 (主山)

현무정 뒤에 솟은 산을 말하며 혈성과 가장 가까운 산
으로 조산 아래 혈성이 결혈되어 있으면 조산이 주산이
된다.

주산은 주인되는 본인에 비유되므로 조종산이 아무리
훌륭하더라도 주산이 모두 갖추고 아름다워야 길지가 되
는 것이다.

## 현무정 (玄武頂)

주산과 혈장 중간에 돌출된 곳으로 주산이 현무정이
되기도 한다.

따라서 혈장과는 아주 가까우므로 현무정까지의 내룡보다는 현무정에서 혈장까지가 아름다워야 길상이다. 이는 사세중의 하나가 되어 혈장뒤에서 머리를 드리우는 유정한 형상이 되면 길하다.

### 청룡 (靑龍)

혈의 좌측에 위치한 보호사로 주산에서 갈려나온 지룡이다. 자손의 건강과 관운출세 등 귀와 남자손을 주관한다.

또한 청룡은 하나로 된 곳도 있으나 안과 밖으로 나누어지는 곳도 있으며 이때 묘지혈장과 가까이 위치한 것을 내청룡이라 하고 밖으로 감싸는 청룡을 외청룡이라고 하며 객산보다 본신용에서 支龍으로 내려와 완연하게 혈장을 껴안을 듯 감싸주면 상격이다.

### 백호 (白虎)

혈의 우측에 위치한 혈장의 보호사로 주산에서 갈려나온 지룡(支龍)을 뜻하고 재물과 여사를 주관하며 청룡과 같이 혈장에 가까이 위치한 사를 내백호라 하고 그 밖으로 감싸는 백호를 외백호라고 한다.

### 안산 (案山)

혈 앞의 작은 산이나 언덕 등을 말하며 안으로는 혈장과 용호의 기를 거두고 밖으로 혈장을 충사하는 직래수

와 살풍의 충살을 막아 주는 작용을 말한다.

따라서 안산은 유정함을 요하니 혈을 향하여 다가서는 듯함이 길격이고 배부르거나 부서지거나 너무 높으면 노복이 주인을 제압하는 상으로 흉격이다. 穴은 안산이 없으면 생기가 멈추지 못하니 안산이 있어서 內氣를 거두어 주어야 진혈은 응결되는 것이다.

### 사신사 (四神砂)

이상의 청룡, 백호, 현무, 주작의 四砂는 혈장을 보호하고 호위하는 기능으로 혈심의 생기가 새어나가는 것을 방지하며 추운 겨울날 사람이 옷깃을 몇 겹이든 겹칠수록 의복이 신체를 보호하는 이상적인 것과 같이 용호에 있어서도 몇 겹이든 중첩되는 사(砂)가 있으면 대길격이다.

### 조산난잡 (朝山亂雜)

穴에 전사(前砂)는 이중삼중 중첩됨을 귀히 여긴다는 말인데 봉우리가 많아서 혼잡하면 어느 봉으로 正對를 하여야 바른 것인가는 주의가 요구된다.

오공구결(吳公口訣)에 전해 오기를 봉우리가 셋이 되면 가운데 봉으로 대하라 하였으니 신중함을 잊지 말아야 한다. 너무 많은 봉우리에는 조공하는 아름다운 봉으로 안대를 하고 쌍봉이 같이 아름다우면 向空中을 正對함이 길하다 하였다. 또한 正對할 아름다운 봉이 멀리 있더라도 구애됨이 없으니 가까이 보면 수봉(秀峰)이라도 추한 것이 보이는 것이 있고 비록 추한 山이라도 멀리서 보면 아름답게만 보이는 것이다. 龍穴이 아름다우나 조산의 입향의 적은 오차라도 범하게 되면 안으로 송기분금(乘氣分金)과 밖으로는 사수향배(砂水向背)가 상실되는 것이니 조그만 오차도 범하면 흉이 된다.

### 고봉독수 (孤峰獨秀)

朝案山이 독수(獨秀)한 것을 말함인데 龍身은 고룡을 꺼리나 안산에서는 일봉(一峰)이 아름다우면 극귀(極貴)로서 신동장원(神童壯元)을 주관한다.

### 전응후조 (前應後照)

穴앞의 案山外의 朝山을 전응이라 하고 혈후현무정 뒤의 山을 후조라고 한다. 좌후의 높은 山은 天柱봉이라 하고 天柱가 높고 아름다우면 수와 복을 누리며 人丁이 창성한다.

### 좌보우필 (左輔右弼)

좌보우필은 용혈의 좌우에 兩山이 있어서 보호함인대 고저 대소 원근이 서로 균형을 유지하여야 하며 이들은 모두 좌우를 호종시위(護從侍衛)함을 귀로 본다. 후룡의 좌우에 있는 것을 天乙 太乙이라 하고 과협(過峽)의 좌우에 있는 것을 천각천고(天角天孤)라 하고 명당의 좌우

에 있는 것을 천관지축(天關地軸)이라고 하며 水口의 좌
우에 있는 것을 화표한문(華表捍門)이라 하고 안산의 좌
우에 있는 것을 金품(경호)라고 하는데 이들은 모두 보
필의 역할을 맡은 것이다.

## 천문지호 (天門地戶)

천문지호는 일명 三門五戶라고도 하는데 혈의 좌우에
있는 청룡백호를 불문하고 물이 오는 쪽이 天門이요, 물
이 나가는 쪽이 地戶라고 하는데 水가 오는 쪽은 산자수
려(山紫水麗)하고 아름다워야 하며 水가 나가는 쪽은 감
추어서 물이 빠져 나가는 것이 보이지 않아야 길한 것이
니 합당하면 발복이 면면할 것이다.


## 라성원국 (羅城垣局)

라성원국은 穴의 앞과 뒤가 서로 連하여 중첩됨이 성
곽의 울타리와 같아야 하고 물의 들어오고 나감이 어느
곳에서 들어오고 어느 곳으로 빠져 나감이 보이지 않아
야 하는 것이니 허하고 결함이 없는 자연의 형상을 말한
다.


## 하수사 (下手砂)

風水에서 四方 八方을 불문하고 물이 나가는 곳을 下
手 또는 하관하비(下關下臂)라고 한다.

결혈지를 찾기 전에 하비를 보고 하관이 긴밀한가 꼼

허한가를 먼저 보라고 하였다. 혈앞에 흐르는 물이 左로 꺾이어 지면 左下手가 될 것이니 좌비용산이 역수(逆水)하여 右山백호보다 길어야 하고 右로 꺾이어 돌아가면 우비(右臂)백호가 청룡보다 길어야 한다. 이같은 水法을 역관(逆關)이라 하여 길한 것이다. 또한 역수하관(逆水下關)을 재사(財砂)라고 하여 후손의 재물과도 관계가 깊은 것이다.

陽公이 말하기를 下山이 중첩되면 대대로 빈곤을 모른다고 하였다.

| 青龍逆關 | 青龍順關 | 白虎逆關 | 白虎順關 |
|---|---|---|---|
| 水　　去 | 水　水 | 水　水 | 水　水 |
| 來　水 | 去　來 | 去　來 | 來　去 |

## 수구사 (水口砂)

수구사는 물이 흘러 나가는 양안의 산을 말하는 것으로 수구사는 어떠한 경우에도 공허하여 물이 직거직래함은 불가하니 사가 주밀하여 좁게 관쇄가 되어 막혀야 함이 길이니 중중첩첩으로 보전옥루(寶殿玉樓)와 같아서 멀리 돌고 돌아서 물이 흘러나가는 아름다운 수구라야

53

길격이다.

### 화표산 (華表山)

화표산은 물이 흘러나가는 양변에 문주방과 같이 兩山의 대치한 사이로 물이 흘러나감을 말하며 화표는 높이 솟은 山을 가르키는 말이다.

### 북진 (北辰)

北辰이란 水口사이에 기고(旗鼓)와 같은 아름다운 물형의 괴암석이 조응하는 형상을 말하며 극히 귀한사로 한 개의 北辰이 萬兵을 거느리고 왕후 공경 부마를 얻는 대지요 영웅을 낳을 길사이다.

### 수의 도국 (水의 到局)

水의 到局이란 오는 물이 명당에 이르는 것을 말하며 水의 到局이 잘 된 것은 明穴吉地를 만들고져 함이요 만약 명당에 이르러서 반배함은 부도국이요 흉이 된다.

### 승생기 (乘生氣)

지리서에서 용은 생기를 얻음을 요하고 룡이 머무는 것은 생기의 모임을 알 수 있는 것이니 생기가 오는대로 水가 인도하여야 하고 생기가 머물려면 水가 경계를 지어야 하며 생기의 모임은 砂가 호위하여야 하고 생기의 흩어짐은 풍취(風吹)로서 알 수 있는 것이니 이는 생기의 머물고 모이고 흩어짐을 알아내는 요령인 것이다.

즉, 이 모두를 승생기(乘生氣) 三字로 표현한 것이다.

## 풍수무전미(風水無全美)

風水는 아무리 좋은 길지라도 결함이 있는 것이니 조
화(造化)도 전공(全功)이 없고 성인도 전능이 없으니 眞
龍이면 혹혈(或穴)이 졸(拙)하고 龍穴은 아름다우나 砂
水에 결함이 있는 것이니 이 모두는 명혈에도 결함이 있
음을 뜻한다.

## 장필택양기(葬必擇良期)

山川에 작은 결함이 진용(眞龍)의 후복(厚福)으로 덜
함이 없으나 年月日時는 어느 부분만 잘못을 범하면 재
앙이 따른다.

龍穴砂水가 길하여도 재앙이 따르는 것은 年月日時에
흉을 범함을 깨닫지 못함이다. 반듯이 年月日時의 양진
(良辰)을 구하라 하였다.

명당길지를 얻었어도 길일시를 얻지 못하면 복보나 화
가 따르니 주의를 요한다.

길혈흉장기여시동(吉穴凶葬棄與屍同)이라 하여 시신
을 버린거와 같다 하였다.

## 풍수유숙연(風水에 有夙緣)

吉地를 얻는 것은 연법(緣法)에 따라 얻어진 것이니

구하되 구하는 자의 노력에 따라 인연대로 얻는 것이니 德을 쌓지 않고 공을 들이지 않고 탐한다고 구해지는 것이 아님을 깨닫고 정성과 노력 한만큼의 인연대로 얻어짐을 알아야 할 것이다.

### 심천 (深淺)

深淺은 천광작업에서 제일로 삼는 것이니 깊으면 氣가 위로 지나가고 낮으면 氣가 아래로 지나가니 길지를 얻었더라도 소응은 없는 것이라 하였으니 지척(咫尺)이라도 어긋나면 吉氣에 접맥(接脈)이 되지 않아 길이 흉으로 변하는 것이니 종토정(從土精)의 세심한 주의가 요구된다.

### 풍수망가축착 (風水에 妄加築鑿은 不可)

來龍은 천착(穿鑿)을 가장 꺼리는 것이니 旺氣가 傷하는 것이다. 祖上의 墓근처를 파는 것은 화를 자초한 것이 되니 용맥을 상하여 지기를 산기시키는 것은 삼가 할 것이다. 아름다움만을 탐하여 함부로 헐거나 담을 쌓고 월지(月池)를 파고 패방(牌坊)을 세우고 망주(望柱)나 건정(建亭) 등은 돈들이고 화를 초래하는 일이 되니 삼가하라는 뜻이다.

### 좌단제격 (左單提格)

청룡사가 없고 백호사로 작국(作局)이 되고 좌변(左

邊)에서 수래(水來)하고 혈판(穴坂)을 안고 돌아주는 수
사(水砂)가 청룡사를 대신하여 이루어지는 명당(明堂)을
말한다.

좌단제격도

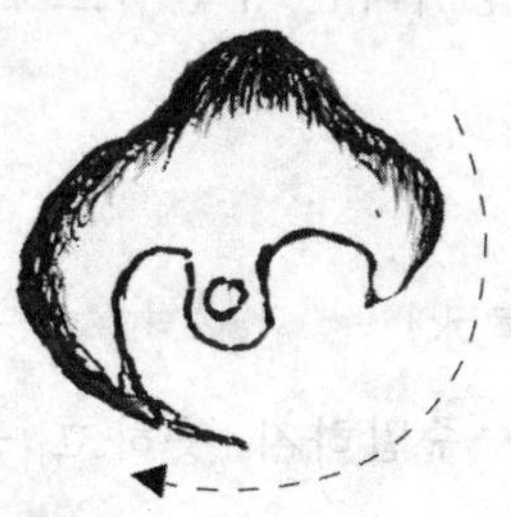

## 우단제격(右單提格)

백호사(白虎砂)가 작고 청룡사(靑龍砂)로 작국(作局)
이 되어 우변(右邊)에서 수래(水來)하여 혈판을 안고 돌
아주는 수사(水砂)가 백호를 대신하여 작혈(作穴)되는
것을 말한다.

우단제격도

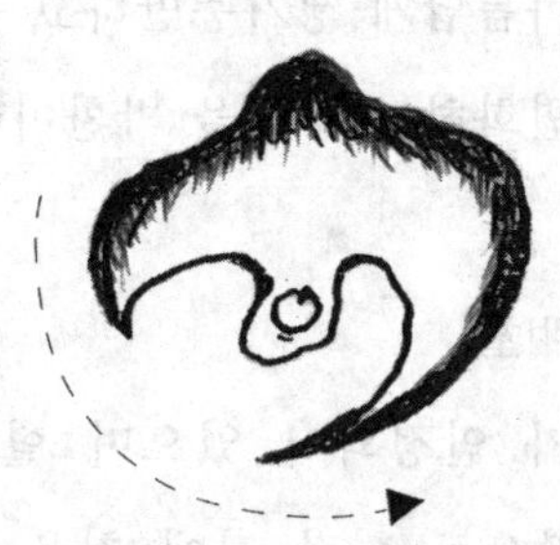

## 사경오행(四經五行)

金, 水, 木, 火, 土 五行中 금, 수, 목, 화의 사행만을 풍수에서 쓰여짐을 말한다.

五行은 金, 水, 木, 火, 土의 五氣를 주관하나 풍수에서는 방위오행만 활용함으로 金, 水, 木, 火의 사경만 사용하고 중앙토는 방위와는 무관함으로 제외된 것을 뜻한다.


## 비보풍수(裨補風水)

혈장주변국세가 주밀하지 못하고 공허하거나 凹陷한 부분에 담장이나 성황당을 만들고 나무를 심어서 피해를 최소화 하려는 인위적인 노력의 보호법이다.


## 박환(剝換)

용맥의 시작은 준급한 암석등에 쌓여서 거칠고 험준한 태조산으로부터 소조한 주산을 거쳐 혈장에 가까워 지면서 보기 흉하고 살기의 용맥은 부드럽고 아름답게 박환이 되어 주변 산세와 능선의 암석은 감추어지고 푸른 수목으로 덮이여저 아름답게 생기충만하고 유정하게 이어져 내려온 산형으로 변화하는 용맥을 박환이라 할 것이다.


## 융취명당(融聚明堂)

혈장 주변국세가 안정되어 있으며 혈앞으로 중수(衆水)가 모여드는 땅으로 혈장 좌에 청용 우에 백호가 껴

안을 듯 보호하며 사포수회(砂抱水迴) 장풍이 잘된 혈장
으로 생기가 흩어짐이 없이 아름답게 취기된 명당이다.

### 교쇄명당(交鎖明堂)

교쇄명당은 혈장 좌우를 청용과 백호가 겹겹으로 둘러
싸서 명당에 모아진 생기가 기산(氣散)되지 않도록 장풍
이 잘된 혈장으로 된 명당이다.

### 대회명당(大會明堂)

대회명당은 혈장으로 만산지맥(萬山枝脈)이 응기하고
강화(江河)가 모여드는 지세의 명당이다.

### 직경명당(直傾明堂)

명당의 혈판이 방정하고 평탄하지 못하여 사수(砂水)
가 한쪽으로 기울어서 생기가 혈장에 머물지 못하고 설
기되는 땅이다.

풍수에서 명당이 평정하지 못하고 기울어진 지세는 흉
이 된다.

### 충사명당(沖射明堂)

혈장 좌우에 청용과 백호가 응기는 하였으나 관쇄되지
못하고 안산이나 안산역할의 砂가 없는 상부혈장으로 수
충사(水沖射)를 받거나 살풍을 받는 취용할 수 없는 땅
이다.

### 광탕명당 (曠蕩明堂)

광탕명당은 혈판 앞이 넓은들판으로 장풍이 불안전하여 산만함으로 생기가 응축되지 못한 땅이다.

이같은 혈장이라도 수세가 아름다우면 무난한 명당이 될 것이다.

# 제3장 나경패철론

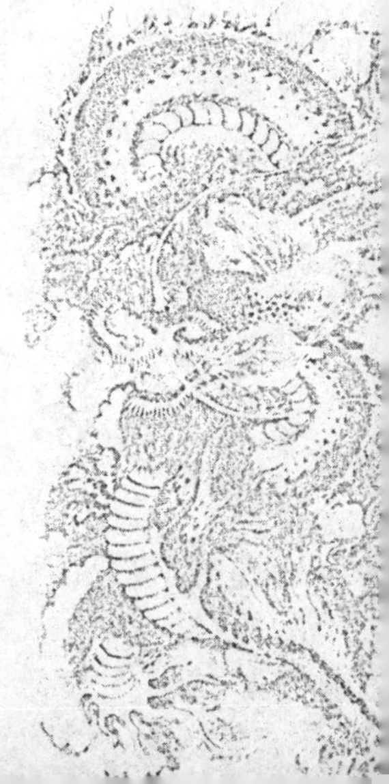

## 패철나경(佩鐵羅經)의 목적

패철의 사용 목적은 풍수지리에서는 음택인 묘지나 양택인 건물의 좌와 향과 입수룡의 생사와 주변 산세와 오는 물, 가는 물의 길흉을 살피고 오행의 상생상극 관계를 보는데 그 목적이 있으므로 음양택 구분없이 풍수의 지식을 얻고자 하는 사람은 반드시 사용하는 방법을 알아야 한다.

패철로 좌와 향과 입수와 주변사를 측정하고자 할 때에는 그 물체의 중심 위치에다 패철을 놓고 4선의 24방위 중 자(子)와 오(午)가 일직선상이 되도록 패철을 맞추어 놓는다. 이때 패철바늘의 한쪽에 표시되어 있는 구멍이나 적색 또는 백색쪽이 자(子)쪽으로 가도록 맞추어 자오(子午)로 북과 남이 결정되면 좌(坐)의 왼편은 동쪽 청룡으로 보고, 좌(坐)의 오른쪽은 서쪽 백호로 보는 것이(4정방:동서남북과 관계없이 풍수에서 좌를 보는 것이) 기본이다.

예컨데 묘 앞에서 좌향을 측정코자 할 때는 패철을 상

석 위에다 놓고 자오(子午)가 일직선이 되도록 맞추고서 산의 방향을 알고자 하면 그 산의 안산과 자신과 일직선을 그을 때 패철의 4선 글자가 갑(甲)이나 병(丙)을 가리키면 갑향 또는 병향이 되는 것이다. 이때 갑향 또는 병향의 좌측은 동쪽 청룡이요, 우측은 서쪽 백호가 된다.

패철은 36층까지 있으나 여기서는 실지 응용되는 9층까지만 설명하고 다음 기회로 미룬다.

패철 5선도

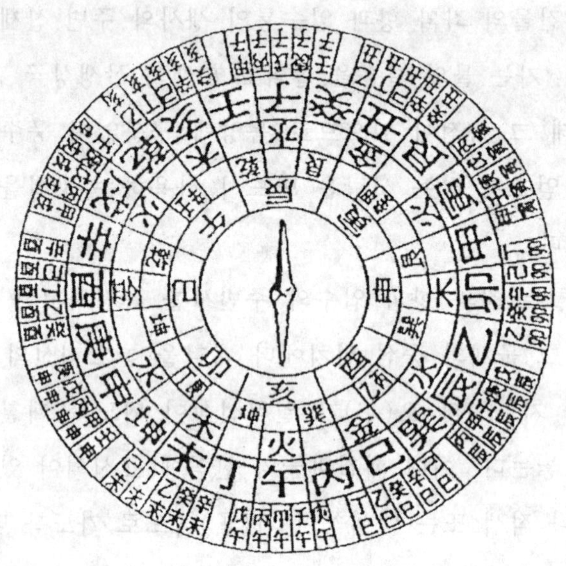

## 패철(佩鐵) 1층(一層)

패철 1층은 중앙에 잇는 1선을 말하며 진인신유(辰寅申酉) 해묘사오(亥卯巳午)의 지지인자(地支因子) 8자가 팔간(八間)으로 나누어 표시되어 있는데, 이 8괘방은 패철 4층에 있는 24방위에 대한 황천살을 의미한다.

예컨데 감괘(坎卦) 임자계(壬子癸) 3방위의 좌라면 모두 폐철 4층과 8층에 위치한 진(辰)방향에서 들어오는 물은 황천살이라고 한다.

1층 황천살도

위 그림은 패철중 임자계(壬子癸) 감(坎)방위의 부분을 표시한 그림인데 이 3방위의 임좌 사좌 계좌로된 음택인 묘나 양택인 가옥은 진(辰)방향의 물을 살펴서 그 방향이 허약하여 물이 들어오면 황천살을 받게 되는 것이다.

황천살은 아주 흉살로서 인패, 재패의 파멸을 뜻하므로 가장 주의를 요한다 하여 1층에서 이를 사용하고 있는 것이다.

24방위에 대한 황천살을 정리하면 다음과 같다.
즉 지하 양수(陽水)의 방위이다.

지하음수는 방위가 지정되어 있지 않고 묘지의 전후좌우 상하를 가리지 않고 자생수(自生水)가 광내로 스며들어오는 물을 말한다.


| | |
|---|---|
| 壬子癸는 辰방향 | 丑艮寅은 寅방향 |
| 甲卯乙은 申방향 | 辰巽巳는 酉방향 |
| 丙午丁은 亥방향 | 未坤申은 卯방향 |
| 庚酉辛은 巳방향 | 戌亥乾은 午방향 |


임자계 방위에서 진토(辰土)가 황천살이 되는 근거는 임자계가 후천 8괘에서 감괘(坎卦)양수가 되므로 양토인 진(辰)이 토극수(土剋水)를 이루는 관살(官殺)이 되므로 양수는 양토에 극을 받고 음수는 음토에 극을 받는다.

모두를 이같은 요령으로 추리하면 된다.

육친(六親)의 관살 즉 양극양 음극음의 관살이 황천살이다.


(1) 임자계좌는 坎괘이며 오행이 양수이므로 陽土辰의 관살을 받고,

(2) 축간인좌는 艮괘이며 오행은 양토이므로 陽木寅

의 황천살을 받고,

(3) 갑묘을좌는 震괘이며 오행이 양목이므로 陽金申
의 황천살을 받고,

(4) 진손사좌는 巽괘이며 오행이 음목이므로 陰金酉
의 황천살을 받고,

(5) 병오정좌는 離괘이며 오행이 음화이므로 陰水亥
의 황천살을 받고,

(6) 미곤신좌는 坤괘이며 오행이 음토이므로 陰木卯
의 황천살을 받고,

(7) 경유신좌는 兌괘이며 오행이 음금이므로 陰火巳
의 황천살을 받고,

(8) 술해건좌는 乾괘이며 오행이 양금이므로 陽火午
의 황천살을 받게 된다.

팔괘방위도

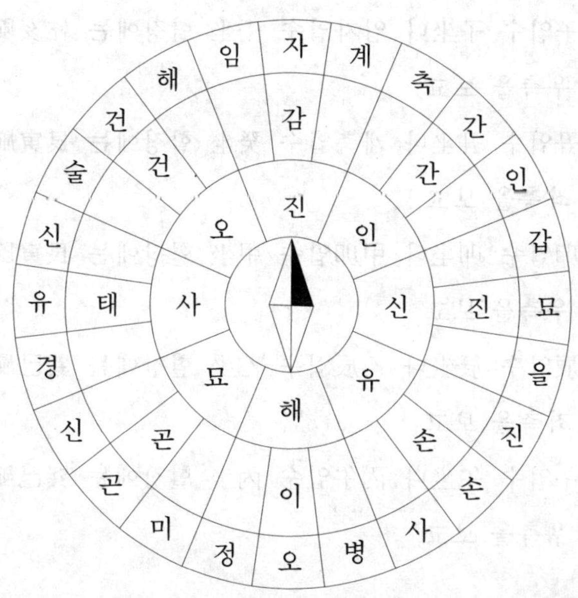

이상의 황천살인 辰, 寅, 申, 酉, 亥, 卯, 巳, 午의 8방위는 좌에서 바라볼 때 혈을 향하여 들어오는 來水를 보는 것이며 파구와는 무관하다.

## 2층(二層) 팔요풍과 향의 황천살

2층은 좌의 팔요풍과 향의 황천살을 보며 팔요풍이란 음곡자생양풍(陰谷自生陽風)을 말함인데 乾, 艮, 甲, 癸, 艮, 巽, 乙, 丙, 巽, 坤, 丁, 庚, 坤, 乾, 辛, 壬의 16방위는 음곡자생 양풍으로 방위가 지정되어 있어서 이 방위가 허약하면 堂板에 맞바람이 침입하는 것을 팔요풍이라고 하며 패철로서 식별이 가능하다.


1) 나경 二층의 팔요풍방위를 정리하면 다음과 같다.

壬子입수 子坐나 임자입수 壬坐 혈장에는 乾亥風으로 입수 우측을 보고

癸丑입수 丑坐나 계축입수 癸坐 혈장에는 艮寅風으로 입수 좌측을 보고

甲卯입수 卯坐나 甲卯입수 甲坐 혈장에는 艮寅風으로 입수 우측을 보고

乙辰입수 辰坐나 乙辰입수 乙坐 혈장에는 巽巳風으로 입수 좌측을 보고

丙午입수 午坐나 丙午입수 丙坐 혈장에는 巽巳風으로 입수 우측을 보고

丁未입수 未坐나 丁未입수 丁坐 혈장에는 坤申風으로 입수 좌측을 보고

庚酉입수 酉坐나 庚酉입수 庚坐 혈장에는 坤申風으로 입수 우측을 보고

辛戌입수 戌坐나 辛戌입수 辛坐 혈장에는 乾亥風으로 입수 좌측을 보고

艮寅입수 寅坐나 艮寅입수 艮坐 혈장에는 癸丑風 甲卯風으로 입수 좌우측을 보고

巽巳입수 巳坐나 巽巳입수 巽坐 혈장에는 乙辰風 丙午風으로 입수 좌우측을 보고

坤申입수 申坐나 坤申입수 坤坐 혈장에는 丁未風 庚酉風으로 입수 좌우측을 보고

乾亥입수 亥坐나 乾亥입수 乾坐 혈장에는 辛戌風 壬子風으로 입수 좌우측을 보고

이상은 입수좌우측의 요함(凹陷)한 곳을 중점적으로 살피되 혈장 주변에 빈약한 곳이 있어서 골바람의 피해가 되는 가를 세밀히 관찰하여야 할 것이다.

또, 2층의 좌의 팔요풍은 향의 황천살이 되니 주의깊게 살펴야 하며 1층의 황천수와 2층 좌의 팔요풍은 향의 황천살이 되니 항시 같이 관찰하여야 한다. 패철 2층의 地支가 공란으로 되어 있으나 이는 天干과 地支가 동궁이 됨으로 천간에만 표시된 것이다. 그러므로 壬子는 동궁으로 子의 2층에는 천간 壬의 2층에 있는 乾이 당연히 오게 되며 癸丑의 地支 丑도 2층에는 癸의 2층에 있는

艮이 당연히 오게 되는 것이다.

따라서 여타의 干支도 이와 같이 순행으로 붙여나가면 地支의 공란을 모두 이해할 것이다. 이상 2층은 좌의 팔요풍과 향의 황천살이 天干에만 표시되어 있으나 동궁 地支도 같이 고증하여야 할 곳이다.


2) 향의 황천살이 되는 방위를 정리하면 다음과 같다.

壬子좌 丙午향은 동남간 손방으로 나가는 물 들어온 물은 향의황천살이요

丙午좌 壬子향은 서북간 건방으로 나가는 물 들어온 물은 향의황천살이요

癸丑좌 丁未향은 서남간 곤방으로 나가는 물 들어온 물은 향의황천살이요

丁未좌 癸丑향은 동북간 간방으로 나가는 물 들어온 물은 향의황천살이요

艮寅좌 坤申향은 정서와 서남간방으로 나가는 물 들어온 물은 향의황천살이요

坤申좌 艮寅향은 정동과 동북간방으로 나가는 물 들어온 물은 향의황천살이요

甲卯좌 庚酉향은 서남간 곤방으로 나가는 물 들어온 물은 향의황천살이요

庚酉좌 甲卯향은 동북간 간방으로 나가는 물 들어온 물은 향의황천살이요

乙辰좌 辛戌향은 서북간 건방으로 나가는 물 들어온

물은 향의황천살이요

辛戌좌 乙辰향은 동남간 손방으로 나가는 물 들어온 물은 향의황천살이요

巽巳좌 乾亥향은 정북과 서북간방으로 나가는 물 들어온 물은 향의황천살이요

乾亥좌 巽巳향은 정남과 동남간방으로 나가는 물 들어온 물은 향의황천살이요

이상향의 황천살이 되는 방위는 一층의 좌에 황천살과 二층의 향에 황천살은 항시 같이 고증하여야 할 것이다.

## 3층 쌍산 3합오행 (三層 雙山三合五行)

壬子는 동궁이므로 天干地支가 같이 水가 되지만 패철에 水의 표시는 地支인 子에만 표기되어 있다.

패철의 3층은 木, 火, 土, 金, 水의 오행 중 중앙 土를 제외한 木, 火, 金, 水의 사경오행만을 반복하여 十二地支에 표시하여 놓은 方位五行이다.

金局은 癸丑 巽巳 庚酉가 3합이 되어 巳酉丑 金局을 이루었고,

水局은 坤申 壬子 乙辰의 3합이 申子辰 水局을 이루었고,

木局은 乾亥 甲卯 丁未의 3합이 亥卯未 木局을 이루었고,

火局은 艮寅 丙午 辛戌의 3합이 寅午戌 火局을 이룬다.

土局은 중앙을 뜻함으로 방위에서는 제외된 것이다.

이와 같이 3합을 이룬다는 것은 좌와 水와 吉 砂가 3합을 이룰 때는 대길이다. 2합만 되어도 길하며 또 좌와 水와 파구가 3합을 이루거나 묘비(墓碑)의 방위가 3합을 이루도록 정함도 길하다.

## 4층 지반정침(四層 地盤正針)

四線은 十二地支와 天干中 戊己를 제외한 八干과 乾坤 艮巽의 四維를 합한 24방위인데 이는 좌와 향을 十二陽方과 十二陰方으로 배합과 불배합無記용으로서 길흉의 분별과 상생상극으로 24방위 山形의 길흉을 분류 측정하는 것이다.

패철 360도 원을 24방위로 구분하면 1방위 한글자가 15도를 이루며, 子:북, 午:남은 남북으로 卯:동, 酉:서는 동서로 艮:동북간방, 坤:남서간방, 乾:서북간방, 巽:동남간방을 각각 대칭된다.

따라서 穴의 좌향은 子坐, 午向 또는 卯坐, 酉向, 乾坐, 巽向, 艮坐, 坤向으로 대칭된다.

패철의 핵심인 4층의 24방위는 1층에서 설명한 바와 같이 주역의 後天八卦를 응용한 것이 되니 1괘는 3방위를 관장한 것이다. 이것은 12양방인 천기와 12음방인

地氣의 천지음양(天地陰陽)의 변화와 상응의 조화에서 배합과 불배합 無記를 이루어 五行에 상생상극과 우주만물에 천태만상의 길하고 흉함을 분류하게 된다.

## 2자산 배합절(二字山 配合節)

2자 배합절은 순행으로 先天干 後地支의 2자가 동궁을 이루는 것을 뜻하며 다음과 같다.

壬子　　癸丑　　艮寅　　甲卯　　乙辰　　巽巳

丙午　　丁未　　坤申　　庚酉　　辛戌　　乾亥

(1) 배합 4손절(四孫節 : 4생절 孫을 주관)

　　艮寅　坤申　巽巳　乾亥

(2) 배합 4귀절(四貴節 : 4왕절 貴를 주관)

　　壬子　丙午　甲卯　庚酉

(3) 배합 4부절(四富節 : 4고절 富를 주관)

乙辰　辛戌　癸丑　丁未

### 4정방(四正方)

| 구　분 | 동 | 서 | 남 | 북 |
|---|---|---|---|---|
| 팔괘방위 | 진(震) | 태(兌) | 이(離) | 감(坎) |
| 지지방위 | 묘(卯) | 유(酉) | 오(午) | 자(子) |

### 4유방(四維方)

| 구　분 | 동북 | 동남 | 서북 | 서남 |
|---|---|---|---|---|
| 팔괘방위 | 간(艮) | 손(巽) | 건(乾) | 곤(坤) |

### 음양24방위도

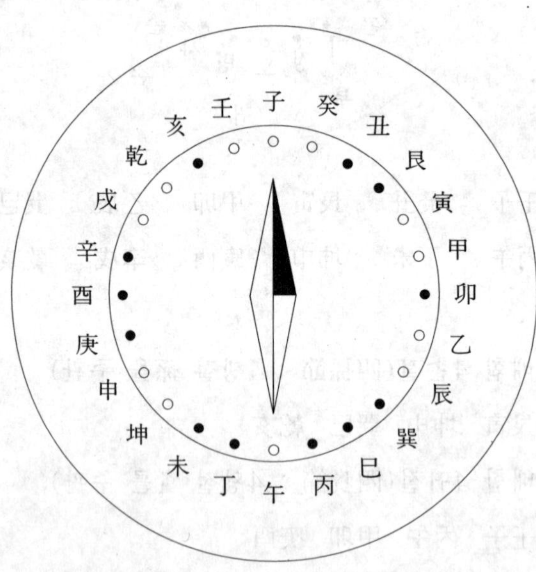

○ : 양을 표시하고 임(壬) 자(子) 계(癸) 인(寅) 갑
(甲) 을(乙) 진(辰) 오(午) 곤(坤) 신(申) 술(戌) 건
(乾)은 12양방위이다.

● : 음을 표시하고 축(丑) 간(艮) 묘(卯) 손(巽) 사
(巳) 병(丙) 정(丁) 미(未) 경(庚) 유(酉) 신(辛) 해
(亥)는 12음방위이다.

## 패철의 측정요령

자침(磁針)을 자(子) 오(午)의 중심선상에 맞추고서
龍의 내맥능선(來脈陵線)의 변이각높은 곳에서 측정한
다.

배합절 내룡의 측정도

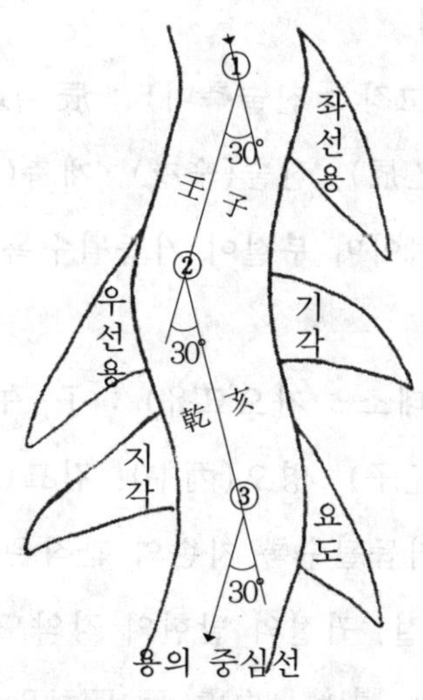

(1)번 지점에서 (2)번 지점을 또한 (2)번 지점에서 (3)번 지점순으로 패철을 맞추어 놓고서 건(乾)과 해(亥)자 중심선상으로 용맥이 들어오면 건해(乾亥) 배합절이 되고 또한 임(壬)자와 자(子)자의 중심선상으로 용맥이 되면 임자(壬子) 배합절 龍이 된다.

이상과 같이 (1)번에서 (2)번, (3)번, (4)번 순으로 측정하든 반대로 (4)번, (3)번, (2)번, (1)번 순으로 바라보면서 같은 요령으로 측정하든 측정의 방법은 무관하며, 배합절이 된 곳에서 혈장을 찾아야 結穴處를 구할 수 있다.

4손절 방위(4태맥 : 인신사해) : 寅, 申, 巳, 亥

손절은 간인(艮寅), 곤신(坤申), 손사(巽巳), 건해(乾亥)의 4절은 손절이며 손절이 거듭될수록 자손이 번창하고 장수 건강한다.

4부절 방위(4고장 : 진술축미) : 辰, 戌, 丑, 未

부절은 을진(乙辰), 신술(辛戌), 계축(癸丑), 정미(丁未)의 4절은 부절이며 부절이 거듭될수록 자손에게 부가 풍요하여진다.

4귀절 방위(4태조 : 자오묘유) : 子, 午, 卯, 酉

귀절은 임자(壬子), 병오(丙午), 갑묘(甲卯), 경유(庚酉)의 4귀절은 거듭될수록 자손의 관직은 높아진다.

이상 손절, 부절, 귀절의 발현의 강약도는 來龍, 玄武, 朱雀, 入首, 穴場, 靑龍, 白虎 등 四神砂의 保局의 역량

과 來龍의 節數合致에 따라 발현의 강약이 달리 나타난
다.

동궁배합절의 발현도

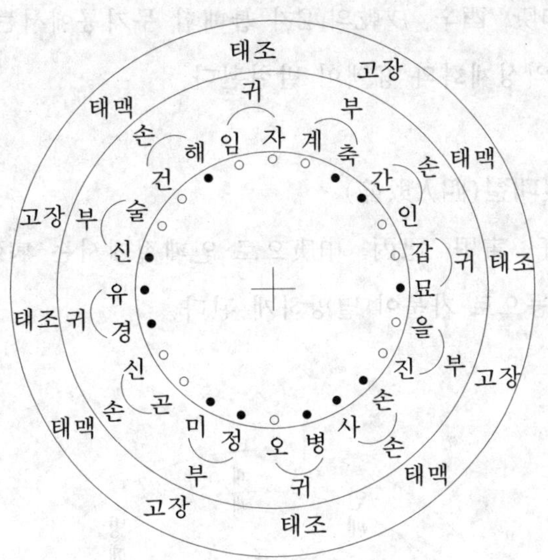


　　이상 배합절은 순행으로 선간(先干) 후지(後支)로서
동궁의 쌍산 중심선상으로 내룡맥이 들어오면 배합절이
다.
　　24방위 중 흑점은 음(陰) 백점은 양(陽)방위이다.

## 불배합 2자 무기룡의 측정공식

　　불배합 12방위의 공식을 이해하기 쉽게 표기하면 다
음과 같다.

즉 배합룡과 반대로 순행으로 先支 後干의 同宮 雙山 용맥이 두 글자의 중심선상에 들어오면 2자 불배합 無記 龍이다.

亥壬, 子癸, 丑艮, 寅甲, 卯乙, 辰巽, 巳丙, 午丁, 未坤, 申庚, 酉辛, 戌乾의 2자 불배합 무기룡에서는 다음과 같은 악성재화와 흉액이 발현된다.

### 4인패절(四人敗節)

亥壬, 寅甲, 巳丙, 申庚으로 인패절에서는 病死者, 慘死者 등으로 가문이 멸망하게 된다.

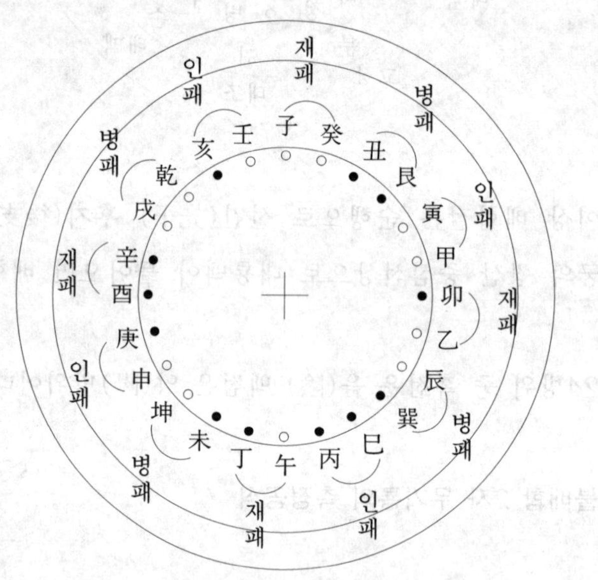

### **4재패절**(四財敗節)

子癸, 午丁, 卯乙, 酉辛으로 자주 손재를 당하게 되며 절이 거듭되면 끝내는 파산의 파경을 맞게 된다.

### **4병패절**(四病敗節)

辰巽, 戌乾 ,丑艮, 未坤으로 난치병 고질병 환자가 대를 이어 늘어난다.

이상의 인패 재패 병폐 절은 來龍과 穴場과 四神砂의 결함에서 결정되며 순행으로 先支 後干의 쌍산으로 내려 오는 龍이면 불배합 2자 무기룡이다.


### 3자 배합 무기룡 12방위의 측정공식


3자 배합 무기룡도

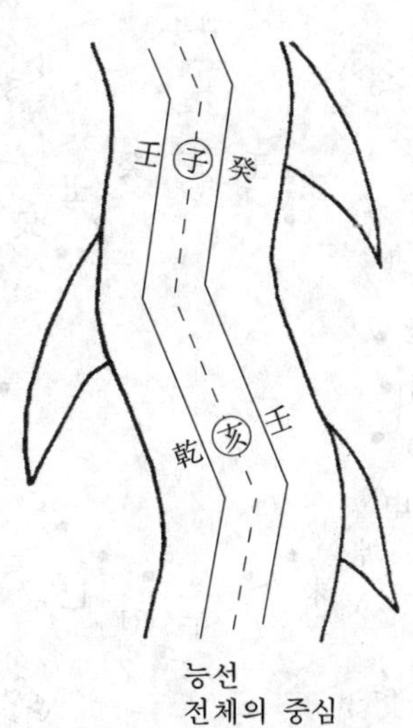

　3자 배합무기룡은 來龍능선 높은 곳의 중심선을 측정하여 보면 임자(壬子)나 건해(乾亥)의 배합절이 된 것같지만 來龍脈의 임(壬)과 계(癸)쪽이 후부하여 평탄한광맥이 되니 임자계(壬子癸) 건해임(乾亥壬) 등의 3자내룡맥이 되어 중심선은 자(子)나 해(亥)의 單字의 地支來龍이 된다.

### 배합 무기룡의 공식

　壬子癸　癸丑艮　艮寅甲　甲卯乙　乙辰巽　巽巳丙　丙午丁丁未坤　坤申庚　庚酉辛　辛戌乾　乾亥壬 이상 十二절이다.

　배합3자 무기절에서는 다음과 같은 악성적 특성이 발현된다.

## 불배합 3자 무기룡 측정공식

불배합 3자 무기룡은 來龍의 중심선을 측정하여 보면
子癸와 亥壬의 子쪽 능선이 평탄한 광맥이 되니 癸와 壬
의 單字一字중심이 되어 子癸丑 亥壬子로 각각 불배합
무기룡이 되어 천간단자산(天干單字山)으로 내려온다.

불배합 3자 무기룡공식은 다음과 같다.

불배합 3자 무기룡 측정도

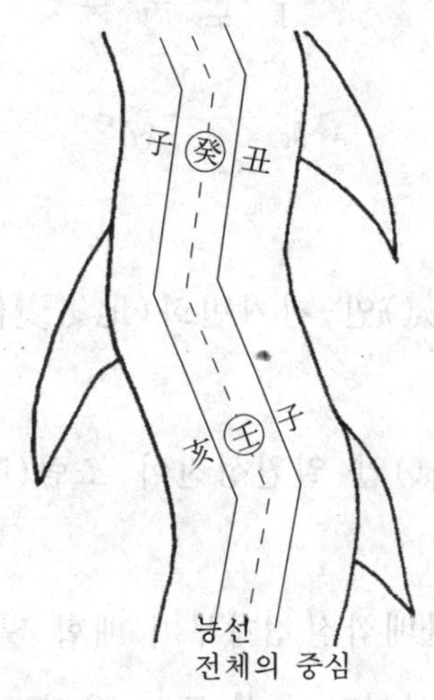


亥壬子　子癸丑　丑艮寅　寅甲卯　卯乙辰　辰巽巳　巳丙午
午丁未　未坤申　申庚酉　酉辛戌　戌乾亥의　十二절에서는 다
음 그림과 같이 악성적인 재앙이 발현된다.

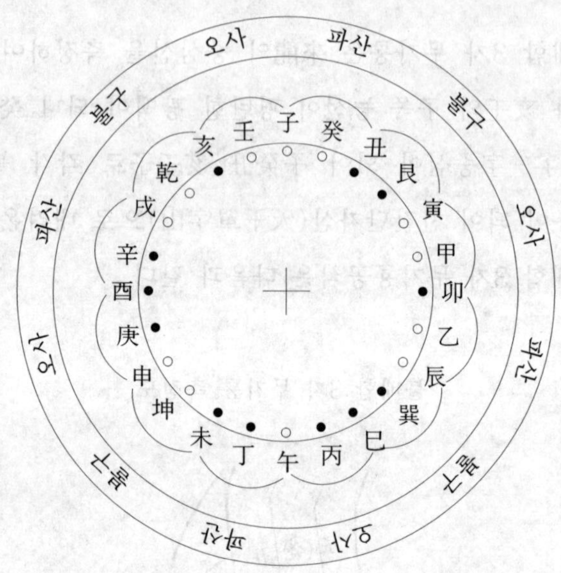

●은 음기(陰氣)인 지기변화(地氣變化)가 상승하는 12음방이다.

○은 양기(陽氣)인 일월성진이 조림(照臨)하는 12양방이다.

이상 배합절 불배합절 3자무기 배합 및 불배함절의 來龍脈과 入首脈좌선이나 우선 또는 음양오행의 변화에 따라 우리들 인간에 남년노소와 장차손의 길흉화복과 흥망성쇠의 시기를 판별한다.

이상과 같이 패철로 동서남북 24방위를 측정하여 보면 패철상 一字山, 二字山, 三字山도 있어서 배합과 불배합 무기룡으로 분류된다.

이자산에는 배합과 불배합 이자산으로 분류되어 길흉이 각각 다르다.

일자산은 삼자산으로 來龍脈의 중심능선 높은 곳이 천간이나 地支의 단자로 내려오는 산을 말하며 모두가 흉격으로 취용이 불가하다.

## 羅經(패철)으로 래룡의 산형 측정법

| | | | | |
|---|---|---|---|---|
| 二字山 | 配合 | 四孫節<br>四貴節<br>四富節 | 艮寅,巽巳,坤申,乾亥<br>壬子,甲卯,丙午,庚酉<br>癸丑,乙辰,丁未,辛戌 | 子孫<br>貴官<br>富財 |
| | 不配合 | 四人敗節<br>四財敗節<br>四病敗節 | 亥壬,寅甲,巳丙,申庚<br>子癸,卯乙,午丁,酉辛<br>丑艮,辰巽,未坤,戌乾 | 夭死<br>財敗<br>疾病 |
| 三字山 | 配合三字戊己 | 四貴節 | 壬子癸　庚酉辛　甲卯乙　丙午丁 | 官訟 |
| | | 四富節 | 癸丑艮　丁未坤　乙辰巽　辛戌乾 | 盜賊 |
| | | 四孫節 | 艮寅甲　坤申庚　巽巳丙　乾亥壬 | 相避 |
| | 不配合三字戊己 | 四人敗節 | 亥壬子　巳丙午　寅甲卯　申庚酉 | 誤死 |
| | | 四財敗節 | 子癸丑　午丁未　卯乙辰　酉辛戌 | 破産 |
| | | 四病敗節 | 丑艮寅　未坤申　辰巽巳　戌乾亥 | 不具 |
| 五行 | 三合 | 水　局<br>金　局<br>火　局<br>木　局 | 坤申　壬子　乙辰<br>巽巳　庚酉　癸丑<br>艮寅　丙午　辛戌<br>乾亥　甲卯　丁未 | 1.6<br>4.9<br>2.7<br>3.8 |

向上五行 : 寅申巳亥는 十二運星의 生向 子午卯酉는
十二運星의 旺向


第一線 : 黃泉水 測定 : 穴의 下部 좌우결함

第二線 : 八曜風 測定 : 穴의 좌우결함 : 向의 黃泉水
穴의 좌우 앞부분 결함

第三線 : 三合五行 : 坐水砂碑

第四線 : 二四方位, 八方位, 陽宅 : 十二方位 : 水口四
大局五行

第五線 : 분급법 측정과 입수맥 길흉 검측

이상은 나경으로 내룡을 측정하는 기본이 되니 來龍山
形측정에 도움이 되시기 바랍니다.


## 오층 천산(五層 穿山) 72룡

오선(五線) 72룡은 12지지(地支)가 5회씩 반복된 60
룡과 빈공란 12룡으로 표시된 것이다.

천산 72룡은 주산으로부터 내려오는 내룡맥의 중심으
로 천심(穿心)되며 혈장에 기가 취기되는 과정을 천산이
라하며 입수 혈장까지 들어오는 기맥이 주보혈(珠寶穴)
로 투지되어 들어왔느냐 산기맥(散氣脈)으로 들어왔느냐
를 간별하기 위하여 360도원을 4선의 24방위로 나누면
일방위는 15도가 되고 15도를 다시 5도씩 나누는 것이
5선의 72용이 되는 것이다. 이5선은 4선의 天干과 地支

위에 각3용씩으로 나누어져 있으며 12地支위의 3용 중 중앙은 쓰지 못하고 양변의 투지용은 생기맥 왕기맥으로 활용이 되며 또 12天干에서는 양변의 투지맥은 냉기맥으로 쓰지 못하고 중앙공란투지맥은 활용하게 된다.

즉 壬坐일때는 5선의 癸亥, 공란, 甲子 3개의 투지용 중 가운데 공란의 정기맥은 사용이 되고 양변의 癸亥맥 甲子맥은 산기맥이 되니 활용되지 못하며 子坐일때는 5선의 丙子맥 戊子맥 庚子맥 三龍 중 양변의 丙子맥 庚子맥은 활용이 되고 중앙의 戊子용은 패기맥으로 활용하지 못하는 것이다.

즉 甲子旬 냉기맥(冷氣脈) 戊子旬 패기맥(敗氣脈) 壬子旬 퇴기맥(退氣脈)은 무기살이라 하여 길흉이 상반하니 활용되지 못하고 丙子旬 왕기맥(旺氣脈) 庚子旬 생기맥(生氣脈) 空亡龍 정기맥(正氣脈)으로 들어오는 투지용은 활용이 되는 것이다. 이에 따라 오선은 용맥투지의 흐름에 따라 정상적인 배합절을 검측하면서 좌선 우선의 측정으로 결정된 坐에서 山에너지의 흐름을 시신과 안정적으로 냇어주는 작업이나.

즉 분금법(分金法)은 하관할 때 쓰는 법식으로서 혈이 맺힌 곳에 산의 양전기와 음전기가 되는 지기와 시신을 교합시켜 100% 지기를 받게 하는 작업이다.

분금은 명당으로 혈이 맺힌 곳은 4선의 천간과 地支의 배합으로 되어 있는데 묘지의 근본좌는 좌선룡 우선룡에 따라 천간이나 地支의 單字坐로 되는 것이다.

예를 들면 우선 임자(壬子) 음양배합산에는 地支 單一字 자좌(子坐)로 결정되기 마련이다. 또 좌선 임자(壬子) 음양배합산에는 천간 單字인 임좌(壬坐)로 된다.

분금법은 장법에서 상세한 설명을 하고자 이곳에서는 간단한 설명만 하기로 한다.

분금법은 하관시 地氣와 시신(尸身)을 안정적으로 맺어주는 작업으로 입수목에서 들어오는 정기맥, 왕기맥, 생기맥과 시신을 X자로 교합이 되도록 맺어줌으로써 地下에 흐르는 생기를 100%받고자 하는 작업이 되니 세심한 주의기 요구된다.

## 우선입수 재혈분금도

그림1)

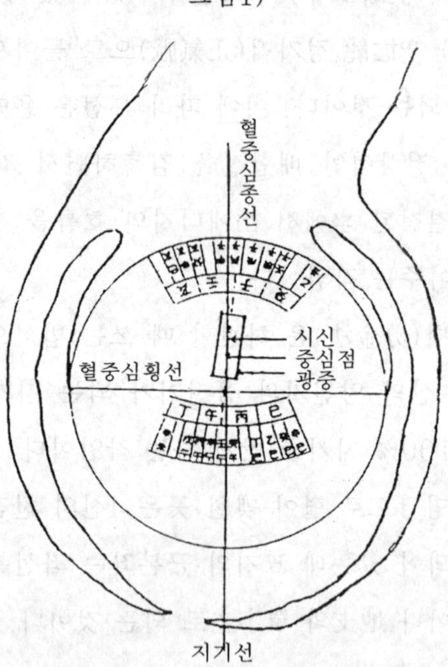

즉 우선의 임자(壬子) 입수의 분금을 놓을 때는 패철을 관의 중심에 자좌오향(子坐午向)으로 맞추고 오선(五線)의 병자(丙子)와 임오(壬午)로 연결되도록 하면 X자로 교합이 되고 또 좌선의 임자(壬子)분금을 놓을 때는 패철을 관의 중심선상에 임좌병향(壬坐丙向)으로 맞추고서 오선(五線)의 갑자(甲子)와 경오(庚午)가 일직선으로 연결되도록 하면 X자로 교합이 되어 100% 생기의 출력을 내게 하는 것이다.

### 좌선입수 재혈분금도

그림2)

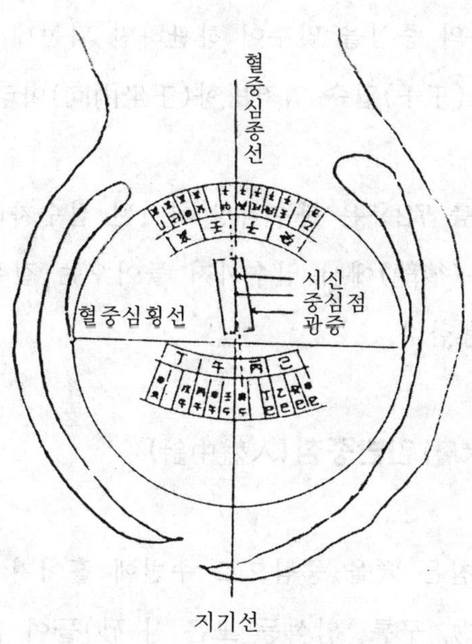

그림 1)의 우선입수 재혈분금도와 같이 임자(壬子)입수 우선혈장이라면 입수쪽 四線 자(子)란의 제오선 병자(丙子)의 중심선상으로 시신의 머리부분 상부의 두침(頭枕)을 맞추고서 전순쪽 4선 오(午)란의 제오선의 임오(壬午)의 중심점과 일직선이 되게 시신을 맞추어 하관하면 된다. 즉 우선 임자(壬子)입수이므로 임자(壬子)입수 자좌오향(子坐午向)이 된다.

그림 2)의 좌선입수 재혈분금도와 같이 임자(壬子)입수 좌선혈장이라면 입수쪽 제4선 임(壬)란 위의 패철 제오선에서 갑자(甲子)의 중심선상으로 시신의 상부에 머리 중심을 맞추어 놓고 향이 되는 전순쪽 제4선 병(丙)란 위의 제오선의 경오(庚午)란의 중심 선상과 일직선이 되게 시신의 중심을 맞추어 하관하면 되는데 좌선혈장이므로 임자(壬子)입수 임좌병향(壬坐丙向)이라고 하는 것이다.

또한 5층 72룡은 분수척상 취기된 입수자리에 패철을 놓고 후룡(後龍)에서 입수까지 들어오는 길흉을 구분하는 데 사용한다.

### 육층(六層) 인반중침(人盤中針)

인반중침은 穴을 중심으로 주변에 흩어져 있는 山水, 道路, 建物, 구릉, 암석등 모든 사(砂)들이 吉方에 위치하고 아름답게 배치되어 응기하느냐를 검증하는 것으로

4층의 지반정침(地盤正針)보다는 시계바늘 반대 방향으로 7.5도 역행된 곳에 위치하고 있다. 인반중침으로 坐와 砂의 길흉을 검증할때는 성숙오행(星宿五行)의 상생상극으로 육친관계의 길흉을 본다.

## 성숙오행과 砂의 길흉

(木) 건곤간손 (乾坤艮巽)　(火) 갑병경임 자오묘유 (甲丙庚壬子午卯酉)

(土) 을정신계 (乙丁辛癸)　(金) 진술축미 (辰戌丑未)

(水) 인신사해 (寅申巳亥)

패철九층도

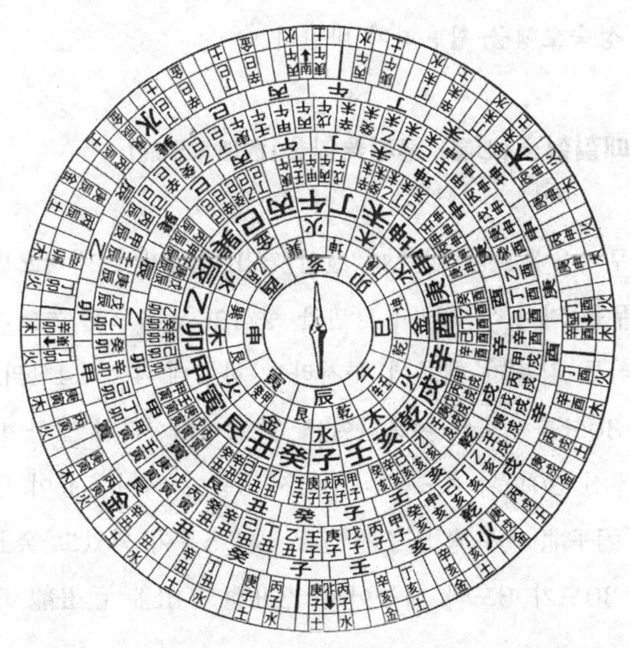

木坐라면 寅申巳亥방위의 砂가 무정하거나 허약하면 부모덕이 없고 흉이 되지만 수려하고 아름다우면서 유정하게 응기하면 가족이 화목하고 인정이 성하며 부와 귀를 누릴 수 있는 길사가 된다.

甲丙庚壬子午卯酉방의 砂가 허약하고 무정하면 재물이 손실되고 가족의 불화로 흉이 되지만 수려하고 유정하게 응기하면 가정이 화목하고 어진 자녀를 두게 된다.

乙丁辛癸 방위의 砂가 허약하고 저함하면 한빈(寒貧)과 고독을 면키 어려우나 수려하고 아름답게 응기하면 재물이 만당하고 처덕과 어진 아내를 맞을 것이다.

辰戌丑未 방위의 砂가 저함하고 추하고 쇠약하면 대흉이나 수려하고 아름답고 유정하면 부와 귀의 출세를 누리는 손이 나온다. 이상 砂는 穴을 기준으로 보는 방위이니 성숙오행을 활용하기 바란다.

## 패철칠층 (七層) 투지육십용 (透地六十龍)

투지육십룡은 내룡이 천산(穿山)을 거쳐 내려오면서 현무를 지나 입수에서 당판을 향하여 땅속으로 들어가며 자취를 감추기 때문에 투지라고 하는데 4층 24산의 쌍산 30도를 6도씩 세분하여 놓은 것이다. 다시 말하여 壬子쌍산 30도가 6도씩 나누어서 5룡이 되니 5룡이 甲子龍 丙子龍 戊子龍 庚子龍 壬子龍의 5룡이 되었고 癸丑쌍산 30도가 6도씩 나누어서 乙丑龍 丁丑龍 己丑龍 辛丑

龍 癸丑龍의 5룡이 투지룡이 되어 있다.

투지60룡은 丙子順12룡과 庚子順12룡을 합한 24룡만을 사용할 수 있으며 각좌마다 한 개의 주보혈(珠寶穴)이 있어서 각좌의 투지룡은 주보혈로 투지되어야 되는 것이니 투지용을 정하는 데는 입수목의 분수척만두(分水脊巒頭)에 패철을 놓고 혈판에 이르는 투지가 60룡중 어느 주보혈에 해당하는 가를 먼저 찾아서 左側이나 右側에서 투지용을 生해주는 納音五行上 투지에 해당되는 4층의 좌를 정하게 되니 다음과 같다. 우선룡일 때 재혈법은 분수척만두에 패철을 놓고 혈판까지 들어오는 투지용이 己卯룡이 되었다면 納音五行은 己卯는 土가 되니 土가 生해주는 것이 金이 됨으로 丁卯火 己卯土 辛卯木 癸卯金 乙卯水의 다섯 납음五行중 癸卯가 金氣가 되며 癸卯金氣를 찾아야 룡의 生을 받으니 癸卯金 투지는 卯坐酉向이 되는 것이다.

또한 壬寅龍金이 되었다며 甲寅龍水氣를 찾아야 龍의 生을 받으니 甲寅水氣 투지는 寅坐申向으로 되는 것이다.

또한 좌선룡일 때 투지룡이 甲辰룡火가 되었다면 火가 生해주는 것이 土가 됨으로 丁卯火 己卯土 辛卯木 癸卯金 乙卯水氣中 己卯土氣를 찾아야 龍의 生을 받으니 己卯투지는 甲坐庚向이 되는 것이다. 모두를 이와같이 추리하니 참고되기 바란다.

## 패철팔층(八層) 천반봉침(天盤縫針)

　四層의 지반정침보다 천반봉침은 시계방향으로 7.5도
가 터나간 위치에 24방위가 자리잡고 있으며 六층인방
중침은 정적(靜的)인 내룡의 山脈을 검증하고 천반봉침
은 動的인 水와 파구 득수를 검증하는 차이가 있으며 따
라서 八層의 천반봉침은 7.5도가 순행되어 있음은 양에
속하는 水를 검증하는 곳이다. 八層에서 水라고 함은 패
철 一層의 坐살과 二層의 向의 황천등 모두의 오고가는
물과 파구와 득수를 검증하는 곳이다.

　壬子癸坐일 때 좌의 황천살은 辰방향 壬子癸坐일 때
향의 황천살은 巽방향과 같이 되는 것이다.

## 패철구층(九層)분금

　분금은 자연의 산천 정기가 모인 地氣선을 시신과 안
정적으로 맺어주는 법식으로 장법에서 활용되는 九層은
百二十龍으로 나누어 있는 것이다.

　四層의 二十四山으로 좌와 향을 검증할 수 있으나 百
二十龍으로 세분한 까닭은 음양으로 배합된 山川정기를
시신(屍身)이 잘 받을 수 있도록 좌선용이면 天干좌를
놓아야 하고 우선룡이면 地支좌를 놓아야 하는 음래양수
양래음수의 순환법칙이라 하겠다.

　다만, 이곳 분금법은 장법의 분금법에서 상세한 설명

을 하기로 하겠다.


六十花甲 납음 五行의 묘리(妙理)

1. 대역토사중 토는 木을 만나야 평생에 행복을 누린다.

2. 검봉금 사중금은 火를 만나야 대성하고

3. 대해수천하수는 土를 만나야 형통하게 되고

4. 대림목평지목은 金을 만나야 영화를 누리고

5. 천상화벽력화는 水를 얻어야 복을 누리게 된다.


육십화갑납음 五行은 분금과 산운(山運)좌법과 망명(亡命)과 자손간의 길흉의 五行을 보는데 필요하오니 도움이 되시기 바랍니다.

| 갑자<br>을축 | 해중金 | 병인<br>정묘 | 로중火 | 무진<br>기사 | 대림木 | 경오<br>신미 | 로방土 | 임신<br>계유 | 검봉金 |
|---|---|---|---|---|---|---|---|---|---|
| 갑술<br>을해 | 산두火 | 병자<br>정축 | 간하水 | 무인<br>기묘 | 성두土 | 경진<br>신사 | 백랍金 | 임오<br>계미 | 양류木 |
| 갑신<br>을유 | 천중水 | 병술<br>정해 | 옥상土 | 무자<br>기축 | 벽력火 | 경인<br>신묘 | 송백木 | 임진<br>계사 | 장류水 |
| 갑오<br>을미 | 사중金 | 병신<br>정유 | 산하火 | 무술<br>기해 | 평지木 | 경자<br>신축 | 벽상土 | 임인<br>계묘 | 검백金 |
| 갑진<br>을사 | 복등火 | 병오<br>정미 | 천하水 | 무신<br>기유 | 대역土 | 경술<br>신해 | 채천金 | 임자<br>계축 | 상백木 |
| 갑인<br>을묘 | 대계水 | 병진<br>정사 | 사중土 | 무오<br>기미 | 천상火 | 경신<br>신유 | 석류木 | 임술<br>계해 | 대해水 |

| 목 | 금 | 수 | 화 | 토 |
|---|---|---|---|---|
| 1 | 2 | 3 | 4 | 5 |
| 甲乙<br>子丑<br>午未 | 丙丁<br>寅卯<br>申酉 | 戊己<br>辰巳<br>戌亥 | 庚辛 | 壬癸 |

　위의 육십화갑도표는 납음오행을 빠르게 이해할 수 있는 공식표이니 응용에 도움이 되시기 바랍니다.

　예를 들어서 甲子생이라면 甲에 속한 숫자는 1이 되고 子에 속한 숫자가 1이 되니 甲의 수 1과 子의 수 1을 합한 수는 2가 되며 2의 수는 오행이 金이 되니 甲子생은 金에 배속되고 또 壬戌생이라면 壬은 5의 수에 속하고 戌은 3의 수에 속하니 이 두수 壬의 5와 戌의 3을 합하여 8의 수가 되니 이는 5의 수를 제하고 남은 수 3의 수가 되니 오행은 水가 되는 것이다.

　즉 一이나 六의 수는 오행은 木이요 二나 七의 수는 金이요 三이나 八의 수는 水가 되고 四와 九의 수는 火가 되며 五와 十의 수는 土가 되니 위의 기본수만 알게 되면 남은 五行을 이해하는데 어려움이 없을 것이다.

# 제4장 혈상론과 정혈법

## 혈상론(穴相論)

穴이란 千里來龍에 결응되는 山之花요 실(實)이다. 자연의 山川정기 이법에 따라 음양의 배합으로 결혈지점에는 식별이 가능한 穴形이 형성되어 음혈(陰穴)인 와(窩) 겸(鉗)과 양혈(陽穴)인 유(乳) 돌(突)의 사상혈상(四象穴相)의 네가지 바탕위에서 진혈은 결혈되는 자연의 산리이다.

### 와혈(窩穴)

와혈은 음혈(陰穴)로서 오목하게 소쿠리와 같은 형을 말하는데 혈심을 보이지 않고 감추려는 장구혈(藏口穴)과 혈심을 모두 내보이려는 장구혈(張口穴)로 입을 벌리는 형이 있으며 결혈처는 평지나 고산에 모두 있으나 고산은 오목한 곳에 평지는 돌한 곳에 진혈이 있다.

겸혈(鉗穴)

　겸혈은 음혈로서 혈형은 마치 사람이 양 다리를 벌리
고 있는 거나 손가락 사이에 끼운 것과 같아서 개각 혈이
라고도 하며 직겸, 곡겸, 장겸, 단겸, 쌍겸 등 오격이 있
으나 직겸과 곡겸을 그림으로 표시하니 참고있으시기 바
란다.

와혈도

 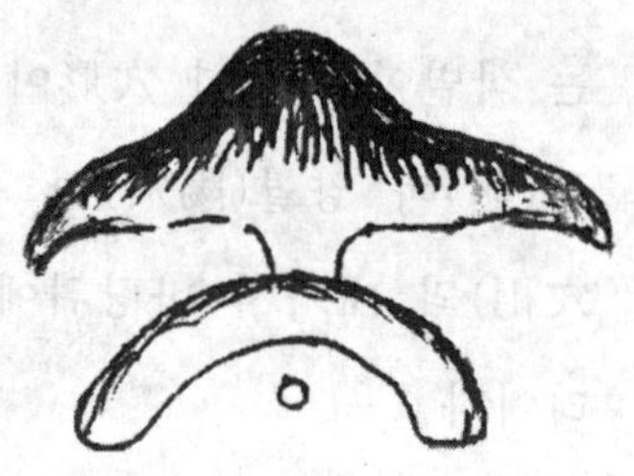

겸혈도

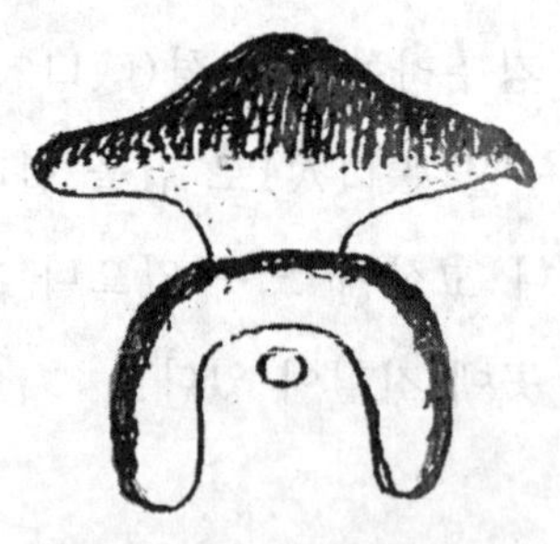 

유혈(乳穴)


　유혈이란 마치 성숙한 여인의 유방처럼 생겼다고 해서
붙여진 형으로 장유형, 단유형, 대유형, 소유형, 쌍수유,
삼수유의 육격이 있으며 양혈에 속한다.


유혈도

돌혈(突穴)


　돌혈이란 혈처가 주위보다 툭 튀어 솟은 곳을 말하는
바 바람이 낳을 가능성이 가장 낳으므로 좌우에 용호가
환포하고 장풍이 되어야 하며 혈형에는 대돌, 소돌, 쌍
돌, 삼돌의 4격이 있다. 체(體)는 마치 가마솥을 엎어 놓
은 것과 같은 형이다.
　돌혈은 귀나 요가 있어야 진혈이요, 길격이며 양혈이
다.

돌혈도

　(1) 대돌로서 귀와 요가 붙고 둥글고 윤택하면서 형체가 분명해야 길격이다.

　(2) 쌍돌로서 양변에 요가 있고 모양이 단정하면서 형세가 고르고 수려함이 길격이다.

### 정혈법(定穴法)

　명당혈장은 來龍이 서기양명하고 용호는 첩첩중중하고 界水는 分合을 이루고 水域은 환포하며 바람은 불어도 소리나지 않고 따뜻하면서 五色穴土가 윤기 있으면 명당길지라 할것이다.

　장경에 이르기를 穴은 진기가 모이지 않으면 썩은 흙무더기와 같고 龍은 단절이 되면 壽와 貴를 누리지 못하고 砂는 得位하지 못하면 빈 그릇에 비유되며 水는 합법하지 않으면 寒貧損財하게 되는 것이니 龍은 生旺死絶을 向에서 찾고 穴의 有無氣는 주변 砂水의 유무정을 보아 당판에서 찾으며 砂의 득위는 혈판과 향으로 보고 水는 구빈황천인지 살인황천인지 좌향을 기준으로 득수와 수구에서 찾아야 한다.

穴은 龍穴砂水의 氣가 응축된 곳이 되니 풍수에서는 가장 소중한 곳이 된다. 따라서 穴을 중심으로 향에서 흉사가 보일 때는 비보풍수로 나무를 심거나 돌담을 쌓아서 예방도 하고 흉석 등은 제거하기도 하며 또 物形의 渴馬飮水形이나 蓮花浮水形이나 飛龍登天形과 같이 물을 필요로 하는 형국에서는 저수지를 파는 예도 있으니 이는 모두가 풍수비보법이 될 것이다.

즉 목력지공(目力之功) 공력지구(工力之具) 추전피궐 증고익하(趨全避闕增高益下)는 一吉也라 하였으니 인위적인 노력으로 山水風火자연의 결함되고 빈약한 부분이 있으면 그 피해를 최소로 줄이려는 노력이 비보풍수라 하겠다.

山水風火의 생기는 山勢水勢風向天氣의 흐름에 따라서는 어느 한 곳으로 氣가 모여 취기되기도 하고 氣散이 되어 흩어지기도 한다. 풍수에서는 생기가 모인 취기처를 穴이라 하며 이 같은 혈장에는 天氣하림하고 地氣上昇한 명당이 되어 혈증은 결응되는 것이다. 이 같은 명당 길지를 점혈하여 정성껏 조상을 안장하고 시신은 生氣와 교감되어 영혼은 편안함을 얻고 그 영혼이 편안함으로 그 자손들에게는 조상으로부터 동조적 동기 감응법칙에 따라 양질에 선성의 氣를 교감흡수하게 되니 건강장수와

번창을 누리며 살게 될 것이다.

정혈에는 천리내룡에 山水風火 자연진리의 氣가 모인 공식에 따라 아름다운 땅에서 명당 재혈(裁穴)을 할지라도 올바른 혈에는 다음과 같은 결혈의 증거가 있다.

모든 혈성의 기본이 되는 4상혈(四象穴) 와(窩) 겸(鉗) 유(乳) 돌(突)의 혈성이 뚜렷하게 있으면 요감법(饒減法)에 따라 점혈하면 되는 것이지만 상하좌우의 어느 곳에 점혈해야 할지 모호한 경우나 능선 등이 불분명하여 올바른 결혈점을 찾기가 어려울 때는 주변 사를 증거삼아 결혈된 곳을 찾는 법을 말한다.

혈(穴) 앞에서 구하면 안산이 아름답고 명당이 바르고 수세(水勢)를 증거삼아 점혈을 하고 혈 뒤에서 구하면 개산(蓋山), 낙산(樂山), 귀성(鬼星)의 미추로 증거를 삼고 혈의 좌우는 용호(龍虎)로 증거를 삼으며, 또 혈 밑의 전순(纏脣)과 계수(界水)의 분합 등 이 모든 것이 혈의 증좌(證坐)이니 재혈(裁穴)하는 원칙은 이상과 같은 요령으로 점혈법(占穴法)에 따라 살펴야 한다.

요감법(饒減法)으로 재혈(裁穴)한다.

요감이란 많은 것은 감하고 적은 것은 더해서 혈로 기가 모이도록 하는데 있다.

즉 4상혈(四象穴)인 와(窩) 겸(鉗) 유(乳) 돌(突)에 혈성이 뚜렷하면서도 용과 사수(砂水)의 형세(形勢)가 상하좌우로 고르지 못한 경우, 산의 정기도 한편으로 치우치게 됨으로 양변의 형세(形勢)를 고르게 하여 중심점에 점혈하는 방법이 요감법에 의한 재혈법이다. 즉 많은 것을 감해 주고, 적은 것은 더해 준 법칙으로, 청룡이 먼저 이르면 청룡은 감하고 백호쪽을 넉넉히 해주되 혈은 당연히 청룡 쪽으로 당기고, 또 백호가 먼저 이르면 백호는 감하고 청룡은 넉넉히 해주되 혈은 당연히 백호 쪽에 정해야 하며, 또 왼편 산에 물이 역으로 흘러 들어오면 청룡을 감하고 오른편 산에 물이 역으로 흘러 들어오면 백호를 감하되 용맥에서 순역(順逆)을 분별하여 요감법이 적용된다는 것을 잊지 말아야 한다.

안산(案山)으로 혈을 정한다.

진룡(眞龍)에 혈은 있으나 상하좌우 어디쯤 眞穴이 있는지 찾기 어려울 때 안산으로 증거를 하여 혈을 정한다.

즉, 안산이 높으면 혈은 높은 곳에서 정하고 낮으면 혈은 낮은 곳에 정하여 안산이 가까이 있어서 혈을 누르는 듯하면 혈은 반드시 높은 천혈에다 정하고 안산이 멀어서 기가 흩어지기 쉬우나 안산이 얕으면 낮은 곳에서 혈을 찾아야 한다. 수려(秀麗)하게 조응(朝應)하는 산(山)이 좌에 있으면 혈도 좌에서 찾고 우에 있으면 혈도 우에 있는 것이다.

정혈은 반드시 가까운 안산의 유정함을 제일로 하니 멀리서 조응(朝應)하는 아름다운 수봉(秀峯)에는 구애할 바가 아니며 오직 가까운 안산과 수역(水域), 용호(龍

虎)가 아름다웁고 결함이 없으면 길격이다.

　명당(明堂)을 보아 혈(穴)을 재혈(裁穴)한다.

　생기(生氣)가 통하는 맥에서 점혈(占穴)하는 법은 명당의 형세가 반듯하고 아름다워야 하는데 기울거나 부스러지면 진기(眞氣)가 모이지 않는다. 명당에는 대명당, 중명당, 소명당으로 나누어지며 대명당은 용호(龍虎) 밖 안산내의 넓고 방정(方正)하게 이루어진 넓은 국(局)이고, 중명당은 혈아래 청룡백호안을 말하며 중명당이 아름답고 유정하게 보이면 혈을 세우는 법이요, 소명당이란 입수목(入首目) 바로 아래에서 물이 팔자(八字) 모양으로 나누었다 합친 그 안의 당판을 말함이요, 소명당이 평정(平正)하여 사람이 횡으로 누울 만한 곳이 있으면 진혈(眞穴)이니 상하좌우로 오차가 없어야 하고, 특히 수역(水域)이 배반하지 않고 유정하게 포회(抱廻)함을 요한다.

　수세(水勢)를 보아서 재혈(裁穴)에 증거로 삼는다.

　진혈(眞穴)은 중수(衆水)가 합쳐 모이고 물은 산을 따라 안고 돌아오는 곳에 맺는다고 하였다. 물이 모이거나 멀리서 포옹하거나 혈을 향하여 들어오는 수세에는 반듯이 혈이 맺는다고 하였으니 물을 알지 못하면 혈을 말할 수 없다고 한다. 따라서 산에 올라 점혈(占穴)할 때에는 수세를 살피어 명당 좌편에 수세가 모이거나 좌편을 수역(水域)이 활처럼 포위하면 혈은 좌편에 결혈(結穴)이 되고 수세가 우편에 모이거나 우편을 물이 환포하면 우편에 결혈(結穴)될 것이요, 또 명당의 중앙을 향하여 물이 모여 들어오거나 나가는 물이 멈추어 수역이 둥글게 안으면 혈은 정중앙에 있음을 알 것이요, 또 물의 분합으로 혈을 정하니 3분 3합이 있다.

대팔자분합(大八字分合) 소팔자분합(小八字分合) 팔자분합(八字分合)으로 모두 물이 합친 것으로 합금(合襟)이라고 한다.

혈은 대게 소팔자 안에서 맺는 것이나 三分三合 안에서도 맺는다.

하지만 이는 어디까지는 원칙이요, 용의 길격에 등분(等分)과 사수(砂水)에 따라 결정이 될 것이다.

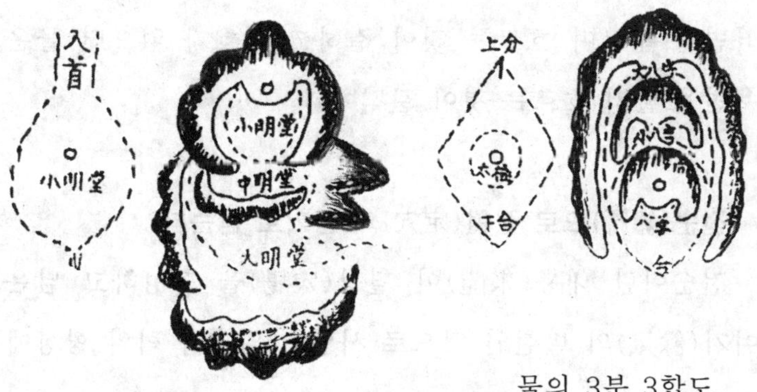

물의 3분 3합도

청룡백호(靑龍白虎)로 혈(穴)을 점혈(占穴)한다.

청룡백호는 혈과 가장 가까운 곳에서 사의 유정무정 (有情無情)의 영향이 먼저 미치는 것이다. 따라서 청룡 백호의 멈춤을 보아서 혈의 진가(眞假)를 정하고 청룡백 호의 선후를 보아 점혈의 좌우 위치를 정한다. 청룡이 물 을 거슬리거나 세가 왕하면 점혈의 위치는 청룡 쪽으로 의지하고 백호가 물을 거슬리거나 세가 왕하면 점혈은 백호쪽으로 정한다.

또한 청룡백호가 높아서 혈이 압박을 받으면 점혈은 천혈에다 정하고 청룡백호가 얕으면 혈은 바람이 닿을 증거이니 명당 아래 지혈에서 점혈한다.

또, 청룡이 혈을 누르면 청룡을 피하여 백호 쪽으로 취하고 백호가 혈을 누르거든 백호를 피하여 청룡 쪽을 취하며 청룡은 있으나 백호가 없고 백호는 있으나 청룡 이 없는 경우가 있다. 이 경우 용산(龍山)이 없으면 물은 좌변을 두르며 흐르는 것이 길하고 백호가 없으면 물은 우변을 둘러 흐르는 것이 길격이다.

전순(纏脣)으로 정혈(定穴)의 증거로 삼는다.

전순이란 내룡(來龍)이 혈장(穴場)을 형성하고 남은 여기(餘氣)의 발현인 것으로 사람의 입술과 턱의 형상에 비유된다.

진룡(眞龍)이 혈을 맺는 곳에는 반드시 남은 여기에 의하여 전순이 이룩되는 자연의 이법(理法)이 증거로 나타나는 것이다.

혈 아래 있는 전순은 마땅히 반듯하고 둥글며 평탄해야 진혈(眞穴)의 증거이다.

전순이란 평탄한 곳에 멍석을 펴놓은 것과도 같고 귀인이 앉은 앞에서 자리를 펴고 절하는 형상과도 같으며 평탄하고 단정함이 길격이다.

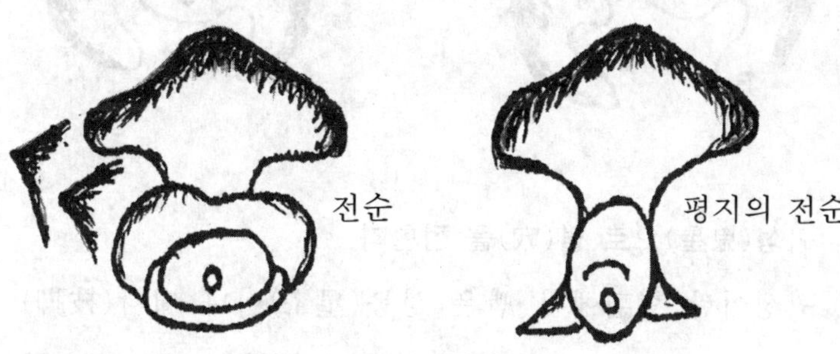


낙산(樂山)을 증거삼아 정혈(定穴)한다.

낙산이란 혈 뒤에 허한 곳을 막아주는 본신룡(本身龍)의 봉우리나 객산(客山)을 가리지 않고 혈 뒤의 허한 곳으로부터 불어오는 바람과 기(氣)의 흩어짐을 막아주고 보호해 주는 모든 산이다.

특히 횡룡(橫龍)으로 점혈된 곳은 반드시 낙산의 보호를 받아야 하며 혈 뒤는 낮고 양편의 산이 높이 솟은 혈이나 한쪽은 높고 한쪽은 낮게 기울어진 측뇌혈등(側腦穴等)은 낙산이 있어야 진혈이 된다. 낙산이 왼쪽에 있으면 혈장도 왼쪽에 맺고 낙산이 오른쪽에 있으면 혈장

도 오른쪽에서 맺고 낙산이 좌우양편에 있으면 혈장은
가운데서 맺게 된다. 그러나 낙산이 너무 고대하고 웅장
하여 혈을 억압하거나 능멸하면 마땅히 피해야 한다.

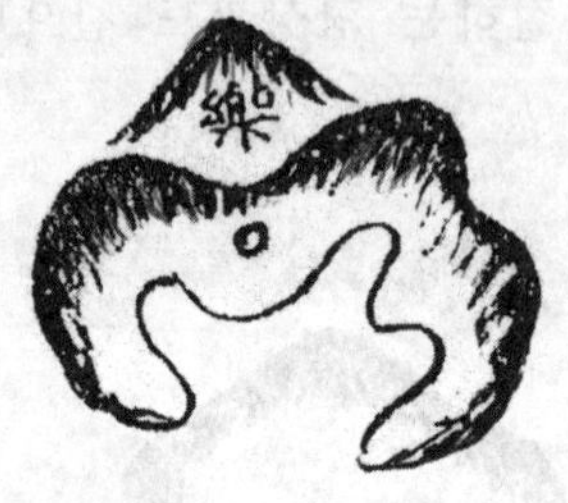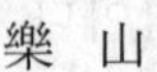

樂 山

귀성(鬼星)으로 혈(穴)을 정한다.

귀성이란 혈뒤에서 뻗은 성봉(星峯)이나 지각(枝脚)
으로 이루어진 사로서 횡룡(橫龍)에서 맺은 혈은 반드시
귀성이 있어야 진혈이 되며 귀가 없으면 가혈이 되니 결
혈되지 않는다. 또한 낙산과 혼동하기 쉬운데 낙산은 본
신룡이나 객산으로도 이루어지는 것이지만 귀성은 반드
시 혈성(穴星) 뒤 본신룡에 붙어 있어야만 되며, 봉우리
를 일으키지 않고 지각으로 이루어지는 것이 다르다.

귀성이 높으면 혈도 높은 곳에 점혈(占穴)하고 귀성이
낮으면 점혈도 낮은 곳에 정하고 귀성이 혈 뒤를 받쳐줄
때 혈은 혈장의 가운데서 결혈이 되고 귀성이 오른쪽을
받쳐주면 혈도 오른쪽에서 결혈되고 귀성이 왼쪽에서 받
쳐주면 혈도 왼쪽에서 결혈된다.

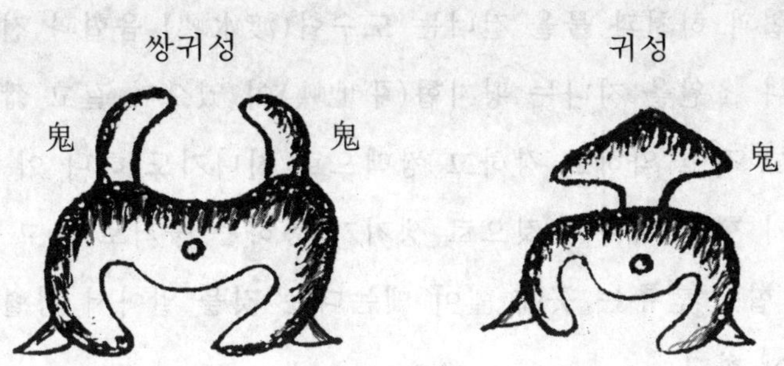



협(峽)으로 혈(穴)을 정한다.

협을 보고서 혈을 정하는데 협이 상처나고 병들지 않고 아름다우면 반드시 좋은 혈을 맺는 것이다. 협은 바르게 나오면 중앙에 혈이 맺고 좌로 나오면 혈도 좌편에 있고 우로 나오면 혈도 우편에 맺게 되니 협은 용과 혈을 분리할 수 없고 일치점을 이룬 것이라 본다. 협은 용맥에 생기가 통하는 증거이다.

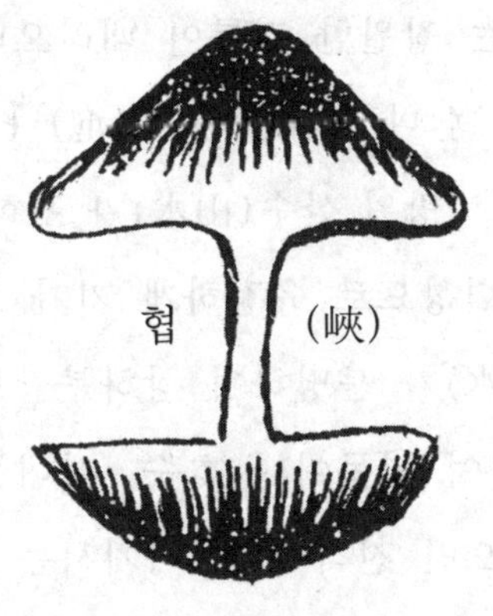

또한 협은 높은 고개 돌맥(突脈)으로 과협(過峽)하는 양협과 하천과 물을 건너는 도수협(渡水峽) 음협과 전답이나 초원을 지나는 평지협(平地峽)이 있으며 길고 짧고 크고 작고 약하고 강하고 쌍맥으로 지나기도 하니 이 모두가 협이 지나는 것으로 생기가 통하는 증거로 삼고 일단 협이 멈추는 곳에 혈이 맺는다는 것을 알아서 정혈을 해야 한다.

유정(有情)하게 기(氣)가 모이는 곳에 정혈(定穴)한다.

혈은 마치 주객(主客)에 비유된다. 혈은 주인이요, 용호사는 객이 된다. 혈이 유정하게 사귀어야지 주인을 등지고 있으면 무정하여 기가 모이지 못하므로 진혈을 이루지 못한다. 한 용맥 아래에 여러 기의 조상 묘를 모시되 기가 모이는 진혈처는 오직 한 자리밖에 되지 않는다. 기가 모이는 것은 두 가지로 보는데, 하나는 만산(萬山)이 유정하게 모이고 중수(衆水)가 모이며 진혈이 맺는 땅이요, 하나는 장원한 진룡이 내려오다가 맥이 머물려는 지점에 와(窩)나 유(乳)나 포(泡)나 협(峽)이 있어서 혈장을 이루고 4방위 산수(山水)가 포회(抱廻)함이 아름다우면 이는 혈장으로 유정하게 기가 모이는 증거이다. 이는 계수(界水)가 분명하여 상하분합으로 명당의 물은 자연스럽게 모여 연못이나 호수, 시내물이 있으면서 응하는 산이 있으면 진격이다. 여기서는 기맥(氣脈)을 살피되 기맥이 위에 모이면 혈은 높은데 있고, 아래로 모이면 혈은 낮은데 있으며, 좌에 모이면 혈도 좌편에 있고 우에 모이면 혈도 우편에 있으니, 이는 오직 유정하게 기운이 모이는 곳에 결혈(結穴)이 되는 증거이다.

### 천심십도혈(天心十道穴)

천심십도혈은 전후좌우에서 십자(十字)로 조응(朝應)하는 산이 균형을 이루면 천심십도혈이다. 즉 사응(四應)하는 산으로 후면의 개산(蓋山) 앞의 조산(照山) 양편의 협산(峽山)이 아름답게 열십자로 그어진 가운데로 작혈(作穴)됨을 말한다.

개조공협(蓋照拱夾)이 균형을 이루고 아름다워야 하며 좌우의 협이(夾耳)의 산이 고저가 되거나 전후 개조(蓋照)의 산이 좌우로 기울면 기가 흩어져서 진혈을 맺지 못한다.

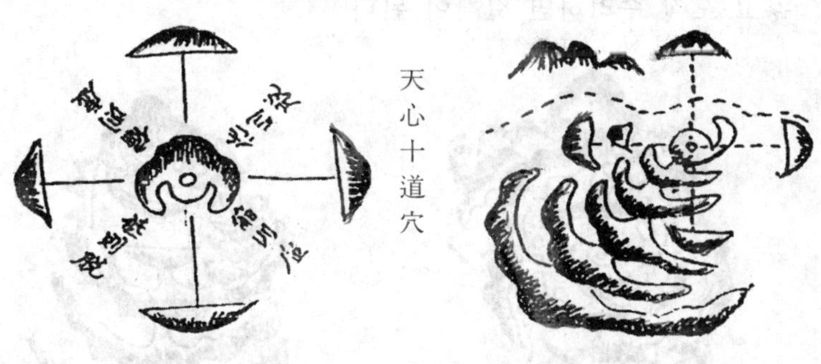

### 천풍혈(天風穴)

혈이 외관상 노출되어 팔풍(八風)이 닿는 것 같지만 혈장에 오르고 보면 따뜻하게 장풍(藏風)이 되는 곳이 있으니 이를 천풍혈이라고 한다.

즉 멀리서 바라보면 높은 곳에 위치하여 살풍(殺風)이 닿을 것 같지만 당판에 이르면 아늑하고 따뜻하게 감추어진 혈장이다.

이 혈은 산정(山頂)에 결혈되어 있으나 올라가보면 양편어깨가 바람을 가리우고 따뜻한 기분이 드는 안정되고 온난한 곳이다.

### 회룡고조혈(回龍顧祖穴)

회룡고조혈은 뻗어내려온 용맥이 본신(本身) 용을 180도로 틀어서 조종산을 바라보며 사신사(四神砂)를 갖추고 결혈됨을 말한다. 따라서 조종산이 안산(案山)으로 되며, 이때의 안산은 고대하여도 혈을 누른다고 보지 않고 오직 수려하면 길격이 된다.

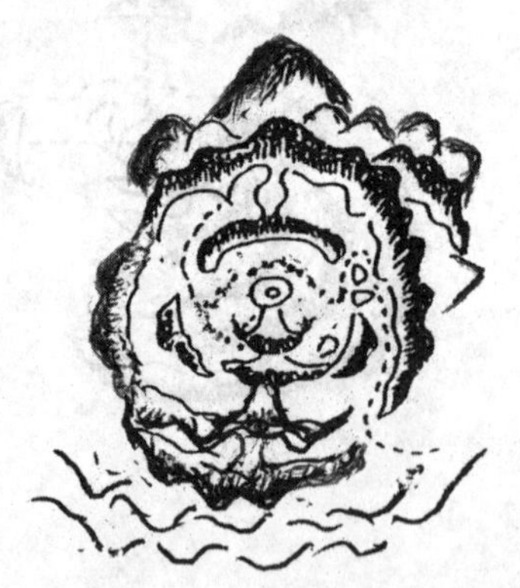

### 기룡혈(騎龍穴)

이 혈은 용의 등마루를 타고 맺는 경우가 많으며 용세가 왕성하여 날으고 뛰며 멈추는 듯 달리고 뻗어오면서 혈을 맺을 무렵에 홀연히 큰 장막을 일으켜 높고 큰 산이 횡으로 두르면서 혈을 보호하는 좌우의 용호와 물이 껴안은 듯이 관쇄함이 길격이다.

산은 중첩되어 수십 리를 두르고 물 또한 수십 리를 흘러오고 가면서 지현(之玄) 자를 이루되 크고 작은 호수가 형성되어 유정하게 보호함이 떠나지 않고 완전하면 진기(眞氣)가 모인 대길격으로 백자천손이 대창성부귀(大昌成富貴)한다.

이는 내팔로 생룡이 되고 거팔로 당판이 결응되어 거팔의 기봉이 안산이 되면서 이룬 괴혈명당이다.

### 전호(纏護)로 정혈한다.

전호(纏護)란 인사에 비유하면 노복이 귀인을 돕기 위해 일정한 거리를 유지하며 보호함과 같이 龍에도 고독하지 않게 일정한 거리를 두고 선호를 하면서 龍穴을 보호하며 응기해 주는 곳에서 혈을 취해야 한다. 배반하거나 억압하면 혈은 求하지 못한다.


### 분합(分合)으로 정혈한다.

정혈에는 大八字를 보아야 하고 그 아래에 또 小八字가 있으면 좋은 것인데 兩邊으로 氣脈을 따라 반듯이 합

을 이뤄야 음양이 교합되어 眞穴이 된다. 만일 위에서 나뉜 물이 穴앞에서 교합을 이루지 아니 하면 眞穴이 되지 못하고 가혈(假穴)이 되는 것이다.

分合에는 세가지가 있는데 첫째는 大明堂水가 나뉘어 오다가 小明堂에서 합하는 것이요, 둘째는 中八字水가 나뉘어 오다가 합하는 것이요, 셋째는 小明堂에서 나뉘어 내려오다가 穴앞에서 합하는 것이 三分三合의 分合이 되는 것이 穴證이 가장 절실히 요구되는 것이다.


**취산(聚散)으로 정혈한다.**

聚氣는 길이요 氣散은 흉이므로 반드시 氣가 모이는 곳을 정혈한다. 聚散에는 두가지로 나누니 먼저 大勢의 聚氣는 衆山의 羅城이 주밀하고 藏風이 순화되면 길이요 또 穴星의 聚氣가 있으니 水勢가 아름답고 氣脈이 모이는 곳에 즉 위에 모이면 위에 穴을 정하고 아래에 모이면 穴은 아래에 정하고 좌에 모이면 좌에 정하고 우측에 모이면 우에서 정혈하는 것이 마땅하니 자상하게 살피어 그릇됨이 없게 할 것이니 이 모두가 聚散定穴의 妙인 것이다.


**향배(向背)로 정혈한다.**

地理에서는 人事의 性情과 같이 유정하게 바라보며 다가서는 相과 밉고 싫어서 무정하게 등지고 돌아서는 相이 있듯이 주인 되는 혈을 중심으로 주인과 객이 유정하고 龍虎는 주밀하며 水勢는 혈을 감고 돌아 水域이 환포하여 生氣가 결응되면 山水에 유정함이니 자연의 來山去水가 모두 아름다우면 正氣가 모인 길지가 된다.

추길피흉장신복살(趨吉避凶藏神伏殺)로 정혈한다.

穴앞의 明堂內에 파쇄된 山이나 흉수는 모두 殺이 되는 것이니 점혈할때는 고저좌우로 내고 드려서 피할 수 있으면 피하여 정혈함이 길하니 중산(衆山)이 혈형에 합법하다 하여도 一山이 흉하여 명당을 직사하면 화가 되니 眞龍의 결혈지라도 허점이 있으면 立穴과 향을 정함에 피해야 할 것이다.

이와같이 익배손하(益培損下)의 원칙에 따라 버릴 것은 버리고 돋울 것은 돋우고 피하지 못할 것은 劫이 되므로 취용하지 말 것이다.

砂는 美女와 같아서 귀천이 남편에게 있고 水는 精兵과 같아서 進退가 將軍에게 있음과 같이 주변의 砂水는 선용하기에 달려있다 할 것이다.

穴을 高官의 신분에 비유할 때 사회에서 지탄받던 사람도 충진(忠眞)한 노복(奴僕)으로 변신됨과 같은 이치이니 이것은 곧 추길피흉장신복살정혈법이다.

괴혈천교혈(怪穴天巧穴)로 정혈한다.

山의 정상에 있어서 가장 높은 곳에 결혈되어 四方八方을 두루 바라보이는 高山에 있더라도 穴에 오르고 보

면 높음을 느끼지 않으며 아름답게 보이고 朝案이 중첩
되고 水勢가 기울지 않고 모두가 공호(拱護)하니 고한
(孤寒)하지 않은 眞穴에다 下葬하면 신동(神童)을 얻게
되고 子子孫孫 귀를 누리고 성현(聖賢)이나 황후장상(皇
后將相)을 얻을 대길지의 명혈이다.

**끊어진 단관(斷關) 혈에도 정혈한다.**

이는 자연의 氣脈이 단절되어 있는 곳에 결혈됨을 말
하는 바 龍의 旺氣가 잠시 머문 것이니 다시 성진(星辰)
을 일으켜 穴形이 있으면 下葬이 可한 것이니 이와 같은
곳에 정혈하여 下葬하면 발복은 빠르나 오래 가지는 못
하는 것이다.

**토피상혈(土皮上穴)에도 정혈한다.**

토피혈(土皮穴)에는 배토장(培土葬)으로 下葬한다.
이는 地氣가 지표(地表) 가까이 부상(浮上)되어 있으니
천광을 하게 되면 氣를 상하니 표토(表土)에 下葬하고
객토(客土)로 배토(培土)하여 안장(安葬)함을 말한다.
용맥에는 후박(厚薄)이 있는 바 토후(土厚)한 용맥에는
氣는 깊이 머물고 토박(土薄)한 용맥에는 너무 깊으면
氣를 상하니 一尺半 정도로 종토정하되 물이 스며들지
않도록 장법에 세심한 주의가 되는 바 명사(名師)가 아
니면 알기 어려운 穴이다.

석산土혈(石山土穴)에도 정혈한다.

石山에 있는 土穴을 말하는 것이니 石山에서는 반드시 土穴이 있어야 眞穴이 되니 石間의 貴穴은 名師라야 얻을 수 있다.

혹석간(或石間)에서 土穴을 찾지 못하고 石山으로 덮힌 곳에서 돌무더기를 들쳐내고 土脈을 찾아 정혈하는 경우도 있으나 이는 모두 土脈을 만나야만 진혈이 됨을 명심할 것이다.

평양지혈(平洋地穴)에 혈후가 공허(空虛)하여도 정혈한다.

穴後가 평탄하면 水를 얻으니 길이요 八風이 닿으나 平洋地陽風이라 두려울 것이 없다 하였다.

좌공혈(坐空穴)에도 得水가 길하고 장풍 또한 순화되면 정혈함이 마땅하다.

안산이 없는 괴혈에도 정혈한다.

眞龍의 징혈에 주산이 있고 朝案이 있어야 법식에 맞는 법이나 案對가 없으면 主만 있고 빈(賓)이 없다하여 버리는 바가 있으니 衆水가 융주(融注)하여 모이고 사수(射水)가 없고 살풍이 닿지 않으면 만경파(萬頃波)가 보국의 명당 주위를 안아주니 平原無朝案도 길혈이 된다. 이 모든 괴혈에는 천장지비(天藏地秘)의 山龍의 변태에 따라 무궁한 것이니 이루 다 열거할 수 없고 많은 연구와

답산으로 장승생기(葬乘生氣)의 묘리를 정확하게 터득함
은 千金과 같은 것이니 정혈에 더욱더 노력하기를 바라
는 바이다.

### 태극혈(太極穴)

혈을 정하는데는 본신룡이 주산으로 이어져 혈까지 입
혈(入穴)되면서 양이 오면 음이 받고 음이 오면 양이 받
고 바르게 오면 빗겨서 점혈하는 정래사하(正來斜下) 빗
겨서 들어오면 바르게 점혈하는 사래정하(斜來正下)한
다.

또 곧은 맥에는 혈은 굽은 데서 맺고 굽은 맥의 혈은
곧은 데서 맺으며 준급한 용은 완만한 데 붙이고 느린 맥
은 급하게 떨어진 곳에 맺으며 연하게 오는 용은 단단한
곳에 혈을 정하고 딱딱한 용은 연한 곳에 정혈하고 산이
낮으면 얕고 도투룩한 곳에서 혈을 찾는 것은 용을 보아
결혈처를 알아내는 기본이요, 원칙이다.

그러나 상하좌우 치우친 데가 없이 정혈을 재혈하는
데는 와겸유돌(窩鉗乳突)의 사대혈형(四大穴形)이나 태
극(太極)과 양의(兩儀)의 증거가 있어야 한다. 이 가운
데서 태극은 형상이 둥근 것으로 용맥을 타고 내려오면
서 진혈이 응결되는 지점에는 보일 듯 말 듯 은미한 원운
이 있으면 바로 이것이 태극혈이다.

태극은 천지만물의 근본이라 하였다.

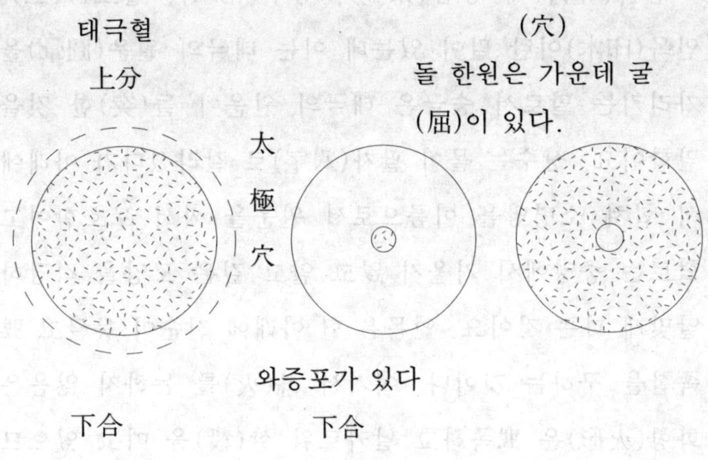



대개 태극의 진혈은 해무리처럼 은미하게 둥그스레하며 물이 양쪽으로 갈라져 흐르다가 원운이 아래서 다시 합해진 소명당(小明堂) 안이라고도 할 수 있는데 너무 넓으면 태극혈이 아니니 다만 사람이 옆으로 누울 만한 정도의 넓이면 된다.

평지보다 도투룩한 원운(圓暈)이 음이 되고 평지보다 낮은 원운이 양이 된다.

그러나 자세히 살피면 함(陷) 한가운데 약간 솟은 포(泡)가 생기고 도투룩한 가운데 굴(屈)한 곳이 있으니 이는 태극이 동(動)하여 양이 되고 정(靜)하여 음이 되며 양중에 음이 생(生)하고 음중에 양이 생(生)한다.

양혈(陽穴)에는 금정(金井)을 얕게 함이 좋고 음혈(陰穴)에는 금정(金井)을 깊게 하는 게 좋다.

장서(葬書)에 승금(乘金), 상수(相水), 혈토(穴土), 인목(印木)이란 말이 있는데 이는 태극의 원운(圓暈)을 가리키는 말로서 승금은 태극의 원운이 돌(突)한 것을 말함이요, 상수는 물이 팔자(八字)로 갈라졌다가 아래에서 합쳐 소명당을 이룸으로서 원운을 싸서 보호함이고 혈토는 중앙에서 기울지 않고 얕고 깊은 모양을 적당히 알맞게 파는 것이요, 인목은 혈 아래에 전순이 둥글고 뾰족함을 구하는 것이다. 여기서 화(火)를 논하지 않음은 화형(火形)은 뾰족하고 날카로워 살(殺)을 띠고 있으므로 화형(火形)에는 결혈이 되지 않기 때문이다.

### 양의혈(兩儀穴)

양의는 음양을 말하며 우주만물은 음과 양으로 이루어졌으니 천지(天地)는 일월(日月)로 음양을 이루고 인간은 남녀로 음양을 이루고 동식물은 자웅(雌雄)으로 음양을 이루고 땅은 산수(山水)로 음양을 이룬 것이다.

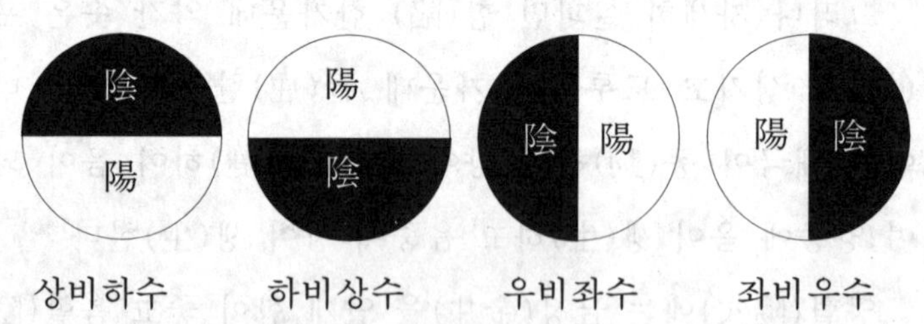


상비하수    하비상수    우비좌수    좌비우수

또한 음과 양 중에도 각각 음양이 있으며 용은 용의 음양이 있고 혈은 혈의 음양이 있다. 소위 음양은 태극의 원운 사이에 비대하고 일어난 것은 양이요, 수척하고 함한 것은 음이 되니 이것이 혈법의 양의이다.

### 음래양수(陰來陽受) 양래음수(陽來陰受)

음(陰)이 오면 양(陽)이 받고, 양(陽)이 오면 음(陰)이 받아주는 음양의 배합리법을 터득하고,

### 정래사하(正來斜下) 사래정하(斜來正下)

용이 바르게 오면 비켜서 점혈하고 비켜서 오면 바른 곳에 정혈해야 하고,

### 급래완수(急來緩受) 완래급수(緩來急受)

급히 오는 용은 평탄한 곳에 혈을 정하고 완만하게 오는 용은 급한 곳에 정혈한다.

### 경래연하(硬來軟下) 연래경하(軟來硬下)

단단하고 딱딱하게 오는 용은 부드러운 곳에 정혈하고 부드럽게 오는 용은 단단한 곳에 혈을 정한다.

### 직자곡혈(直者曲穴) 곡자직혈(曲者直穴)

곧게 들어오는 용맥은 굽은 곳에 혈을 정하고 굽어서 들어온 용에서는 곧은 곳에서 혈을 정한다.

명당사미(明堂四美)

1) 나성주밀(羅城周密)

혈판을 중심으로 사방팔방으로 아름답게 환포되어 있는 미사가 명당을 응기하고 공읍하며 중수가 궁회하여야 하고,

2) 용호환포(龍虎環抱)

청룡과 백호가 좌우에서 겹겹으로 유정하게 관쇄하면서 환포되어 있어야 하고,

3) 기장토윤(氣壯土潤)

내룡은 눈용(嫩龍)으로 웅장한 기상을 하고 토비후부하며 토색은 기왕하고 조윤하면 길토이다.

4) 관왕조당(官旺朝堂)

생왕관대방수(生旺官帶方水)가 명당을 유정하게 궁회하고 수구는 진술축미(辰戌丑 未) 묘고로 몰이 모여 나감을 길수로 한다.

명당오상(明堂五常)

1) 용요진(龍要眞)

내룡은 좌우의 호종을 받으며 생기가 충만한 중출맥이

되면 더욱 길하다.


2) 혈요적(穴要的)

혈은 전후좌우에 한치의 오차도 없이 혈심에 적중되어야 하며,


3) 사요수(砂要秀)

주변의 모든 사는 도망가거나 배반하거나 살기가 있거나 추악하지 않고 아름다우며 수려해야 하고,


4) 수요포(水要抱)

물은 충(沖)하거나 반궁(反弓)하지 않고 九曲水, 之, 玄, 水로 유정하게 궁회환포(弓會環抱)하며는 길격이다.


5) 향요길(向要吉)

향은 피살취길(避煞聚吉)로 길방에 사는 아름다워야 한다.

# 제5장 향법

### 향법(向法)

여기서 논하는 좌와 형법은 진술축미(辰戌丑未)의 사대국오행(四大局五行)으로 파구를 보아 갑병경임 양간을 순행으로 향과 득수의 생왕방을 보며 을정신계 음간을 역행으로 십이운성(十二運星)을 붙여 나가면서 좌의 길흉을 보는 이법이다.

즉 수(水)는 양국(陽局) 갑병경임(甲丙庚壬)을 취하여 십이방을 순행으로 부쳐서 향과 득수의 생왕방을 보고 용은 음국(陰局) 을정신계(乙丁辛癸)를 취하여 십이방을 역행으로 부쳐서 용좌의 생왕방을 고증하여 향과 득수와 좌의 길흉을 보는 곳이 된다.


1) 계갑포태(癸甲胞胎) 미파구(未破口) 정미곤신경유(丁未坤申庚酉)의 육방위로 나가는 수구로서 미파구 또는 목파구(木破口)라고 한다.

2) 신임포태(辛壬胞胎) 진파구(辰破口)는 을진손사병오(乙辰巽巳丙午)의 육방위로 나가는 수구로서 진파구

또는 수파구(水破口)라고도 한다.

　3) 정경포태(丁庚胞胎) 축파구(丑破口)는 계축간인갑묘(癸丑艮寅甲卯)의 육방위로 나가는 수구로서 축파구 또는 금파구(金破口)라고도 한다.

　4) 을병포태(乙丙胞胎) 술파구(戌破口)는 신술건해임자(辛戌乾亥壬子)의 육방위로 나가는 수구로서 술파구 또는 화파구(火破口)라고도 한다.

　이상과 같이 미파구라고 하면 계갑포태를 보게 되는데 여기서 좌를 찾기 위해서는 용은 음으로 보게 되니 음인 계포태의 계룡은 역행으로 부쳐나가는데 午가 胞, 巳가 胎 辰이 養, 卯가 生이 되어 생룡이 되며 亥는 왕룡이 된다.

　또 득수를 보는 법은 양포태인 갑포태에서 순행을 하게 되므로 갑포태는 신에서 포가 되니 신득수(申得水)는 절득수(絶得水)요, 유득수(酉得水)는 태득수(胎得水)요, 술득수(戌得水)는 양득수(養得水)요, 해득수(亥得水)는 생득수(生得水)가 되고 묘득수(卯得水)는 왕득수(旺得水)가 되는 것이다.

　즉 계갑합(癸甲合), 신임합(辛壬合), 을병합(乙丙合), 정경합(丁庚合)이 취기가 되어 취합(聚合)을 이끌어낸 원리를 적용한 것이다.

신술건해임자(辛戌乾亥壬子)수구 : 화국(火局) 을룡
(乙龍)

계축간인갑묘(癸丑艮寅甲卯)수구 : 금국(金局) 정룡
(丁龍)

을진손사병오(乙辰巽巳丙午)수구 : 수국(水局) 신룡
(辛龍)

정미곤신경유(丁未坤申庚酉)수구 : 목국(木局) 계룡
(癸龍)

## 십이운성약해(十二運星略解)

1) 포절궁(胞絶宮)
두절(杜絶)의 기상(氣象)이니 공허한 상태
2) 태궁(胎宮)
모태에 입태된 단계이니 형체가 없는 계획단계
3) 양궁(養宮)
양성일로(養成一路) 매사가 시초를 뜻하므로 심사숙
고가 요청됨
4) 생궁(生宮)
모체로부터 세상에 출생한 단계 독립된 인격체이나 매
사 시작의 단계
5) 욕궁(浴宮)
패궁나체의 기상, 무례, 파렴치와 속성속패로 매사 신
중을 요함

6) 대궁(帶宮)

장식(裝飾)의 기상 선악시비를 분별하는 단계

7) 건록궁(建祿宮) 관궁(冠宮)

취록의 기상으로 상승일로 인생의 전성기이다.

8) 왕궁(旺宮)

강건의 기상 최고의 단계로 위험이 따르니 겸손과 신중을 요함

9) 쇠궁(衰宮)

몰락의 기상, 기력쇠퇴 하강의 단계

10) 병궁(病宮)

의기상실, 호사다마의 상태

11) 사궁(死宮)

종식(終息)의 단계, 자력동결, 흉운의 상태

12) 묘궁(墓宮)

수장의 기상, 인생무사 종결, 환원의 길운을 대기하는 시기이다.

## 십이운성(十二運星)의 기신

갑목장생(甲木長生):해(亥)을목장생(乙木長生):오(午)

병화장생(丙火長生):인(寅)정화장생(丁火長生):유(酉)

경금장생(庚金長生):사(巳)신금장생(辛金長生):자

(子)

임수장생(壬水長生) : 신(申) 계수장생(癸水長生) : 묘
(卯)

십이운성이란 절태양생욕대관왕쇠병사묘(絶胎養生浴
帶冠旺衰病死墓)로 좌와 향득수의 길흉을 보고, 갑병경
임(甲丙庚壬)은 양간에 해당하므로 원칙에 따라 地支 순
서대로 순행하면서 무슨 향인가를 보고 을정신계(乙丁辛
癸)는 음간에 속하므로 원칙에 따라 지지 순서를 역행으
로 부쳐 나가면서 무슨 좌에 해당하는가를 살펴본다.

가령 壬坐 丙向과 子坐 午向의 수구가 화국을룡(火局
乙龍) 신술건해임자(辛戌乾亥壬子)의 六方位안에 해당
하면 이는 화국을룡이 된다.

화국에 향이 되는 陽火는 丙火이니 병화생방은 寅임으
로 간인(艮寅)에 생(生)을 부쳐서 순향하면 간인생(艮寅
生), 갑묘욕(甲卯浴), 을진대(乙辰帶), 손사관(巽巳官),
병오왕(丙午旺), 정미쇠(丁未衰), 곤신병(坤申病), 경유
사(庚酉死) 신술묘(辛戌墓), 건해절(乾亥絶), 임자태(壬
子胎), 계축양(癸丑養)향이 되므로 임좌병향과 자좌오향
은 向에 旺이 되므로 왕향이 되고 좌는 병좌가 된다. 만
일 수구가 신술방(辛戌方)이 되면 묘고수(墓庫水)요, 건
해방(乾亥方)이면 절지수(絶地水)요, 임자방(壬子方)이
되면 태방수(胎方水)가 된다.

또 화국을룡의 임좌자좌(壬坐子坐)에 을목장생은 午

에 부쳐서 역행하면 병오생(丙午生), 손사욕(巽巳浴),
을진대(乙辰帶), 갑묘관(甲卯官), 간인왕(艮寅旺), 계축
쇠(癸丑衰), 임자병(壬子病), 건해사(乾亥死), 신술묘
(辛戌墓), 경유절(庚酉絶), 곤신태(坤申胎), 정미양(丁
未養)이 되므로 을룡의 임자좌는 병좌왕향이 된다.

기타 모두 이와 같은 예에 준하면 된다.


4대국파구도(四大局破口圖)

## 사대국수법(四大局水法)

　사대국수법은 사대국 오행 진술축미(辰戌丑未)를 기준으로 파구 거수(去水)로서 좌와 향과 용과 수구의 길흉을 보는 것으로 십이신(十二神) 생왕관대(生旺冠帶)는 길하고 태양묘궁(胎養墓宮)은 평길하며 욕쇠병사절궁(浴衰病死絶宮)은 대흉으로 본다.

　그림으로 표시하면 다음과 같다.

| 十二神 〳 水口 | 胞 | 胎 | 養 | 生 | 浴 | 帶 | 冠 | 旺 | 衰 | 病 | 死 | 墓 |
|---|---|---|---|---|---|---|---|---|---|---|---|---|
| 丁未坤申庚酉 (木破口) | 申 | 酉 | 戌 | 亥 | 子 | 丑 | 寅 | 卯 | 辰 | 巳 | 午 | 未 |
| 辛戌乾亥壬子 (火破口) | 亥 | 子 | 丑 | 寅 | 卯 | 辰 | 巳 | 午 | 未 | 申 | 酉 | 戌 |
| 癸丑艮寅甲卯 (金破口) | 寅 | 卯 | 辰 | 巳 | 午 | 未 | 申 | 酉 | 戌 | 亥 | 子 | 丑 |
| 乙辰巽巳丙午 (水破口) | 巳 | 午 | 未 | 申 | 酉 | 戌 | 亥 | 子 | 丑 | 寅 | 卯 | 辰 |

　가령 정미곤신경유(丁未坤申庚酉) 육방위(六方位)의 파구일 때 갑묘방(甲卯方) 득수면 왕방득수(旺方得水)요, 해방득수(亥方得水)는 생득수(生得水)요 또한 묘좌(卯坐)면 생룡이 된다. 모두를 이와 같이 추리하면서 향법을 이해하기 바란다.

| 四大局 | 좌향 | 十二운성 | 胞 | 胎 | 養 | 生 | 浴 | 帶 | 冠 | 旺 | 衰 | 病 | 死 | 墓 |
|---|---|---|---|---|---|---|---|---|---|---|---|---|---|---|
| 木 | 坐 | 癸 | 午 | 巳 | 辰 | 卯 | 寅 | 丑 | 子 | 亥 | 戌 | 酉 | 申 | 未 |
| | 向 | 甲 | 申 | 酉 | 戌 | 亥 | 子 | 丑 | 寅 | 卯 | 辰 | 巳 | 午 | 未 |
| 火 | 坐 | 乙 | 酉 | 申 | 未 | 午 | 巳 | 辰 | 卯 | 寅 | 丑 | 子 | 亥 | 戌 |
| | 向 | 丙 | 亥 | 子 | 丑 | 寅 | 卯 | 辰 | 巳 | 午 | 未 | 申 | 酉 | 戌 |
| 金 | 坐 | 丁 | 子 | 亥 | 戌 | 酉 | 申 | 未 | 午 | 巳 | 辰 | 卯 | 寅 | 丑 |
| | 向 | 庚 | 寅 | 卯 | 辰 | 巳 | 午 | 未 | 申 | 酉 | 戌 | 亥 | 子 | 丑 |
| 水 | 坐 | 辛 | 卯 | 寅 | 丑 | 子 | 亥 | 戌 | 酉 | 申 | 未 | 午 | 巳 | 辰 |
| | 向 | 壬 | 巳 | 午 | 未 | 申 | 酉 | 戌 | 亥 | 子 | 丑 | 寅 | 卯 | 辰 |

위의 木火金水四局 운용포태법은 공식에 따라 乙丁辛癸 음간은 역행으로 입수용좌를 보고 甲丙丙壬은 순행으로 向과 득수의 길흉을 본다.

四大局五行에서 木은 金에서, 金은 木에서, 火는 水에서, 水는 火에서 기신하여 용좌와 향과 득수의 길흉을 보게 되니 十二운성 포태법은 숙달되도록 익혀야 할 것이다.

# 사국운용도(四局運用圖)

## 水局의 運用

## 金局의 運用

## 木局의 運用

## 火局의 運用

135

## 사대국향(四大局向)과 좌(坐)의 생왕사절도

| 木局 丁坤癸 未申酉 龍 | | 水局 乙巽辛 辰巳丙午 龍 | | 金局 癸艮丁 丑寅卯 龍 | | 火局 辛乾乙 戌亥壬子 龍 | | 水口 / 向과坐 |
|---|---|---|---|---|---|---|---|---|
| 向 | 坐 | 向 | 坐 | 向 | 坐 | 向 | 坐 | |
| 浴 | 冠 | 旺 | 生 | 死 | 絶 | 胎 | 病 | 子壬 |
| 帶 | 帶 | 衰 | 養 | 墓 | 墓 | 養 | 衰 | 丑癸 |
| 冠 | 浴 | 病 | 胎 | 絶 | 死 | 生 | 旺 | 寅艮 |
| 旺 | 生 | 死 | 絶 | 胎 | 病 | 浴 | 冠 | 卯甲 |
| 衰 | 養 | 墓 | 墓 | 養 | 衰 | 帶 | 帶 | 辰乙 |
| 病 | 胎 | 絶 | 死 | 生 | 旺 | 冠 | 浴 | 巳巽 |
| 死 | 絶 | 胎 | 病 | 浴 | 冠 | 旺 | 生 | 午丙 |
| 墓 | 墓 | 養 | 衰 | 帶 | 帶 | 衰 | 養 | 未丁 |
| 絶 | 死 | 生 | 旺 | 冠 | 浴 | 病 | 胎 | 申坤 |
| 胎 | 病 | 浴 | 冠 | 旺 | 生 | 死 | 絶 | 酉庚 |
| 養 | 衰 | 帶 | 帶 | 衰 | 養 | 墓 | 墓 | 戌辛 |
| 生 | 旺 | 冠 | 浴 | 病 | 胎 | 絶 | 死 | 亥乾 |

사대국오행 乙丁辛癸 음룡의 좌법과 甲丙庚壬의 양간
인 순행의 향법으로서 포태법으로 음은 역행, 양은 순행
하면서 향을 위주로 하되 좌도 같이 보는 생왕사절을 보
는 직지원진(直指原眞)과 지리오결(地理五訣)에 수록되

88향법인데 丁未坤申庚酉의 6방위로 나가는 수구는 未破口木局이 되고 辛戌乾亥壬子의 6방위로 나가는 수구는 戌破口火局이 되고 癸丑艮寅甲卯의 6방위로 나가는 수구는 丑破口金局이 되고 乙辰巽巳丙午 6방위의 수구는 辰破口水局이 된다.

이는 물이 나가는 파구를 보아 좌와 향을 포태법으로 붙여서 생왕사절로 옳고 그름을 보고 또 득수가 혈에 미치는 관계를 보는 법이다.

예를 들어서 미파구는 계갑표태(癸甲胞胎)인데 이때 좌를 찾기 위해서 음룡(陰龍)인 癸에서 포(胞)가 역행되므로 오(午)에 포(胞), 사(巳)에 태(胎), 진(辰)에 양(養), 묘(卯)에 생(生)이 붙게 되니 생룡(生龍)이 되고 인(寅)에는 욕(浴), 축(丑)에는 대(帶), 자(子)에는 관(冠)이 붙고 해(亥)에는 왕룡(旺龍)이 되며 술(戌)은 쇠룡(衰龍), 유(酉)는 병룡(病龍), 신(申)은 사룡(死龍), 미(未)는 묘룡(墓龍)이 되며 미파구에서 득수를 보는 법은 水는 陽이므로 갑포태신금(甲胞胎申金)에서 포(胞)가 시작되어 순행하므로 유(酉)는 태(胎), 술(戌)은 양득수(養得水), 해(亥)는 생득수(生得水), 자(子)는 욕득수(浴得水), 축(丑)은 대득수(帶得水), 인(寅)은 관득수(冠得水)요, 묘(卯)는 왕방득수(旺方得水)가 되고, 진방득수(辰方得水)는 쇠득수(衰得水)요, 사득수(巳得水)는 병득수(病得水)가 되며, 오득수(午得水)는 사득수(死得水)가 되고, 미득수(未得水)는 묘궁득수(墓宮得水)라고

한다.

또한 예로서 임좌병향(壬坐丙向) 자좌오향(子坐午向)에 수구가 신술건해임자(辛戌乾亥壬子)의 6방위로 물이 나가면 화국을룡(火局乙龍)이다. 화국은 병화(丙火)요 양화(陽火)이니 해(亥)에서 포(胞)가 시작되어 임자(壬子)에 태(胎)가 붙고 계축(癸丑)에 양(養)이 붙고 간인(艮寅)에 생(生)이 붙으며 갑묘(甲卯)에 욕(浴)이 붙고 을진(乙辰)에 대(帶)가, 손사(巽巳)에 관(冠)이, 병오(丙午)에 왕(旺)이 되며, 정미(丁未)에 쇠(衰)가, 곤신(坤申)에 병(病)이 붙고 경유(庚酉)에 사(死)가 붙는다. 따라서 임좌병향(壬坐丙向) 자좌오향(子坐午向)은 향에 왕(旺)이 되어 왕향(旺向)이라고 하며 또한 수구는 신술방(辛戌方)이면 묘고수구(墓庫水口)요 건해방수구(乾亥方水口)는 절수가 되며 임자방수구(壬子方水口)는 태방수구가 된다. 따라서 기타 모두를 이와같은 예에 준하면 되는 것이다.

음택에서는 을정신계음룡(乙丁辛癸陰龍)의 좌보다는 갑병경임(甲丙庚壬)의 양국향(陽局向)과 득수방위를 주로 삼는다. 즉용좌를 살필 때는 을정신계음룡(乙丁辛癸陰龍)이므로 12운성을 역으로 붙여나가고 향과 득수를 살필 때는 갑병경임(甲丙庚壬)양국이므로 순행으로 12운성을 붙여 나가되 생왕방향과 생왕방득수는 대길부(大吉富)를 뜻한다.

그러나 예외가 있다.

물이 정미곤신경유(丁未坤申庚酉)의 서남간방 6방위
로 흘러가면 미파구 갑합계(甲合癸)의 목국(木局)이 된
다. 목국은 계룡오(癸龍午)에서 포(胞)가 시작되어 역행
하므로 갑묘(甲卯)에서 생(生)이 되고 계축(癸丑)에 대
(帶)가 붙고 임자(壬子)에 관(冠)이 붙으며 건해(乾亥)
에 왕(旺)이 붙어서 길격이 되며 생룡(生龍)인 갑묘입수
(甲卯入首)와 왕용(旺龍)인 건해입수(乾亥入首)의 용좌
는 길격으로 보되 향이 불길하니 취하지 않아야 한다.

　　다만 용좌의 길격은 정음정양법으로 취용되여 왔으나
배합용을 취용하는 오늘에는 중용되지 않으니 참고하기
바란다.

미파구도(未破口圖)

신임포태신룡수국(辛壬胞胎辛龍水局)

을진손사병오(乙辰巽巳丙午)의 6방위수구는 진파구
(辰破口)라고 한다.

진파구수국룡(辰破口水局龍)은 을진손사병오의 육방
위로 물이 흘러가는 수구를 말한다. 수국신룡(水局辛龍)
은 묘(卯)에서 포(胞)가 붙어서 역행하므로 임자(壬子)
에 생(生), 곤신(坤申)에 왕(旺)이 붙는다.

따라서 입수룡좌의 생왕사절(生旺死絶)을 속견(速見)
하는 그림의 4선 표시도는 암기하지 않아도 도표로서 바
로 알 수 있으며 그림에 표시된 2선은 향과 득수의 생왕
방 속견 표시도이므로 활용있기 바란다.

진파구도(辰破口圖)

1선은 동서남북 4정방
2선은 향과득수방위견법
3선은 쌍산12룡 표시도
4선은 입수룡의 좌법

원내는 4대국 오행표시

계축간인갑묘(癸丑艮寅甲卯)의 6방위수구는 축파구금
국(丑破口金局)이라고 한다.

금국정룡(金局丁龍)은 임자(壬子)에서 기(起)하여 역행으로 붙여나가면 경유(庚酉)에 생(生)이 붙고 손사(巽巳)에 왕(旺)이 붙으니 이는 각각 좌의 생왕사절(生旺死絶)을 속견하는 표시도를 그림에서 좌와 향과 득수의 조견표로 표시하였다.

### 축파구도(丑破口圖)

을병포태을룡화국(乙丙胞胎乙龍火局)

신술건해임자(辛戌乾亥壬子)의 6방위로 나가는 수구는 술파구화국룡(戌破口火局龍)이라고 한다.

화국을룡은 경유(庚酉)에서 기(起)하여 병오(丙午)에서 생이 붙고 간인(艮寅)에서 왕이 붙어서 입수룡의 생왕사절(生旺死絶)의 좌를 보고 양간 병화(丙火)의 순행으로 건해(乾亥)에서 기(起)하여 간인(艮寅)에서 생을

받고 병오(丙午)에서 왕을 받으니 향과 득수를 보는 것이다.

술파구도(戌破口圖)

이상 그림에서 설명한 바와 같이 갑병경임(甲丙庚壬)은 목국(木局), 수국(水局), 금국(金局), 화국(火局)은 양간에 해당하므로 시계방향대로 순행하면서 12신을 붙여나가며 무슨 향인가를 보고 을정신계(乙丁辛癸)의 을룡(乙龍), 정룡(丁龍), 신룡(辛龍), 계룡(癸龍)은 음간에 속하므로 시계 반대방향으로 역향하면서 12운성을 순서대로 붙여나가며 무슨 좌인가를 보는 법이다.

이는 이기의 향법으로 정왕향(正旺向), 정생향(正生向), 자왕향(自旺向), 자생향(自生向), 정양향(正養向), 정묘향(正墓向), 태향(胎向), 쇠향(衰向) 등 많으나 여기

서는 몇 가지의 예를 들어서 간결하게 이해를 돕고자 한
다.

정왕향(正旺向)우선용에는 좌선수라야 길격이다.

왕향은 향이 왕이 되는 것이나, 예를 들어서 신술수구
(辛戌水口)에 왕향은 양화(陽火), 병화(丙火)가 건해(乾
亥)에서 기(起)하여 시계방향으로 순행하면 간인(艮寅)
에 생향이 붙고 병오(丙午)가 왕향이 되는 것이다. 그러
나 이때 물은 반드시 왼편 생방에서 들어와서 오른편 왕
방으로 모여야 길격이고 자손은 부귀창성장수하고 충효
가 난다.

정왕향(正旺向)에 해당되는 향은 다음과 같다.

병오향(丙午向)에 신술수구(辛戌水口)면 화국을룡(火
局乙龍)이니 화(火)의 왕방 병오(丙午)가 정왕향이다.

임자향(壬子向)에 을진수구(乙辰水口)면 수국신룡(水
局辛龍)이니 수(水)의 왕방 임자(壬子)가 정왕향이다.

경유향(庚酉向)에 계축수구(癸丑水口)면 금국정룡(金
局丁龍)이니 금(金)의 왕방 경유(庚酉)가 정왕향이다.

갑묘향(甲卯向)에 정미수구(丁未水口)면 목국계룡(木
局癸龍)이니 목(木)의 왕방 갑묘향(甲卯向)이 정왕향이
다. 즉 자오묘유(子午卯酉)방이 왕향이 된다.


임자병향(壬子丙向) 자좌오향(子坐午向)

병오(丙午)향에 신술(辛戌) 수구가 되면 정왕향이다.
이 향은 우선룡, 곧 시계반대방향으로 도는 용에 좌선수

물은 시계방향으로 들어오는 것이 길격이고 간인(艮寅)
생방수가 병오(丙午)왕방으로 모여 신술방(辛戌方) 묘고
(墓庫)로 돌아나가면 총명한 자손이 나오고 만일 손사방
(巽巳方)으로 물이 나가면 살인황천수라하여 요절, 중
풍, 불구, 절사(絶祠) 재패로 대흉하나 손사관방(巽巳官
方)의 육수봉(六秀峯)이나 문필봉을 기뻐하며 손방(巽
方), 오방(午方)의 귀봉(貴峯)은 더욱 그리워한다.


신술수구(辛戌水口)정왕향도

壬坐丙向
子坐午向 正旺向 (辛戌水口 火局乙龍)

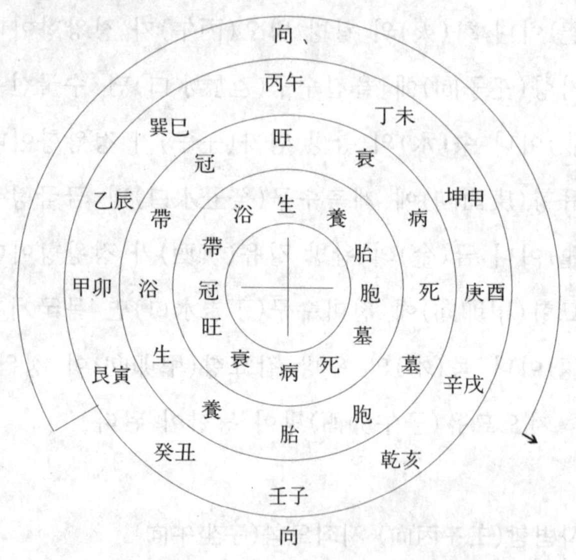

병좌임향(丙坐壬向) 오좌자향(午坐子向)

임자(壬子)향에 을진(乙辰)수구는 수국(水局) 정왕향이다. 이향도 전기(前記)와 같이 우선룡에 좌선수가 길격이다. 곤신(坤申) 생방수(生方水)가 임자 왕방(旺方)으로 모여 을진(乙辰) 묘고(墓庫)로 돌아나가면 자손이 창성대길하고 또 건방(乾方)의 물이 들어와도 대길하나 건방(乾方)으로 물이 나감은 살인황천수로서 대흉이다.


을진수구(乙辰水口)정왕향도


丙坐壬向
午坐子向 正旺向 (乙辰水口 水局辛龍)

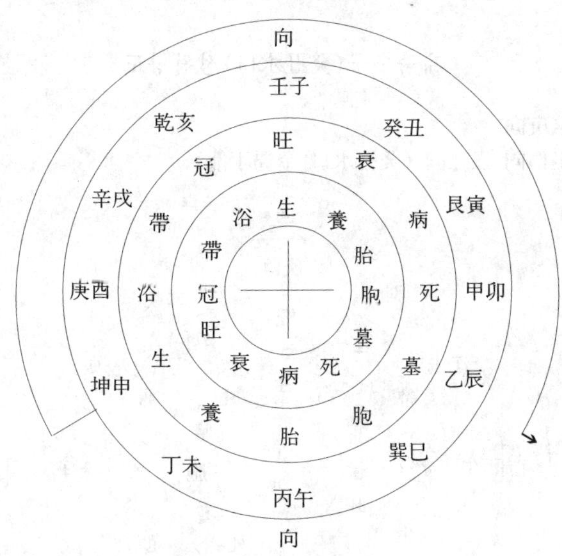

갑좌경향(甲坐庚向) 묘좌유향(卯坐酉向)

갑묘좌(甲卯坐) 경유향(庚酉向)에 계축수구(癸丑水口)가 금국(金局)정왕향이 된다. 이 역시 우선룡에 좌선수라야 길격이다.

손사(巽巳) 생방(生方)에서 물이 발원하여 경유(庚酉) 왕방으로 모여 계축(癸丑) 묘고방(墓庫方)으로 흘러 나가면 총명한 자손이 대를 이어 나오고 또 이 좌향에는 손손방(巽方)인 생방과 곤신방(坤申方)인 록방(祿方)에 귀봉을 기뻐한다. 이향과 수법이 구족(具足)하면 자손들은 다같이 충효현량(忠孝賢良)하고 부귀한다. 다만 곤(坤)방으로 물이 나가면 대흉이다.

계축수구(癸丑水口)정왕향도

甲坐庚向
卯坐酉向　正旺向　(癸丑水口　金局丁龍)

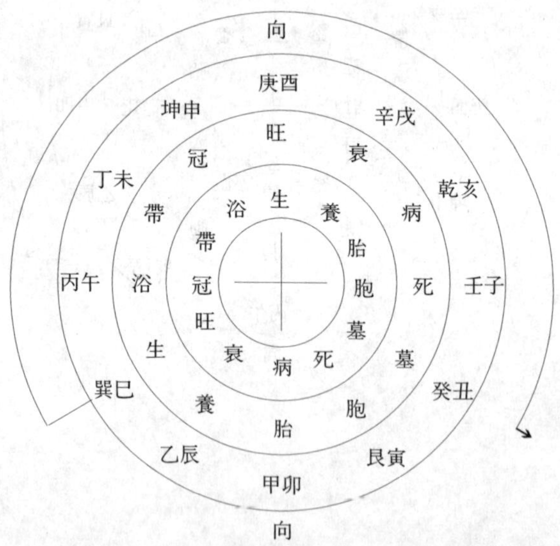

경좌갑향(庚坐甲向) 유좌묘향(酉坐卯向) 경유좌(庚酉坐) 갑묘향(甲卯向)에 목국 정미수구(丁未水口)면 정왕향이 된다. 우선룡에 좌선수라야 길격이다.

건해(乾亥) 생방수(生方水)가 갑묘(甲卯) 왕방(旺方)으로 물이 모여 정미(丁未) 묘고방(卯庫方)으로 돌아나가면 어진 자손이 대를 이어가고 간인(艮寅) 관방수(官方水)가 명당으로 내조(來朝)하면 소년장원(少年壯元)이 나오지만 반대로 간방(艮方)으로 물이 나가면 살인, 황천수로 인정(人丁)이 죽고 절사(絶詞)가 된다.


정미수구(丁未水口)정왕향도

庚坐甲向
酉坐卯向 正旺向 (丁未水口 水局癸龍)

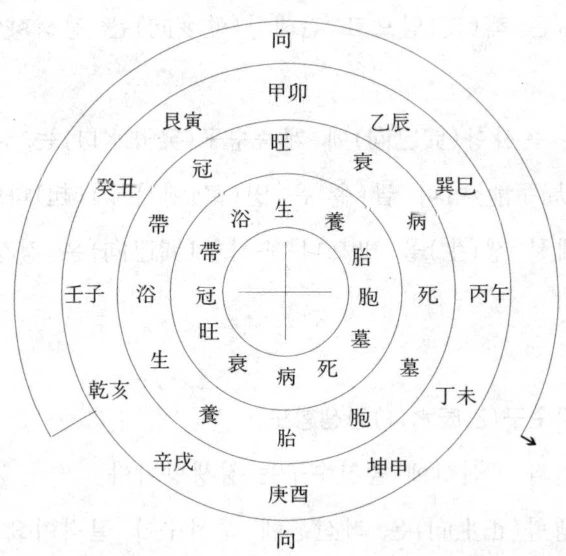

정생향(正生向) 좌선용에 우선수

좌선룡(左旋龍)에 우선수, 정생향은 물이 오른쪽에서 좌로 흘러가야 길격이며 용은 좌선룡에 우로 돌아야 한다.

(1) 곤신향(坤申向)에 을진수구(乙辰水口)는 수국신룡(水局辛龍)이니 사(巳)에서 기(起)하여 순행으로 수(水)의 장생(長生)인 신(申)은 곤신(坤申)이므로 정생향이 된다.

(2) 간인향(艮寅向)에 신술수구(辛戌水口)는 화국을룡(火局乙龍)이니 해(亥)에서 기(起)하여 순행으로 장생(長生)은 인(寅)이 되며 간인(艮寅)은 정생향이 된다.

(3) 건해향(乾亥向)에 정미수구(丁未水口)는 목국계룡(木局癸龍)이니 신(申)에서 기(起)하여 목(木)의 장생(長生)은 해(亥)임으로 건해향(乾亥向)은 정생향이 된다.

(4) 손사향(巽巳向)에 계축수구(癸丑水口)는 금국정룡(金局丁龍)이니 금(金)은 인(寅)에서 기(起)하여 사(巳)에서 생(生)을 받으니 손사향(巽巳向)은 정생향이 된다.


을진수구(乙辰水口)정생향도

간인좌 곤신향에 을진수구는 정생향이다.

정생향(正生向)은 좌선룡에 우선수가 길격이요 임자왕방수(壬子旺方水)를 곤신생방(坤申生方)에서 맞이하

여 묘방(墓方) 을진수구(乙辰水口)로 내보내면 자손은
면면이 부귀하고 어진 아내와 효자를 두게 된다.

艮坐坤向
寅坐申向 正生向 (乙辰水口 水局辛龍)

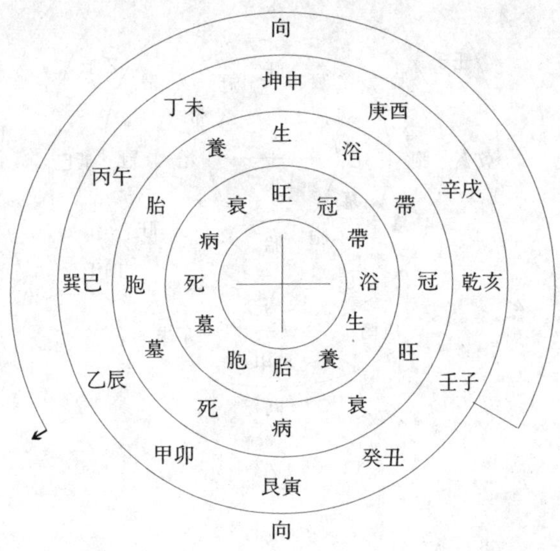


그러나 갑을손병(甲乙巽丙)의 물이 좌선수가 되어 곤
신생방(坤申生方)을 충하게 되면 요절하거나 절사가 우
려된다.


신술수구(辛戌水口)정생향도
곤신좌간인향에 신술수구는 정생향이 된다.
이는 좌선룡에 우선수가 길격이다.

坤坐艮向
申坐寅向 正生向 (辛戌水口 火局乙龍)

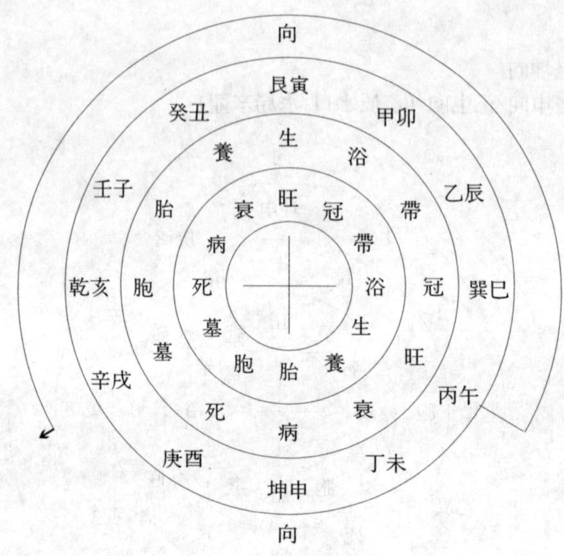

즉 병오왕방수(丙午旺方水)를 간인생방(艮寅生方)에
서 맞이하여 신술묘방(辛戌墓方)으로 나가는 물은 현처
와 효자를 얻고 자손은 대를 이어 부귀를 누리게 된다.

그러나 경유(庚酉), 신술(辛戌), 건해(乾亥) 방의 수
(水)가 좌선수가 되어 간인생방(艮寅生方)을 충하면 자
손이 요절하거나 절사가 될 수 있다.


정미수구(丁未水口) 정생향도
손사좌건해향에 정미수구는 정생향이다.
이는 좌선룡에 우선수면 길격이다.

巽坐乾向
巳坐亥向 正生向 （丁未水口　木局癸龍）

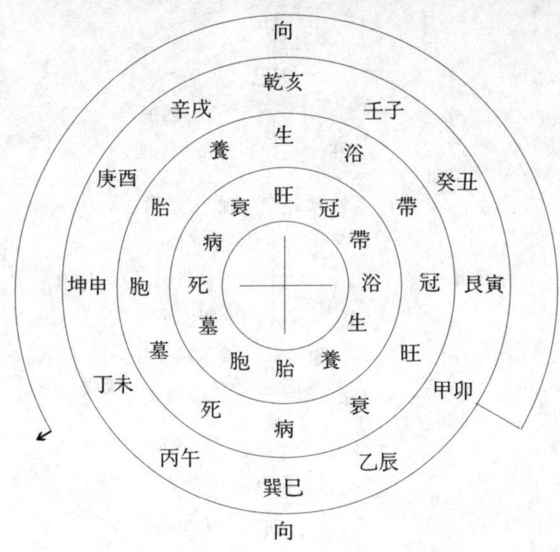


갑묘왕방(甲卯旺方)의 수(水)를 건해(乾亥)생방에서 맞이하여 정미묘방(丁未墓方)으로 흘러가면 자손은 현량 충효가 나고 부귀한다.

또한 건해(乾亥) 생방수가 내조(來朝)하면 관직이 길하다. 그러나 손사(巽巳), 병오(丙午), 정미(丁未), 곤신 방수(坤申方水)가 왼쪽에서 흘러서 건해생방(乾亥生方)을 충하면 절사나 요절자손이 나온다.


## 계축수구(癸丑水口)정생향도

건해좌 손사향에 계축수구는 정생향이다.

乾坐巽向
亥坐巳向 正生向 (癸丑水口 水局辛龍)

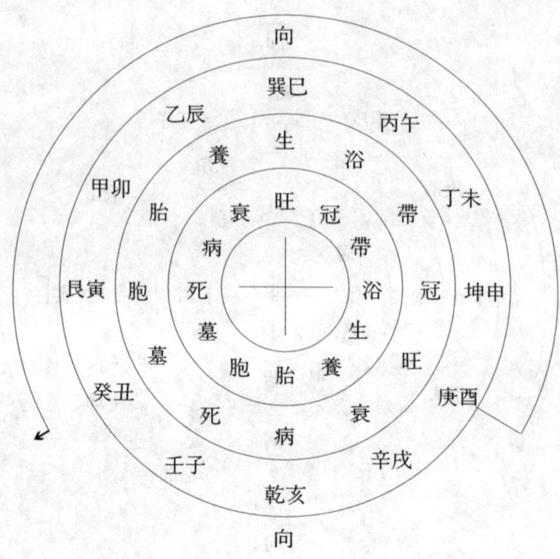

좌선룡에 우선수면 길격이다. 경유(庚酉) 왕방수(旺方水)가 손사생방(巽巳生方)을 돌아 계축묘방(癸丑墓方)으로 흘러가면 길하다. 이는 생방인 손사방(巽巳方)으로 생향(生向)을 세우고 왕방경유에서 득수하며 묘방(墓方) 계축(癸丑)으로 파(破)가 되니 양공의 십사진신법(十四進神法)에 해당하며 처자가 현량하고 가업이 흥왕하며 자손이 발복한다.

또한 손사(巽巳) 생방수가 혈장으로 내조(來朝)하면 귀관대신이 나온다.

정양향(正養向)좌선룡에 우선수

이 향은 양향(養向)으로서 향에 양(養)이 되는 것을 말한다.

이 향은 오른쪽 물이 왼쪽으로 흘러가야 길격이며 충효자손을 두게 되며 공명을 떨친다.

정미향(丁未向)에 손사수구(巽巳水口)는 수국신룡(水局辛龍)인데 수(水)는 사(巳)에서 기하여 양(養)은 미(未)이므로 정미향(丁未向)은 정양향이다.

계축향(癸丑向)에 건해수구(乾亥水口)는 화국을룡(火局乙龍)인데 화국(火局) 병화(丙火)는 해(亥)에서 기하여 축(丑)이 양(養)이 됨으로 계축향(癸丑向)은 정양향이다.

신술향(辛戌向)에 곤신수구(坤申水口)는 목국계룡(木局癸龍)이니 목(木)은 신(申)에서 기하여 술(戌)에서 양(養)이 됨으로 신술향(辛戌向)은 정양향이다.

을진향(乙辰向)에 간인수구(艮寅水口)는 금국정룡(金局丁龍)이니 금(金)은 인(寅)에서 기하여 진(辰)에서 양(養)이 됨으로 을진향(乙辰向)은 정양향이다.

정미양향(丁未養向)에 손사수구(巽巳水口)

이 향은 좌선룡에 우선수로 임자왕방수(壬子旺方水)가 건해(乾亥), 신술(辛戌), 경유(庚酉), 곤신(坤申), 정미(丁未), 병오(丙午)를 거쳐 손방(巽方)으로 흘러가니 88향 가운데 가장 길한 향으로 남녀손은 부귀장원하고 창성한 대길향이다.

癸坐丁向
丑坐未向 正養向 (巽巳水口 金局辛龍)

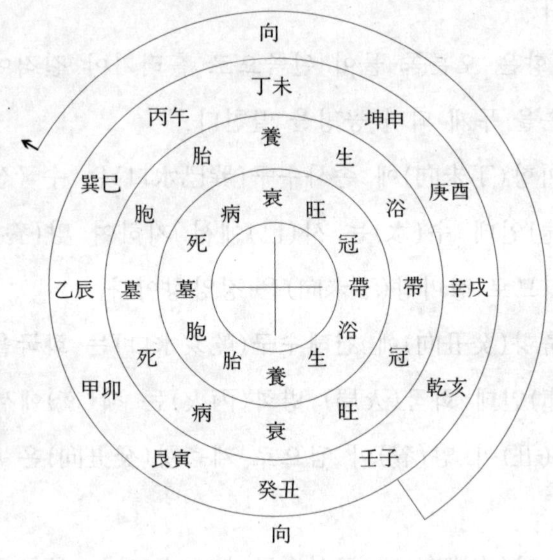


　　정묘향(正墓向) 우선룡에 좌선수가 길함

　　이 향은 묘향(墓向) 묘고향(墓庫向) 정묘향(正墓向)
으로도 부르는데 우선룡에 좌선수 즉 왼쪽물이 오른쪽으
로 역수가 되어야 길이며 인정이 홍왕하고 수복이 면면
하며 부와 귀를 누리게 된다.

　　묘향에는 다음과 같다.

　　정미향(丁未向)에 곤신수구(坤申水口)는 계룡목국(癸
龍木局)이니 목(木)의 묘궁(墓宮)은 미(未)이므로 정미
향(丁未向)이 정묘향이다.

　　신술향(辛戌向)에 건해수구(乾亥水口)는 을룡화국(乙

龍火局)이니 화(火)의 묘궁(墓宮)은 술(戌)임으로 신술
향(辛戌向)이 정묘향이다. 계축향(癸丑向)에 간인수구
(艮寅水口)는 정룡금국(丁龍金局)이니 금(金)의 묘궁
(墓宮)은 축(丑)임으로 계축향(癸丑向)이 정묘향이다.
을진향(乙辰向)에 손사수구(巽巳水口)는 신룡수국(辛龍
水局)이니 수(水)의 묘궁(墓宮)은 진(辰)이 정묘향이다.

丁坐癸向
未坐丑向 正墓向（艮寅水 金局丁龍）

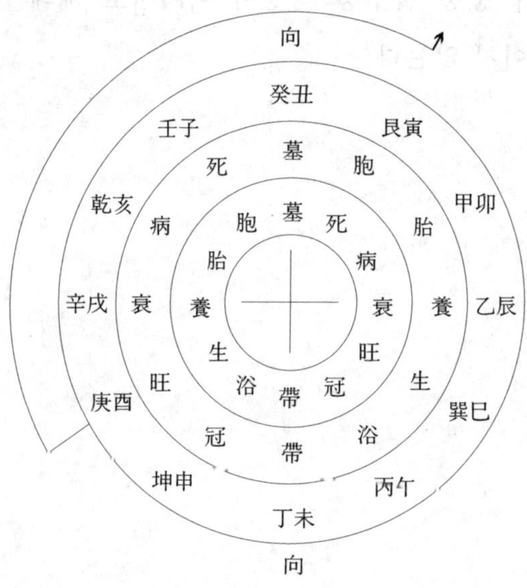


## 길향길수흉향흉수 (吉向吉水凶向凶水)

향이 길하면 수(水)도 길하고 수(水)가 흉하면 향도
흉향이 되니 즉 흉수는 흉향이 되고 길수는 길향이 된다.

따라서 12운성의 포태법상 양방(養方) 장생방(長生方) 관대(冠帶) 건록(健祿) 제왕(帝旺) 방수(方水)는 길수에 속하여 부귀와 자손이 흥왕하지만 이 가운데서도 팔요수(八曜水)와 살인황천수(殺人黃泉水)와 건록방(健祿方) 제왕방(帝旺方) 장생방(長生方) 관대방(冠帶方) 등 길방수(吉方水)를 충사하는 수(水)와 절(絶) 태(胎) 욕(浴) 쇠(衰) 병(病) 사(死) 방의 수(水)는 모두 흉수이니 득수(得水:내수)나 거수파(去水破)를 잘못 범하면 자손이 요절하거나 중풍 불구등 악병이 이어지고 재패 절사의 우환이 끊이지 않는다.

# 제6장 오성산과 용의 출맥

## 오형산(五形山)

　山形은 木火土金水 다섯 형으로 분류되어 있어서 산 정상이 청아하고 형체가 헌출하여 산머리 부분이 약간 둥글게 솟은 산은 木形山이 되고 산 정상이 뾰족하게 솟아서 충천하는 듯 타오르는 불꽃같은 형상은 火形山이 되고 앞뒤 사면이 중후하고 산정상이 평탄한 산형은 土形山이 되고 산형이 청하하며 정상은 가마솥을 엎어놓은 것같이 둥근모양을 한 산은 金形山이 되고 산모습이 파도처럼 물결과 같이 흘러 나가다 머물고 구불구불 흘러 내려와서 용맥이 낙맥(落脈)되는 것은 水形山에 속한다. 이상 오형산은 태조산으로부터 용진처 낙맥(龍盡處 落脈)까지 천태만상 천변만화(千變萬化)로 상극에서 상생으로 준급하고 거치른 산형이 박환으로 아름답게 변화하여 내려오면서 만산의 기를 모아 자연의 공식에 따라 아름답게 결혈지를 맺게 되는 것이니 세심한 관찰이 요한다 할 것이다.

목형산도

　산세가 곧고 단정하고 청수하면서 고요하면 길격이요, 기울거나 무너지거나 상처가 있으면 흉격이다. 목형산은 나무에 가지가 붙고 절이 맺은 형상으로서 귀와 인과 덕망을 뜻한다.

목형산도

화형산(火形山)

　산세가 봉우리는 산정상에 위치하여 타오르는 불꽃같이 날카롭고 뾰족함을 말하며 문필봉으로서 명필문장이 배출되고 예절과 문장을 주관한다.

화형산도

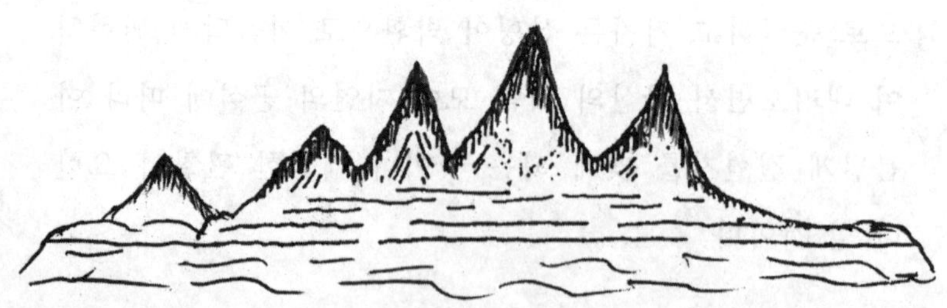

토형산(토형산)

 산세가 중후하고 웅장하며 창고 같고 병풍도 같으면서 단정하고 정상은 평탄하여 一字와도 같아서 일자문성으로도 부르며 부와 귀를 주관한다.

토형산도

금형산(金形山)

 산세가 중후하고 살찌고 둥글며 정상은 가마솥이나 종을 엎어 놓은 것 같아 윤택하고 기울지 않고 또 삿갓이나 말을 엎어놓은 것 같으면 길격이요, 곡식을 쌓아둔 모습과 같다고 하여 부봉사라고 한다.

금형산도

수형산(水形山)

산세는 물결 흘러가는 모습과 같이 구불구불하며 살아 움직이는 것 같으며 주로 산의 하층부에 위치하면서 지식과 예능을 주관한다.

수형산도

용(龍)의 전면(前面)과 배면(背面)

관산에는 산의 전면과 후면을 구분하여야 한다.

1) 전면은 혈장을 껴안을 듯이 유정하고 아름다우며 양명하면서 보국이 잘 되어 생기를 불어 넣어 줌으로 수려하게 정돈되어 광채가 나고 보기 좋으면 길격이다.

2) 배면은 산의 뒷면으로서 사방팔방으로 산기되고 산맥은 배역하고 흉하게 등지고 달아나는 용으로 무정하게 보인다. 이같은 배면에다 묘를 모시게 되면 부모, 형제,

자녀와는 뿔뿔이 흩어지게 되고 산제파산의 흉액을 맞게 된다. 즉 배면은 험준하고 경사가 급하며 낭떠러지 등 암석이 많은 악산이다.

### 龍의 出脈

조산에서 穴星까지 내려오는 용맥의 형태는 세 가지가 있으니 중출맥(中出脈)과 좌출맥(左出脈) 우출맥(右出脈)의 세 가지로 분류된다.

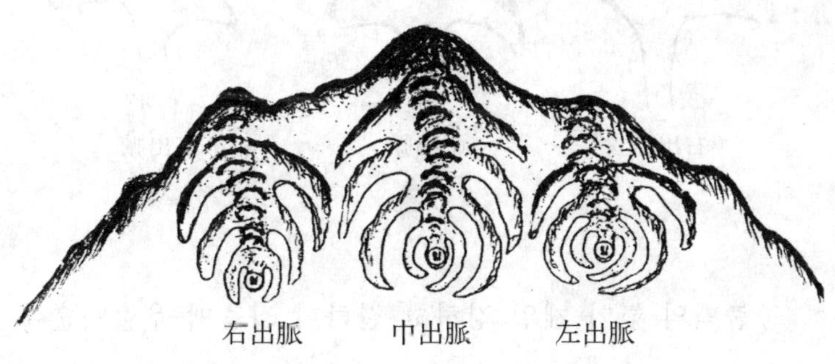

용의 출맥도



### 중출맥(中出脈)

조종산을 떠난 뒤 혈장으로 떨어진 낙맥(落脈)이 모두 중앙으로 나오면서 좌우의 보국을 받는 개장천심맥(開張穿深脈)이라야 하며 좌우에서 보호하는 산이 주밀하면서 바람이 닿지 않고 直來하는 水冲을 받지 않아야 한다.

좌출맥(左出脈)

　좌측에서 출맥한 용이 입수까지 이어지는 맥으로 좌편
에서 치우쳐 뻗어오는 것이므로 균형을 잃을 수 있으나
청룡 백호와 선익의 보호가 잘 되고 혈세가 주밀하면 길
격이다.


우출맥(右出脈)

　우편으로 나오는 맥을 우출맥이라고 하는데 기타는 좌
출맥과 같다.

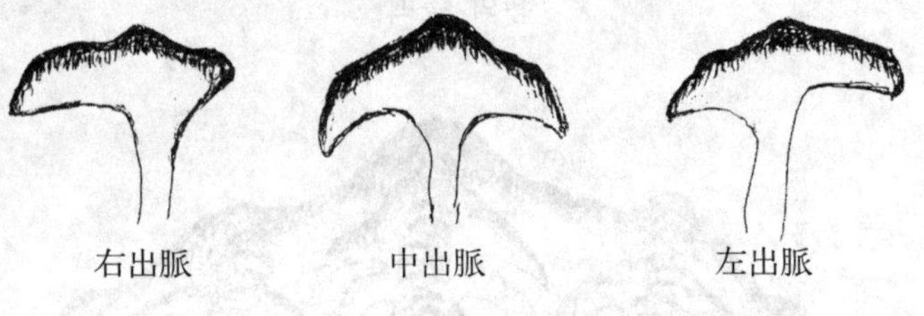



　중출맥의 氣가 제일 강하고 길하며 좌출맥 우출맥순이
다.


입혈(十二穴脈)


　용이 입수하여 결혈될 때까지 변화하는 12맥을 말한
다.

정맥(正脈)

좌우의 산세가 고르고 단정하면서
맥의 중심이 바르게 나온 정출맥을
말하며 가장 상격이다.

편맥(偏脈)

편맥은 좌측이나 우측의 어느 한쪽
으로 기울어져서 산세가 고르지 못
하므로 역량이 약하다.

장맥(長脈)

장맥은 50M를 초과하지 않아야
하고 중간에 포가 있어야 길하며,
곧고 딱딱하면 死脈이요, 또한 장
맥은 보호사가 없으면 살풍을 받으
므로 흉격이다.

단맥(短脈)

단맥은 짧은 것으로서 기맥의 진행이 쉬우므로 가늘고 연하며 속기되어야 길격이요, 크고 짧으면 흉격이다.

대맥(大脈)

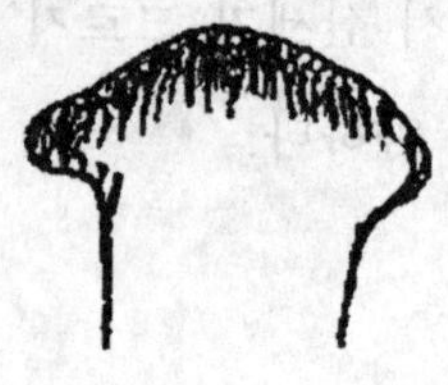

대맥은 용맥이 곧고 큰 것으로 만맥(彎脈), 즉 윤맥(潤脈)이나 마땅히 중간에 가는 초사회선(草蛇灰線)으로 실낱같이 가느다란 맥이 있으면 길격이다.

소맥(小脈)

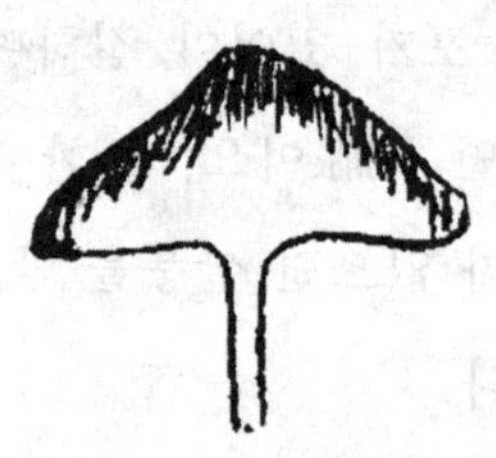

용이 크면서 맥은 작은 것은 길격이다.

고맥(高脈)

맥은 산봉우리의 이마를 꾀듯이
관주(串珠) 즉 구슬을 꿴 것 같은
것이 길격이다.

저맥(底脈)

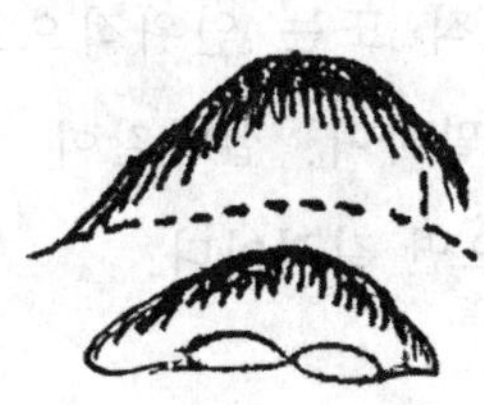

이 맥은 낮게 다리 아래로 맥이 진
행하는 것이며 분수척이 뚜렷하면
서 끊어지지 않은 것이 길격이다.

곡맥(曲脈)

이 맥은 구불구불 활동적이라야
길격이요, 크게 굽은 것은 평범하
다.

직맥(直脈)

길고 곧으면 사맥으로 흉격이나,
짧고 곧은 것은 길격이다.


단맥(斷脈)

이 맥은 자연적 또는 인위적으로
끊어진 것을 말하며, 실낱같이 이
어진 맥이 있으면 길격이다.


속맥(續脈)

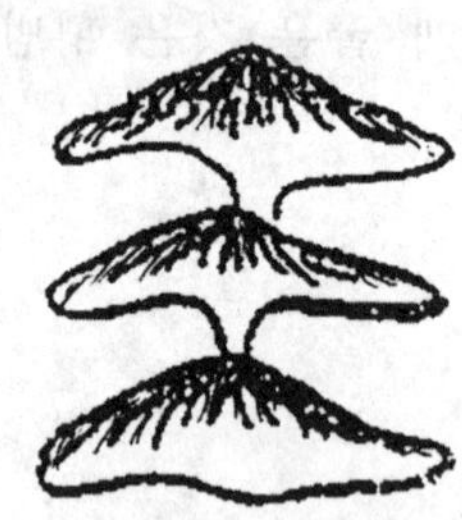

속맥이란 맥이 끊어졌다가 이어진
것이나 반드시 기맥(氣脈)이 다시
이어져 나오는 것이라야 취용이 된
다.

## 용세십이격(龍勢十二格)

　용의 형태를 12격으로 분류한 것으로 생(生), 사(死), 강(强), 약(弱), 순(順), 역(逆), 진(進), 퇴(退), 복(福), 병(病), 겁(劫), 살(殺)등 12격 중 생룡, 강룡, 순룡, 진룡, 복룡 5격만 설명하고 기타는 다음 기회로 미룬다.

### 생룡(生龍)

생룡은 기복 고저의 생동감이 있고 개장(開帳)이 잘 되어 좌우로 날개를 펴면서 비실비실 꿈틀거리며 새가 날아오는 것 같고 고기가 뛰는 것 같아 살아 움직이는 형상이 생룡이다.

### 강룡(强龍)

강룡은 성봉이 웅장하고 지각이 활발하며 용이 바다로 향하는 듯 맹호가 출림하는 듯 기세가 장대한 것이니 부귀창성 공명의 대길지이다.

순룡(順龍)

순룡은 성봉이 수려하고 내룡은
순하며, 행도가 원만하고 조산을
떠난 용은 고저와 기복의 순서가
있고 보내고 맞이함이 상하가 조
응하면서 좌우가 환포되며 혈장을
향하여 모든 산수가 유정하게 조
응하므로 귀격으로서 자자손손이
화목하며 부귀장수의 복록을 누린
다.

진룡(進龍)

진룡은 전진하는 기상으로 지각이
나 행도(行道)와 용의 기복고저의
순서가 정연하여 봉황이 날개를
펴고 날아가는 듯한 형상으로 매
우 길하며 문장(文章)이 나고 부
귀가 대를 이을 길지다.

복룡(福龍)

복룡은 주밀하고 수려하면서 전후 좌우의 산수는 조응하고 지각은 단정하고 모두가 고르게 균형을 유지하면서 마치 위로는 조상의 음덕을 입고 아래로는 노복의 도움으로 편히 지내며 살아가는 형상과 같다. 대길지로 대대로 복록을 누린다.

# 제7장 물과 바람

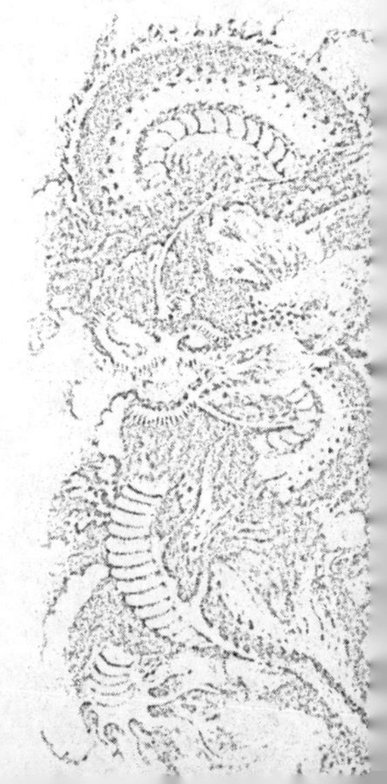

## 물（吉水와 凶水）

물은 屈曲深淺緩急으로 길흉을 판별하고 물이 順하면
逆禍가 없고 또 물은 용의 血脈이 되니 穴장의 물은 잔잔
하게 흐르는 물이라야 길하고 洋洋하며 유유히 흐르는
물은 穴을 뒤돌아 보며 유정하게 九曲水之玄水가 되어
교회하며 모이는 물은 극히 귀한 물로 혈장에 진기가 취
기된 증거이다. 물의 근원은 龍과 더불어 시작되는 것이
니 水源이 깊고 장원하면 龍또한 氣가 왕성하여 발복은
오래도록 가지만 水原이 짧고 얕아 생기가 빈약하면 발
복은 되어도 오래기지 못한다.

수법은 물이 들어오는 득수원발원지와 물이 혈장을 돌
아서 나가는 장수처 파구의 방위를 보아 명당과 묘의 길
흉을 보고, 득수와 수구와 좌향의 생왕사절(生旺死絶)로
부귀빈천(富貴貧賤)의 화복을 추리하게 된다.

명당혈장(明堂穴場)의 득수원과 파구는 후손의 길흉
화복에 중대한 영향을 미치게 하고, 득수는 묘지혈장에
서 사방팔방을 살펴서 물이 맨 처음으로 흘러 들어오는

발원지를 득수원이라고 하고, 파구는 득수원에서 들어온 물이 혈장을 돌아서 마지막으로 물이 흘러나가면서 보이지 않은 곳을 파구 또는 수구라고 한다.

　이같이 묘지에서의 득수와 파구가 미치는 화복의 영향은 참으로 지대한 것이다.

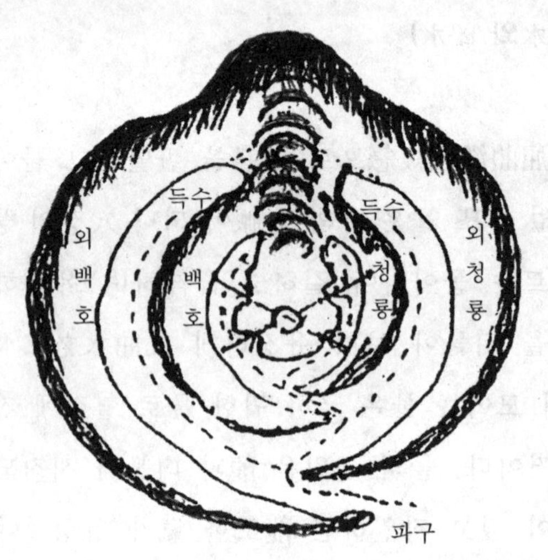


## 수법(水法)

　수는 만물의 조종이요 오행의 근원이 되고 풍수에서 수의 비중은 아주 중요한 것이다. 용은 수가 보내지 않으면 오는 바를 알지 못하고 혈은 界水가 아니면 끝임을 알 수 없는 것이다. 용혈이 생기는 것은 수로 말미암아 결응되는 것이니 득수위상이라 하였다. 심혈에는 수를 중히

하여야 한다. 물이 모이는 곳에 용은 머무는 것이다. 또한 수는 재물을 주관하고 산은 인정을 관리한다고 보는 것이 지리가에 통설이다. 수에도 원근 대소 심천이 있으며 그 형세를 보고 성정을 살펴서 길흉을 판별하여 취용하는 것이다.

수가 길하면 모이고 흩어지지 않은 것이며 오는 물은 보여도 나가는 물은 보이지 않는 것이 길격이고 之玄水九曲水로 흘러 오고 가야 하며 모인 물이 깊이 저장됨도 길한 물이다.

물의 발원은 깊고 장원하면 龍氣旺盛하니 발복은 장원하고 수원이 짧으면 발복 또한 짧은 것이다. 오는 물이 짧고 흘러나가는 것이 길면 소응의 역량은 약하다.

수는 유정합금(有情合襟)하여 도당(到堂)함을 요하고 거수는 굴곡우회(屈曲迂廻)하며 흘러 나가는 곳이 보이지 않으면 길격이 된다.

朝水는 혈 앞에 모이는 물로서 길수이다. 풍수에서는 득수위상으로 혈앞으로 모여드는 물을 얻어야 한다.

구곡수가 명당에 來朝하면 재상(宰相)을 얻는다 하였으니 이는 모두 굴곡유정한 것을 길로 한다. 조수일작(朝水一酌)이 능구빈(能救貧)이요 당대관료로 최관최부(催官催富)코자 하거든 반드시 朝水之地를 취하라.

평지혈은 혈이 낮으면 길수는 평탄하여도 거수가 보이지 않을 것이니 무방하다.

혈이 높으면 거수는 낮게 흘러서 물나가는 것이 보이

지 않아야만 길할 것이요 나가는 물이 빤히 보이면 불길
할 것이다.

## 취수(聚水)

취수는 길수로서 조수가 길하나 불여수취(不如水聚)
라고 하여 상격수다. 담수(潭水)가 깊게 혈앞에 모이되
오는물 가는물이 보이지 아니하면 백만거부가 부러울 것
이 없다고 하였다. 그러므로 혈앞에 모이는 물은 깊게 모
이는 것이 고요해져서 귀의 증거가 되는 것이다. 깊게 모
이는 물은 사계절융주(四季節融注)되므로 천년동안 마르
지 않으면 재물 또한 천년의 부를 누리게 되는 득수 중의
상격이다.

## 수격(水格)

강하수(江河水) : 강하는 장원하여 모든 물의 으뜸이
다. 그러나 반드시 굴곡만포궁회하여야 길한 것이니 도
성의 수류가 포회하면 번창한 것이다

해조수(海潮水) : 지상의 모든 물이 모이는 곳이 해조
수이다. 이같이 수세가 모이는 것은 간용(幹龍)이 머물
고 그치는 곳이 된다. 그러므로 융결(融結)이 커서 왕후
장상과 부귀를 얻는 것이나 이는 모두 수격에 맞아야만
된다.

  **호수**(湖水) : 호수 또한 모든 물이 모이는 곳이 되어
왕왕양양(汪汪洋洋)하여 만경(萬頃)이 평원(平原)하니
가장 吉水性이다. 대호소호를 불구하고 음택양택에 조림
하면 길한 것이다.

  **지당수**(池塘水) : 지당수는 혈아래에 모이는 물을 뜻
하되 수원이 있어서 마르지 않고 사계절 같은 지당수는
재물을 모으는 것이 되니 최길수이나 지당을 더 파 용맥
을 상하거나 되메우는 것은 화를 부르는 흉이 된다. 흉한
지당은 인정이 상하는 조분살(照盆殺)을 받게 되는 것이
다.

  **계간수**(溪澗水) : 계간수는 小幹이나 枝龍의 行龍사
이의 계곡에서 흐르는 계곡천수를 말하며 반드시 굴곡취
주(屈曲聚注) 심원하여야 길하고 아름다우며 모두가 지
현구곡으로 굴곡이 많으면 길하다.

  **평양수**(平洋水) : 평탄(平坦)하게 흐르며 충사(沖射)
나 흉살이 없이 穴앞을 유정하게 조혈도당(朝穴到堂)하
면 길한 것이다.

  **구거수**(構渠水) : 구거수 또한 유정하고 환포하고 朝
穴하면 길한 것이다.

  **주맥수**(注脈水) : 주맥수는 용세가 강하여 용맥중간
에 천호(天湖)가 있고 그 위에 결혈한 것이니 사계절 마
르지 않으면 진기가 융결된 곳이며 천호가 있고 다시 용
맥이 이어져 案이 되면 대귀한다.

  **천지수**(天池水) : 天池水는 산정상에 있는 지당수로

서 용이 천지수를 얻으면 귀가 오래하고 사계절 융주하
면 영화와 귀를 누리나 물이 말랐다 고였다 하는 것은 패
절의 흉이 된다.

　니장수(泥奬水) : 니장수는 비가 내리면 물이 차오르
고 날이 개이면 물이 마르는 것이니 물을 저장하지 못한
땅이니 인패, 병패, 재패, 객사 등의 흉수이다.

　건류수(乾流水) : 건류수는 높은 곳은 산이요 낮은 곳
은 수가 되므로 물이 흐르는 流川은 없으나 界脈이 束氣
되어 혈의 좌우에 붙여 있으면서 유정하게 되는 것은 화
복을 주관한다.

　합금수(合襟水) : 합금수는 혈뒤에서 계수를 이루어
나뉘어 내려와 혈앞에서 합하는 것이니 합금이라고 하며
三分合으로도 이루어진 것이다. 다시 말하면 소명당에서
합하는 수는 소분합이 되고 중명당에서 합하는 수는 二
分合이 되고 중명당 밖에서 합하는 수는 대분합이 되는
것이다. 이것을 천지인 三才로 구분하면 혈장수를 天聚
水라고 하며 중명당에서 합수되는 것을 人聚水라 하고
대명당에서 합수되는 것을 地聚水라고 하여 모두 자웅수
를 이룬 것이다.

　원진수(元辰水) : 원진수는 혈앞에서 합금되어 本身
에 붙어 있는 물로서 물이 있건 없건 원진수가 되나 직거
수가 되면 대흉이 되고 삼곡이상으로 구비쳐 흐르면 융
취 발복의 길수이다.

　천심수(天心水) : 천심수는 穴前明堂에서 융취하면

水聚天心이라 하여 그 부귀를 누가 따르리요. 그러나 천
심수가 곧게 뚫고 나가면 水破天心이라 하여 인패재패의
흉수가 되니 오직 융취수라야 길수이다.

진응수(鎭應水) : 진응수는 혈앞에 모이는 물로 秋冬
에도 마르지 않고 春夏에도 넘치지 않으면서 웅덩이에
모여 고요하게 물소리가 없어야 하며 이것이 영천(靈泉)
이라고도 하며 三公의 벼슬을 얻는 대격의 길수이다.

록저수(祿儲水) : 록저수는 녹을 축적한다는 뜻으로
혈의 전후 좌우 수구 등에 龍氣가 旺하여 지(池), 소
(沼), 호(湖), 담(潭), 당(塘) 등에 중수가 모여들어 깊
고 마르지 아니하면 오랜 세월 부와 록을 얻는 길수이다.
이외에도 많으나 이만 줄인다.

## 천수(泉水)

가천(嘉泉) : 가천은 사시절 물의 양이 똑같으며 겨울
에는 따뜻하고 더울 때는 물이 차고 시원하고 맑고 밝으
면서 물맛은 甘味가 느껴지는 물로서 진응수(眞應水)라
고도 하며 부귀를 누리는 泉水다. 양택에서는 이같은 泉
井水를 식수로 하면 부와 수를 누리는 물이다.

예천(醴泉) : 이 물의 맛은 식혜와도 같아서 마시면
장수를 누리는 길수로서 신에 은총을 받아야 얻을 수 있
는 길수중의 상길수로 극히 얻기 어려운 泉井水이다.

황천(黃泉) : 이는 땅속으로 스며드는 물을 말하며 비

가오면 물이 불어 오르고 비가 그치면 곧바로 스며 없어
져서 사시절 말라 있는 곳이다. 생기가 없는 곳으로 이러
한 곳은 결혈지가 없는 곳이다.

　냉장천(冷奬泉) : 물의 色은 약간 흐리고 맛은 비린내
가 나는 것이니 니수(泥水)라고도 하며 먹을 수도 없고
생활용수로도 쓰지 못하는 흉수이다. 이런 물은 가난과
질병 단명을 주관한다.

　온천(溫泉) : 탕천(湯泉)이라고도 하며 유황(硫黃)이
물 밑에 있어서 물이 올라오면서 끓어져 더워지는 것이
다. 이런 곳은 기가 온천에 융화되여 지기의 결혈이 되지
않으니 취하지 않아야 한다.

　광천(鑛泉) : 광천은 물빛이 붉게 되니 홍천(紅泉)으
로도 부른다. 용맥에 기가 광천에 모이게 되니 이런 곳은
결혈이 되지 않은 것이다.


　이상과 같은 諸泉水중 嘉泉水 醴泉水는 길하나 나머지
는 마땅치 않으니 취하지 않아야 한다.


## 팔요수(八曜水) 황천수(黃泉水)


　이는 패철 1층에서 설명하였으니 참고하기 바라며 팔
요수는 득파(得破)를 같이 꺼리지만 일설에서는 거수파
(去水破)는 개이치 않은 곳도 있으나 같이 보아야 할 것
이다.

임자계좌(壬子癸坐)는 진방수(辰方水)
축간인좌(丑艮寅坐)는 인방수(寅方水)
갑묘을좌(甲卯乙坐)는 신방수(申方水)
진손사좌(辰巽巳坐)는 유방수(酉方水)
병오정좌(丙午丁坐)는 해방수(亥方水)
미곤신좌(未坤申坐)는 묘방수(卯方水)
경유신좌(庚酉辛坐)는 사방수(巳方水)
술해건좌(戌亥乾坐)는 오방수(午方水)

이상의 형육수를 범하면 인정이 쇠하고 재산은 산재 (散財)된다.

## 살인황천수 (殺人黃泉水)

이는 향의 황천살로서 물이 나가는 것을 꺼리지만 득 파(得破)를 같이 살펴야 한다.

임자향(壬子向)에 건해방수(乾亥方水),
건해향(乾亥向)에 임자방수(壬子方水)
갑묘향(甲卯向)에 간인방수(艮寅方水)
간인향(艮寅向)에 갑묘방수(甲卯方水)
경유향(庚酉向)에 곤신방수(坤申方水)
곤신향(坤申向)에 경유방수(庚酉方水)
병오향(丙午向)에 손사방수(巽巳方水)
손사향(巽巳向)에 병오방수(丙午方水)

정미향(丁未向)에 곤신방수(坤申方水)

계축향(癸丑向)에 간인방수(艮寅方水)

을진향(乙辰向)에 손사방수(巽巳方水)

신술향(辛戌向)에 건해방수(乾亥方水)

위는 모두 살인 황천수로 나가는 물은 극히 꺼린다.

살인황천(殺人黃泉)이라 함은 향을 기준으로 물의 득수와 파구에 따라 이루어지는데 인정(人丁)이 상하고 재물이 패망한다.

갑병경임왕향(甲丙庚壬旺向)에 건곤간손(乾坤艮巽)의 관방위로 물이 흘러 나가면 관록방을 충(冲)하게 되고 인정(人丁)이 상하는 살인황천살이 되고, 육아(育兒)도 어려운 패절의 대흉으로 본다.

을정신계(乙丁辛癸)의 양향(養向)을 하고 건곤간손(乾坤艮巽)의 생방위(生方位)에서 물이 와서 묘고(墓庫)로 물이 나가면 생(生)을 맞는다는 구빈황천(救貧黃泉)이 되지만, 이와 반대로 생방으로 물이 나가면 생방을 충파함으로 살인황천이 되는 것이다.

풍수에서는 생왕방에서 들어오는 물은 길하지만, 생왕방으로 나가는 충수는 흉이다.

오는 물은 장원하며 여러 곳에서 모여든 지현수, 구곡수로 서서히 다가와서 혈장을 감아도는 듯 유정하게 머물렀다 나가는 것이 길격이요, 나가는 거수는 될수록 적게 나가면서 서서히 구곡수로 나가는 것이 길격이다.

그러나 물이 들어오되 혈 맞은편에서 직사수로 곧게

들어오면 형충파해의 살을 일으키는 충사수라 하여 흉하
고 반대로 혈의정면에서 일직선으로 나가면 이를 원진수
라 하는데, 역시 흉격이 되나 구불구불 구곡수 지현수로
서서히 빠져 나가면 길하고, 또 횡절수가 있어도 길격이
나 이는 선흉후길한다.

다음은 좌(坐)에 따라 직거(直去)하는 수살법(水殺
法)으로 범하면 재패, 질병, 우환이 끊이지 않는다.


자좌(子坐)에 미방수류(未方水流) 축좌(丑坐)에 오방
수류(午方水流)
인좌(寅坐)에 유방수류(酉方水流) 묘좌(卯坐)에 신방
수류(申方水流)
진좌(辰坐)에 해방수류(亥方水流) 사좌(巳座)에 술방
수류(戌方水流)
오좌(午坐)에 축방수류(丑方水流) 미좌(未坐)에 자방
수류(子方水流)
신좌(申坐)에 묘방수류(卯方水流) 유좌(酉坐)에 인방
수류(寅方水流)
술좌(戌坐)에 사방수류(巳方水流) 해좌(亥坐)에 진방
수류(辰方水流)


모든 좌에서 직거수는 모두 흉이나 이상의 방위로 나
가는 물은 원진수(元辰水)라 하여 더욱 흉으로 본다.

## 천심수 (天心水)

천심수는 물이 흘러들어와 내명당의 용호안이나 증명당의 안산내에서 연못을 이루는 것을 말하며 부귀하고 또 물이 사방팔방에서 모여들어와 호수를 이루면 융취명당수라 하여 대부 귀격이다.

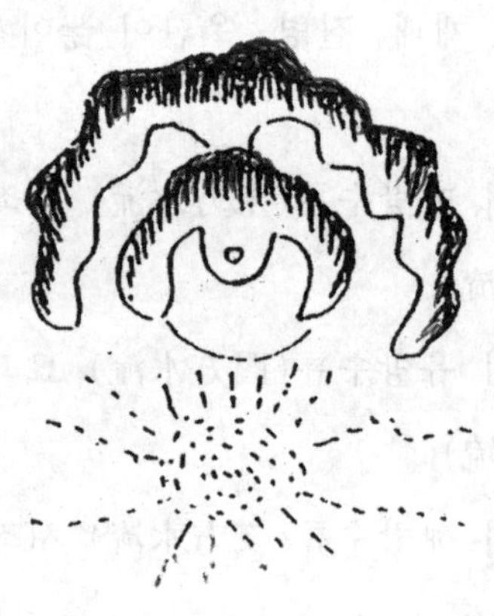

그러므로 혈앞 명당으로 모여드는 물은 재물이 모여드는 것으로 보고, 흘러나가되 흐르지 않는 것같이 서서히 구불구불 흐르는 물의 모습이 보이지 않아야 대길격이다.

흉격수는 직래수, 직거수는 물론 반궁수라고 하여 혈을 등지고 배반하는 수로서 흉하며, 또 낙차가 크거나 급하게 흐르거나 물소리가 요란하면 아주 흉격으로 인패가 이어지고 청상과부가 난다.

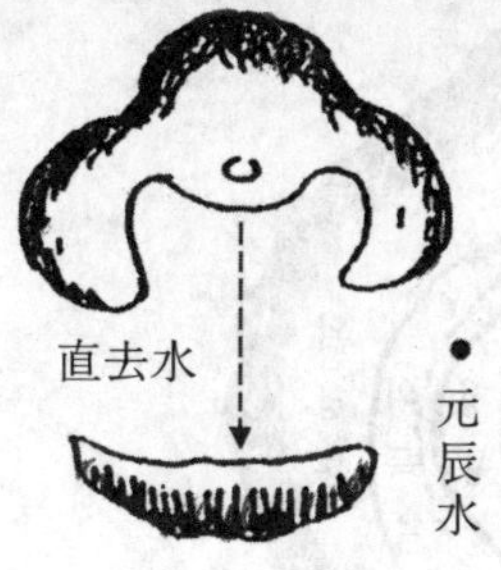



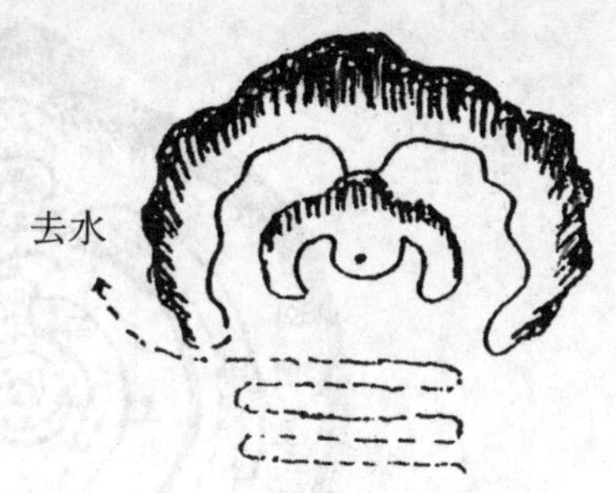



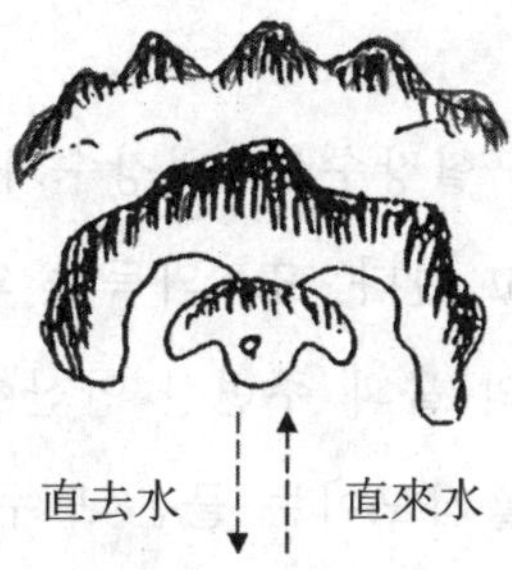



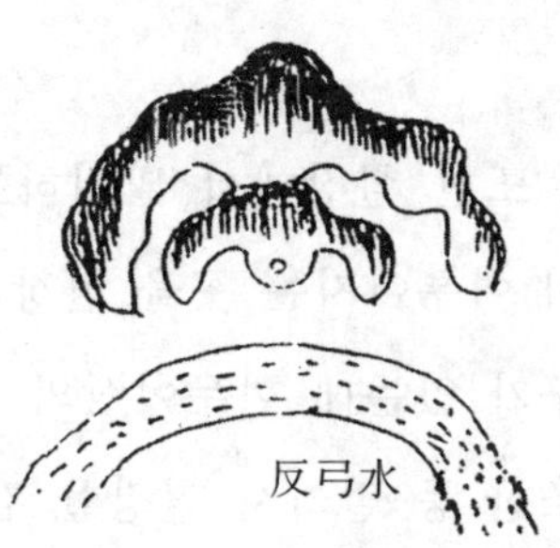



이와 같이 물이 혈장을 중심으로 모여들고 흘러나가는 선과 악에 따라 자손들에게는 길흉화복의 변화를 초래하게 된다.

이상과 같은 물의 분합은 청룡백호 안에서 혈장을 감싸고 흐르는 물을 내득수라고 하고 그 물이 혈장 앞의 용호가 관쇄된 지점에서 서로 합하여 흘러가는 곳을 내파구라고 한다.

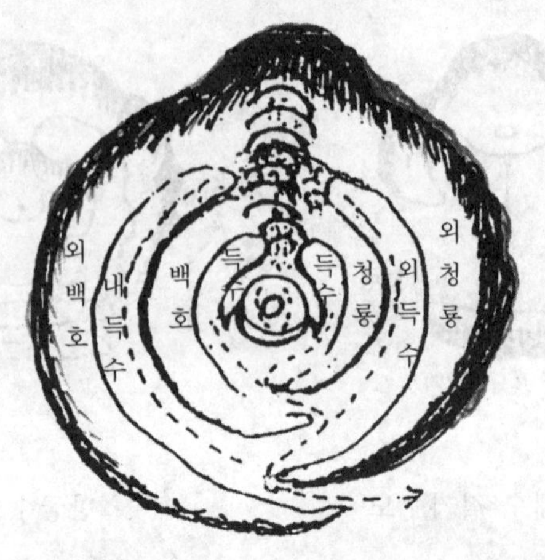



　또한 혈장에서 발원하는 물은 혈장수요, 혈장수가 합
이 이루어지는 곳을 혈장파구라고 한다. 또, 외득수 외파
구가 있는데 현무이상의 바깥쪽의 물과 주변산 안산이나
조산 등 멀리서 혈장을 감싸고 흘러모이는 물은 모두 외
득수라 하고, 내득수와 외득수에서 모인 물이 합쳐서 흘
러나가는 장수처를 외파구라고 한다.

### 객수 (客水)

　객수란 본신룡 이외의 용산(龍山)에서 명당으로 흘러
들어오는 물을 말한다.

　이같이 흘러 들어오는 객수가 혈을 향하여 흘러들어
올지라도 굽이쳐서 순하고 부드럽게 조공(朝拱)하면 외

부의 재물이 들어온다.

다만 객수가 거칠고 폭포처럼 충사하거나 혈심을 직사(直射)하게 되면 인패, 재패의 흉액을 받게 된다.

또한 혈에서 객수가 바라보이면 흉격으로 보는 것이다.

그러나 안산과 용호가 충사를 가로막아서 수세(水勢)를 순화하면 국세는 도리어 길하게 된다.

혈 앞의 호수나, 저수나 연못의 물은 사수(死水)로 보지만, 혈에서 전체가 보이지 않고 일부분만 보이거나 맑고 깨끗한 물이 모여 흐르는 것은 길사로 본다.

혈 앞의 만강수(萬江水)나 대해수(大海水)도 가리워 주는 사(砂)가 있으면 길수요, 계곡수는 길게 보이면 흉이요, 적게 보이면 길사로 본다.

혈장을 환포하며 모여드는 융취수천심수의 중수사는 부와 귀의 발현을 주는 대길의 수사요, 명당은 용호의 중첩됨과 수구의 원근에 따라서 혈장득수, 혈장파구, 내득수, 내파구, 외득수, 외파구로도 이루어지며, 내파구는 발복의 조만으로 보고 파구의 금사(禽砂)나 한문(旱門)은 부귀손으로 본다.

수구에 와우석(臥牛石)은 귀를 누리는 손이 낳고, 둥근 봉우리가 아름답게 솟아 있으면 부와 귀를 같이 누리는 손이 나온다.

수구처의 횡조수(橫照水)가 혈장에 비치면 귀인손을 둔다.

물은 재물로 보는 것이나 들어오는 물은 여러 곳에서
모여드는 물을 기뻐하고, 수구로 나가는 물은 굽이쳐서
보이지 않게 좁은 문으로 적게 흘러나가는 것이 길격이
다.

## 충록황천수 (沖祿黃泉水)

녹방위(祿方位)에서 들어오는 물은 꺼리지 않으나, 나
가는 물이 녹방을 범함을 말한다.

충록황천은 향상(向上)의 녹위(祿位)로 수거하여 녹
방위를 충파함을 말한다.

[예] 을진향(乙辰向)에 기갑묘파(忌甲卯破) 을록재묘
　　　(乙祿在卯)

　　　정미향(丁未向)에 기병오파(忌丙午破) 정록재오
　　　(丁祿在午)

　　　신술향(辛戌向)에 기경유파(忌庚酉破) 신록재유
　　　(辛祿在酉)

　　　계축향(癸丑向)에 기임자파(忌壬子破) 계록재자
　　　(癸祿在子)

앞은 십이운성중 관록방(官祿方)을 말하며 사대국수
법상(四大局水法上)으로 볼 때 파구가 향상의 일위전이
되는 관방으로 물이 나가는 수구를 말하는데 십이운성상
인생(十二運星上人生)의 가장 전성기인 청장년의 녹을
받는 시기를 충하니 인정(人丁)이 상하고 재물이 궁해지

는 이치로써 수(壽)를 누리면 한빈하고 재물을 얻으면
요절하게 되어 무후절사를 맞게 된다.


## 구빈황천(救貧黃泉)

구빈황천이라 함은 가난을 구(救)한다는 뜻으로 물의
득수와 파구에 따라서 이루어지는 이법(理法)이다. 구빈
황천은 갑병경임(甲丙庚壬)의 왕향을 정했을 때 건곤간
손(乾坤艮巽)의 관록방수(官祿方水)가 들어와서 사국
(四局)의 묘고로 나가면 부귀를 누리는 구빈황천수법이
다.


## 요대수(腰帶水)

혈장 앞으로 수류가 횡으로 흐르면서 혈판의 허리를
두루는 뜻. 흐르는 물로 제왕이 옥대(玉帶)를 띄고 있음
을 연상케 하는데서 얻어진 명칭으로 붙어져 있다. 혈장
의 전면뿐만 아니고 혈장을 둘러싸듯이 흐르는 물이 마
르지 않으면 대길격수가 된다.


## 수류(水流)의 형태(形態)로 보는 길흉법(吉凶法)

1) 물이 혈장앞을 九曲水 之玄水로 구비쳐서 흘러 들
어오면 자손은 창성하고 재물도 태산같이 부를 누리는

자손을 두게 된다.

2) 물이 혈앞에 모여서 흘러 나가되 구비구비 돌아서 혈장에서 잘 보이지 않게 흘러나가면 대길하다.

3) 혈장을 향하여 들어오는 계곡물이 팔자와 같이 보이면 남녀가 모두 음란하고 재패로 가난을 면하기 어렵다.

4) 혈장우측 백호방으로 물이 거칠게 흐르면 중간 자손이 단명하기 쉽다.

5) 묘소의 棺을 沖할정도로 물이 흐르면 과부가 治家한다.

6) 청용방에 물이 흐르고 건방으로도 물이 흐르면 狂人의 후손을 두게 된다.

7) 갑좌나 건좌일 때 간방이 수구가 되면 백골소실된 흉지가 된다.

8) 건갑좌의 묘지에서 壬方으로 수구가 되어 흘러 나가면 시체가 옮겨가는 도시혈이 된다.

9) 입수가 넓거나 봉분좌우에 청태가 끼어 있으면 침수되어 있는 혈이다.

10) 자오묘유좌로 된 묘지에 子方이나 午方에서 물이 들어오거나 유방에서 물줄기가 들어오면 침수가 된다.

## 水流와 坐向에 따른 八十八 향수법

물은 혈장을 중심으로 吉方에서 득수하고 흉방으로 흘

러나가는 水法에 따른 十二坐와 十二水口에 의하여 吉凶을 보는 것이니 四大局 易五行의 癸甲合 乙丙合 丁庚合 辛壬合의 揚公의 구빈 수법의 원리에 따라 水法을 보는 직지원진(直指原眞)과 지리오결(地理五訣)에 八十八向法으로 傳해오고 있으나 바른 穴을 定하지 못하면 發福보다는 禍 또한 많은 곳이 京鄕各地에 있는 墓地를 답사하면서 많은 것을 배우고 느낀 바 있어서 여기에 八十八向水法 중 취용 가능한 길향만을 수록하니 八十八向 根本의 참뜻을 이해하는데 도움이 되었으면 합니다.

다음은 穴場이 水法과 向의 교감으로 生氣를 얻으면 부귀발복으로 길하다는 향과 水法입니다.


### 壬子坐丙午向水口

#### 1) 辛戌方 水口

壬坐 丙向이나 子坐 午向일 때 艮寅生方에서 왼쪽 물이 오른쪽으로 흘러서 辛戌墓庫方으로 나가면 삼합연주(三合聯珠)의 大富 大貴하고 현량한 子孫이 창성하는 大吉水이다.


#### 2) 丁未方水口

왼편生方의 물이 오른편으로 흘러 丁未衰方으로 물이 흘러나가면 건강장수하고 부귀하는 吉方水이다.


#### 3) 甲卯方 水口

오른편 물이 왼편으로 흘러 甲卯浴方으로 흐르면 록존
유진패금어(祿存流盡佩金漁)라 하며 富貴 雙全하며 夫婦
는 화목하고 幸福하다고 보는 길수이다.

※丙午向의 水口圖

癸丑坐丁未向水口

1) 巽巳方의 水口

癸坐丁向 丑坐未向 分金일 때 오른편 물이 왼편으로
나가게 되면 재물은 왕하고 자손은 창성하며 만사 대길
한 수구법이다.

2) 坤申方 水口

왼편물이 오른편으로 돌아서 坤申方으로 흘러나가면 孝
子孫을 두고 재물을 얻으며 만사형통하는 대길방수이다.

※ 丁未向의 水口圖

艮寅坐坤申方水口

1) 乙辰方水口

오른편 물이 좌로 흘러서 乙辰方으로 물이 나가면 가
업이 흥하고 자손이 창성하며 부귀겸전하여 만사가 형통
하는 길방수구가 된다.

## 2) 丁未方水口

오른편 물이 좌로 흘러서 丁未方으로 나가면 子孫은 창성하고 부귀공명을 누리는 吉水가 된다.

## 3) 庚酉方水口

왼편·물이 오른편으로 흘러서 庚酉方으로 물이 나가면 록존유진패금어(祿存流盡佩金漁)라 하여 부귀 창성하고 명진사해(名振四海)의 자손을 두게 되는 길수이다.

※ 坤申向 水口

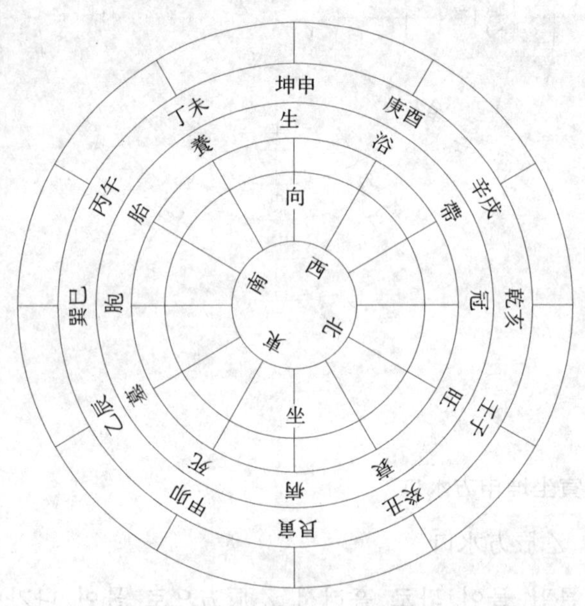

甲卯坐에 庚酉向水口

※庚酉向 水口

## 1) 癸丑方水口

좌선수가 우측으로 흐르면 忠孝孫이 나고 부귀와 수를
누리는 손이 대를 이을 길수이다.


## 2) 辛戌方水口

좌선수가 우측으로 흘러서 辛戌方으로 나가면 부와 귀
를 누리며 총명한 자손이 입신양명(立身揚名)으로 家業
이 번창할 길수이다.

3) 丙午方水口

오른편 물이 왼편으로 흘러서 午方을 범하지 않고 丙方으로 물이 나가면 부귀를 누리는 번창한 家門을 이룰 것이다.

乙辰坐辛戌向水口

※辛戌向 水口

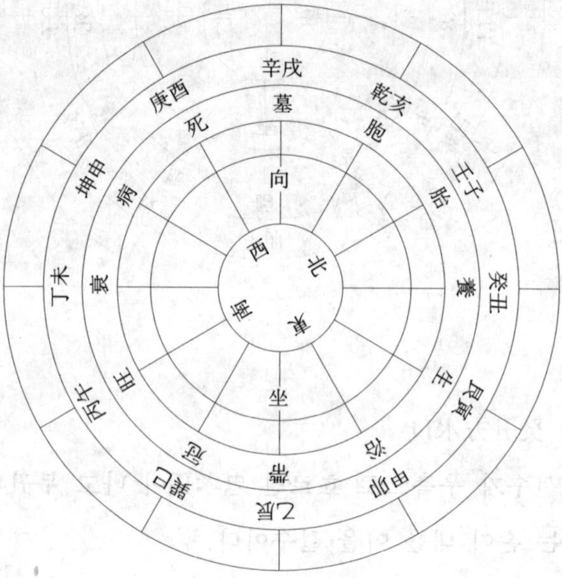

1) 坤申方水口

生方右旋水가 좌로 도는 물이 되어 乙辰坐 辛戌向에 坤辛方水口는 부와 귀를 누리고 子孫은 명진사해(名振四

海)로 대길의 가문이 될 것이다.

## 2) 乾亥方水口

旺方左旋水가 돌아서 나가는 乾亥絶地方水口는 子孫
은 창성하고 부와 귀를 누리는 吉水이다.

## 3) 辛戌方水口

오른편 生方의 물이나 왼편 旺方의 물 모두가 辛戌묘
고方으로 수구가 됨은 대길하는 길수로 본다.


巽巳坐乾亥向水口


※乾亥向 水口

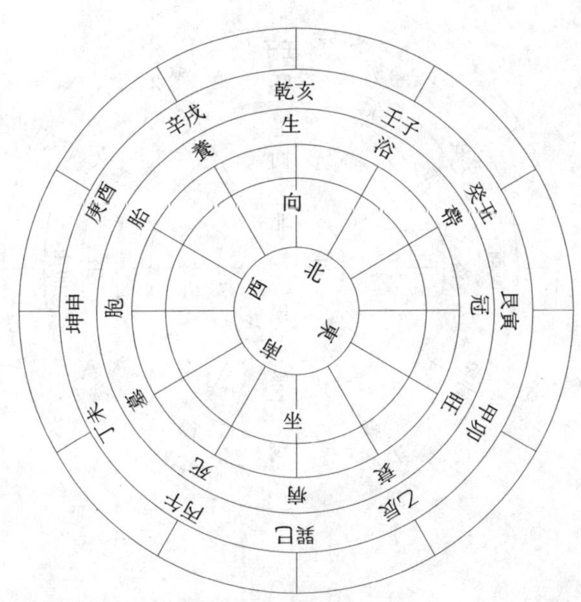

1) 丁未方水口

오른편 冠旺方물이 왼편으로 흘러서 丁未墓宮으로 물이 나가면 가업이 흥왕하는 길방수이다.

2) 壬子方水口

손사좌건해향에 왼편 물이 오른편으로 흘러서 壬子方으로 水口가 되면 오복을 모두 갖추고 부귀장수를 누리게 된다.

**丙午坐에 壬子向水口**

※壬子向 水口

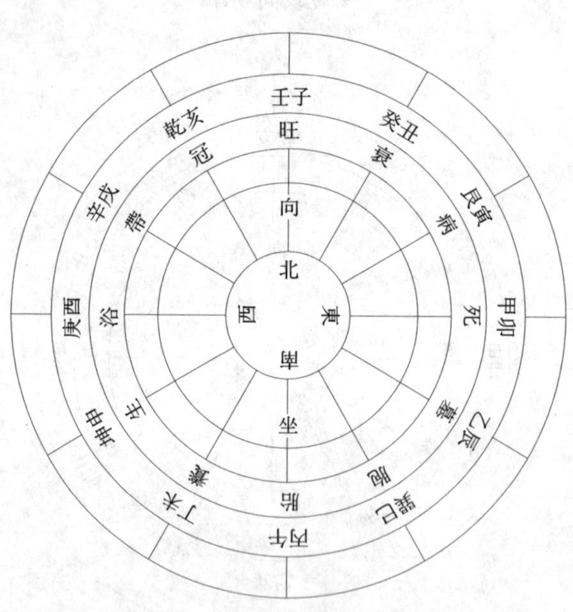

1) 乙辰方水口

左旋水가 右旋水하며 乙辰 묘고방으로 물이 나가면 부
와 귀를 누리며 자손은 효순하고 만사형통하는 대길수이
다.


2) 癸丑方水口

좌선수가 우선되여 癸丑쇠방으로 물이 흐르면 부귀공
명을 누리는 吉方수구이다.


丁未坐 癸丑向水口


※癸丑向 水口

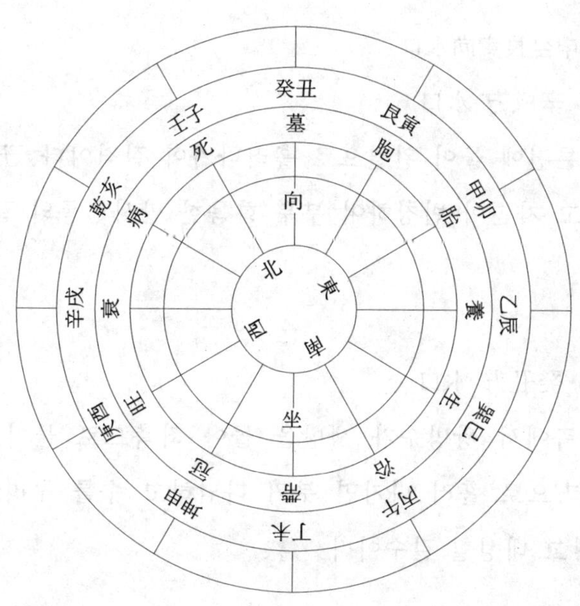

1) 乾亥方水口

오른편에서 물이 왼편으로 흘러서 乾亥방으로 나가면
부귀공명과 자손이 현달 창성하고 어진 처를 만나며 만
사형통하게 된다.


2) 艮寅方水口

왼편 물이 오른편으로 흐르면 문장으로 명성을 얻는
자손이 나오고 장수도 누리는 대길수이다.


3) 丙午方水口

좌선수가 우선하여 丙방으로 물이 나가면 부귀와 수를
누리지만 午방을 범하지 않아야 한다.


**坤申坐艮寅向水口**

1) 辛戌方 水口

오른편에 물이 왼편으로 흘러나가야 길격이다. 五福이
갖추고 자손이 번창하여 부부 화목한 만사형통의 길방수
이다.


2) 癸丑方 水口

우측에서 왕방수가 생방을 돌아 좌측으로 물이 흘러
癸丑方으로 흘러 나가면 부귀 다남하고 수를 누리며 덕
을 쌓고 대성할 길수이다.

3) 壬子方 水口

이는 오른편에서 왕방의 물이 왼편으로 흘러 壬子方으
로 흘러 나가면 부와 귀를 누리나 子方을 犯하지 아니하
면 더욱 길하다.

※艮寅向 水口

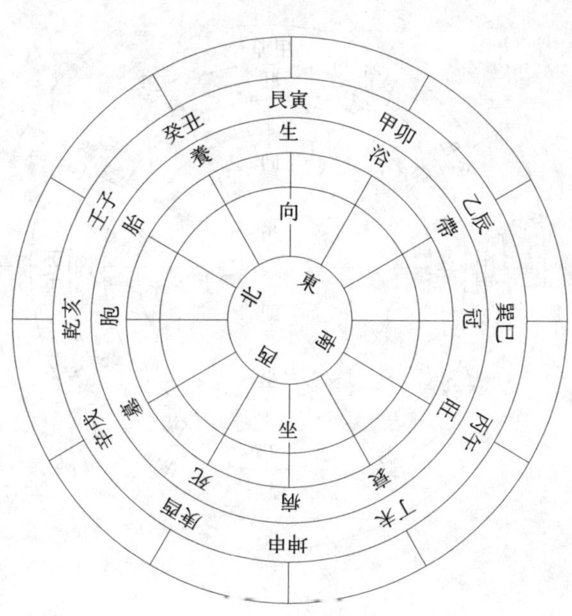


庚酉坐甲卯向水口

1) 丁未方 水口

왼편 생방에서 오른편으로 흘러서 丁未墓宮으로 물이
나가면 어진 아내를 맞게 되고 자손은 창성하여 부와 귀
를 누리는 대길수이다.

2) 乙辰方 水口

윈편의 물이 오른편으로 흘러서 乙辰方으로 물이 나가
면 부귀 장수를 누리고 子孫이 창성하는 吉水이다.

※ 甲卯向 水口

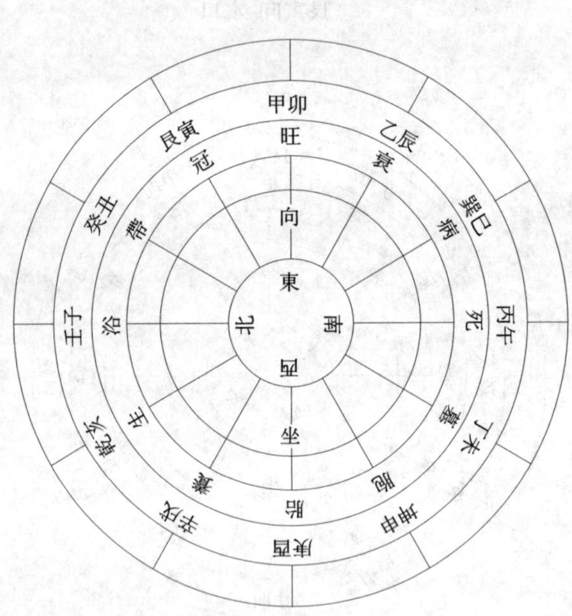

辛戌坐에 乙辰向水口

1) 艮寅方 水口

生方 오른편 물이 좌측으로 흘러 艮寅病方으로 나가면
八十八向에서는 功名을 얻으며 귀를 누리고 장수하며 자
손은 창성하는 길수이다.

2) 巽巳方의 水口

冠旺方 水가 우로 흘러 巽巳絶方으로 흐르면 부귀와
수를 누리고 부부화목하며 자손이 창성한다.


3) 乙辰方 水口

坤申生方水나 壬子旺方水가 乙辰墓宮으로 흘러 나가
면 부귀를 누리며 건강장수하고 자손도 창성한다.


※乙辰向 水口

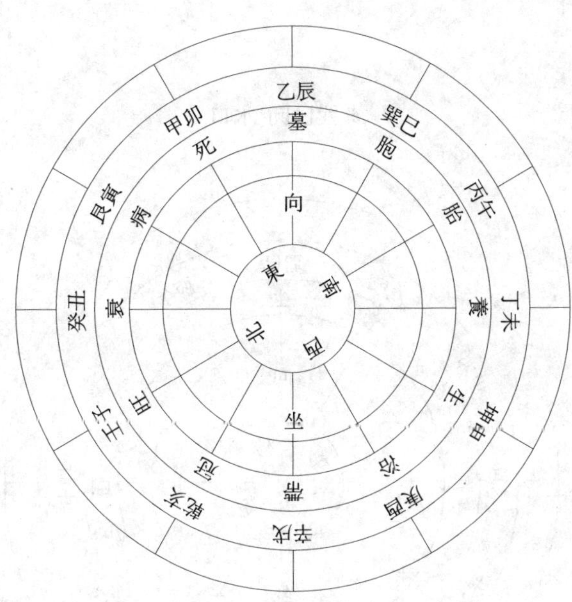

乾亥坐에 巽巳向水口

## 1) 癸丑方 水口

오른쪽에서 물이 좌측으로 흘러서 癸丑墓宮으로 물이 흘러나가면 현모양처를 얻고 자손은 孝順하고 家業이 興旺하고 福祿을 모두 갖추게 된다.

## 2) 乙辰方水口

오른편에서 물이 왼편으로 흘러서 乙辰方으로 물이 나가면 八十八向에서는 長壽와 富貴를 누리는 萬事亨通의 길수다.

※ 巽巳向 水口

이상은 직지원진(直指原眞)과 지리오결(地理五訣)에 전해오는 八十八向中 극히 일부분이 되는 구빈수법만을 간결하게 기술하니 향법과 수법연구에 참고하시기 바랍니다.

## 구성수법(九星水法)

다음은 九星학에 十二운성의 수류법을 접목시켜 길흉을 보는 수법으로 다음과 같다.

### 祿存星 絶胎方水

穴場을 향하여 絶胎方에서 들어오는 물은 胎方 위가 충파되니 대가 끊기고 자손을 두기가 어려우며 자손을 두어도 부자간 정이 없고 부부가 불화하고 부녀자는 음란하다. 이 방위로 들어오는 물은 이같이 흉이 되지만 나가는 물은 관직을 얻을 길수가 된다.

### 貪狼星 養生方水

養生方의 물이 혈앞에 朝堂하면 長子孫이 부귀하고 어진 자손이 태어나고 큰 물줄기가 굽이 돌아 모이면 관직이 높아지고 穴을 감싸돌면 장수하나 이 방위로 물이 나가면 絶孫이 되고 과부가 치가한다.

### 文曲星 沐浴方水

浴方에서 물이 들어오면 여자는 음란하고 익사손이나
목매 죽은 손이 나오고 관재구설과 주색과 도박으로 패
가망신하게 된다.


### 文星文曲星 帶方水

穴앞에 대방위의 물이 모이면 총명한 자손을 얻고 어
린 자손이 벼슬을 하며 만인의 존경을 받는 문장이 나지
만 이 방위로 물이 나가면 어린 자손이 夭死하게 되는 대
흉수다.


### 武曲星 官旺方水

官旺方위에서 물이 모이면 부가 태산같고 젊은 나이에
靑雲의 꿈을 이루니 만인이 부러워하는 부와 귀를 누리
게 되지만 물이 이 방위로 흘러나가게 되면 인패, 재패,
병폐의 대흉을 맞게 된다.


### 巨門星 衰方水

衰方으로 들어오고 나가는 물은 巨門星學堂이라 하여
길로 보며 현명한 자손을 두고 소년급제로 문장도 나오
고 장수도 하게 된 길수이다.


### 廉貞火星 病死方水

이 방위에서 물이 들어오면 익사손이나 음독자살자나

총검에 살상을 당하거나 전사자가 나올 대 흉수가 되니
마땅히 피해야 할 것이다.

### 破軍星 墓庫方水

묘고방위에서 들어오는 물은 불길하나 흘러나가는 물
은 길하여 부를 누리며 수구처에 연못은 물이 서서히 흐
르니 더욱 길수가 된다.

### 바람 (陰陽風)

바람은 공허하게 트여 있는 곳이면 어디든지 닿는다.
그러므로 바람은 혈장을 중심으로 공허하게 트인 곳을
말한다. 따라서 龍山과 혈장은 어느 바람을 막론하고 골
바람이 닿는 것을 피한다. 특히 높은 지대의 미약한 용은
살풍을 두려워함으로 좌우에서 바람을 막아주는 주밀한
사가 있어야 한다.

더욱이 혈은 용의 주인공이므로 장풍이 되어 순한 바
람으로 공기가 순환이 잘 되어 생기있는 바람 이외의 골
바람이 닿는 것은 방위에 관계없이 혈의 생기는 산기된
다. 따라서 장품이 잘 되기 위해서는 주위의 사가 겹겹으
로 병풍같이 둘려앉는 것이라야 혈장에 기를 산기시키지
않고 보호한다. 즉 바람은 들어오되 나가지 못하게 하는
것이기 때문에 방풍과는 다른 장풍으로서 결국 혈장에
생기를 순화시켜서 기를 흩어지지 않도록 모아주는 것이

장풍의 본뜻이다. 바람은 음풍과 양풍으로 나누어진다.

1)음풍

용은 혈장에 음풍(골바람)이 닿으면 산의 생기는 흩어져 산기되는 것이지만 온후한 양풍은 닿아도 해를 받지 않는다. 음풍은 골바람 즉 오목풍으로 골짜기나 좁은 협을 타고 오목한 곳에서 세차게 불어오는 바람이요, 양풍은 넓고 평탄한 곳에서 불어오는 바람이다.


2) 음풍도

예를 들어서 넓게 흘러오는 물이 좁은 여울목에 닿으면 수압은 몇 배로 강해지면서 거세고 급해지지만 넓게 흘러와서 넓게 빠져 나가면 순하고 완만함과 같이 바람도 넓은 곳에서 좁은 협으로 불어오면 그 힘이 몇 배로 강한 골바람이 되어 생기를 산기시킨 것이다.

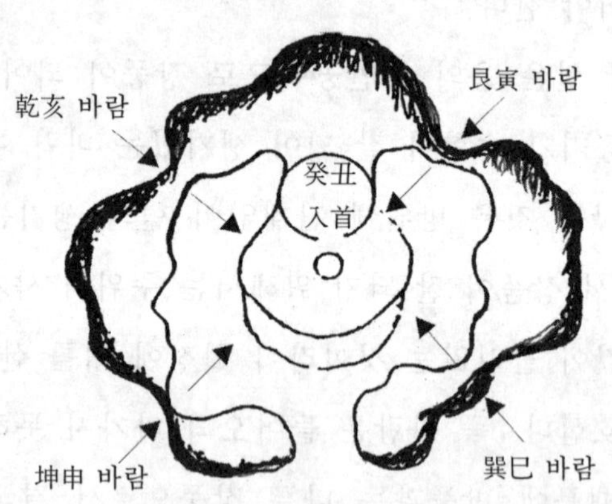

용맥이 뻗어오는 양편산이나 혈장 주변에 산이 있어서 바람을 막아 보호할 듯하나 한편의 산허리가 함하고 깊게 패이거나 산과 산의 연결부위가 공허한 곳에서 불어오는 바람은 골바람이 되어 혈장의 생기를 산기시키는 음풍 살풍이다.

혈뒤에서 부는 골바람이 혈장에 닿으면 자손이 드물며 주인이 요절하고 앞에서 골바람이 불어오면 한빈하고 절사되기 쉽다.

청룡쪽 목기의 골바람은 장손이 병약하고 고과(孤寡)가 나고 백호쪽 금기의 오목풍을 맞으면 차손이 요사한다.

혈장 뒤 양 어깨 바람은 손이 드물고 실패가 이어지며 혈 앞 양 발목 부위의 오목풍을 맞으면 차손이 요사한다.

오목풍 골바람은 다같이 살풍이지만 특히 동북간방의 간방풍은 중풍, 간질병을 유발하고 유산을 날리며 절손되기 쉽다.

인신사해방(寅申巳亥方)의 골바람은 인패재패 병폐를 맞게 된다.

감방(坎方)의 요풍은 귀를 얻기 어렵고 익사손(溺死孫)이 나게 된다.

사방(巳方)의 요풍은 뱀에 물린 손이 있게 되고, 오정미방(午丁未方)의 풍이 혈 앞을 충하면 독극물로 패절의 손이 나고 진술축미사방(辰戌丑未四方)의 팔요풍이 닿으면 광중관이 뒤집힐 수 있다.

살풍이 닿으면 시신이 움직이고 정신병환과 파산을 맞게 된다.

음곡살풍(陰谷殺風)은 재패인패병패손이 속출하며 순풍도 협곡풍(狹谷風)이 되면 살풍이 된다.

## 팔산기풍 (八山忌風)

팔산기풍은 오행상 관살이 되는 바람과 설기된 바람을 기함을 뜻한다.

| | |
|---|---|
| 감산(坎山) - 壬子癸 | 간산(艮山) - 丑艮寅 |
| 진산(震山) - 甲卯乙 | 손산(巽山) - 辰巽巳 |
| 이산(離山) - 丙午丁 | 곤산(坤山) - 未坤申 |
| 태산(兌山) - 庚酉辛 | 건산(乾山) - 戌乾亥 |

감산(坎山)은 간방풍(艮方風)이 토극수(土剋水)가 되고 우환이 따르니 토기(土氣)의 바람을 기(忌)한다.

간산(艮山)은 손방풍(巽方風)이 목극토(木剋土)가 되며 장손(長孫)에 화(禍)가 따르니 목기(木氣)의 바람을 기(忌)한다.

진산(震山)은 건방풍(乾方風)이 금극목(金剋木)이 되며 인정(人丁)이 상(傷)하고 귀(貴)를 잃으니 금기(金氣)의 바람을 기(忌)한다.

손산(巽山)은 태방풍(兌方風)이 금극목(金剋木)하여

고과손(孤寡孫)이 있게 되니 금기(金氣)의 바람을 기
(忌)한다.

이산(離山)은 곤방풍(坤方風)으로 화생토(火生土)하
여 화재(火災)의 위험이 따르니 토기(土氣)의 바람을 기
(忌)한다.

곤산(坤山)은 진방풍(震方風)으로 목극토(木剋土)가
되며 자손에게 패절이 되니 목기(木氣)의 바람을 기(忌)
한다.

태산(兌山)은 감방풍(坎方風)으로 금생수설기(金生水
泄氣)하며 유골이 흉하게 되니 수기(水氣)의 바람을 기
(忌)한다.

건산(乾山)은 리방풍(離方風)으로 화극금(火剋金)이
되어 중풍손을 두게 되니 화기(火氣)의 바람을 기(忌)한
다.

위와 같이 용산(龍山)과 혈장에는 설기나 극을 받는
바람을 받으면 용맥이 단절되고 혈장이 상하며 후손이
패절하는 대흉으로 본다.

팔풍(八風)의 길흉법(吉凶法)

1) 묘지후방이 공허하여 입수부위에서 살풍을 받으면
자손은 단명하고 귀와 건강을 누리기 어렵다.

2) 혈장앞이 공허하여 전방의 살풍을 받으면 한빈하게
살게 된다.

3) 청용이 공허하여 살풍을 받으면 장손이 요사하고 부부는 사별하게 된다.

4) 백호방이 공허하여 살풍을 받으면 재물을 얻기 어렵고 여식과 차손이 인패 재패의 고통을 당한다.

5) 양편 어깨 부위가 공허하여 살풍을 받으면 명예를 얻기 어렵고 가난하게 살게 되는 흉풍이다.

6) 兩足方이 공허하면 재패가 따르고 한빈하게 살게 되니 비보로 방풍을 하면 도움이 된다.

7) 감산에 간방이나 곤방풍이 닿으면 한빈 주색 長病의 고통으로 패가하게 된다.

8) 갑묘산에 경방살풍은 요사손이 나오고 乾方風은 맹인이 나고 건방살풍은 관직을 잃게 된다.

9) 곤산에 손방살풍은 객사의 손이 나고 진방살풍은 화재로 인한 재앙을 맞게 되는 대흉의 살풍이다.

10) 태산에 이방살풍도 화재로 인한 대흉을 맞게 된다.

11) 건산 태산의 오방풍은 불구의 손이 나오는 대흉풍이다.

이상은 혈장을 설기시키거나 관살이 되는 살풍으로 흉이 되니 마땅히 피해야 할 것이다.

# 제8장 물형론

## 물형론(物形論)

  물형론은 지가서(地價書)에 이르기를 혈에는 음의 정
(靜)과 양의 動으로 음양의 교합에 따라 결응된 것이니
용혈과 국세의 형상이 마치 특정한 물형(物形)과 흡사하
다고 하여 붙여진 것이지만 수천 년 오랜 세월을 지내오
면서 자연의 형상도 변하여 새로운 물형으로 바뀌거나
없어지고 추한 것이 아름다워지는 등 산형(山形)의 선악
(善惡)도 변하는 것이니 물형론(物形論 )에 너무 치중함
은 마땅치 않다. 오직 음양오행(陰陽五行)의 산리(山理)
에 따라 지리법을 터득함이 최길이요, 잘못된 물류형(物
類形)으로 이기에 어두운 형상만을 고집하는 속사(俗師)
들에 현혹되어 잘못된 곳이 많으니 신중을 기하기 바라
며 수많은 물류형에는 단독형과 복합형이 있다. 단독형
은 내룡맥이나 안산, 조산, 명당, 청룡백호사와 수세등
개개의 형태가 어떤 유형과 닮았느냐에 따라서 붙여지는
물형론이고 또 하나는 성국(成局)을 중심으로 해서 결혈
된 형국의 전국세를 종합한 형태가 어떠한 물형과 유사

하게 닮았느냐에 따라서 붙여진 물형론이다. 이같이 많은 물형론 중 참고가 될만한 것을 간추려 그림으로 설명하니 관산에 참고되기 바라며 다음과 같다.

## 단독형(單獨形)

### 귀인형(貴人形)

목형산(木形山)으로 두 개의 봉우리가 쌍으로 병립하는 것을 쌍태(雙台) 귀인형이라고 하고 삼립(三立)하는 것을 삼태(三台)귀인형이라 하고 작은 시종사(侍從砂)가 있어야 더욱 길하다.

고관문장 귀인이 배출된다.

### 장군형(將軍形)

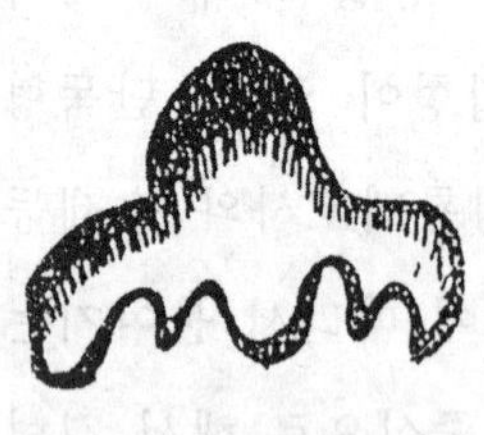

장군형은 목성산이 금체를 띠고 있어야 하고 무사형(武士形)은 금성산에 화형을 띠고 투구모양의 석암이 많은 것을 무사형이라 한다.

부귀장상(將相)이 태어난다.

### 선인형(仙人形)

목형산(木形山)이 불에 타오르는 것 같은 형상으로 나부낌이 선인과 흡사하다고 하여 붙여진 것이다. 명인문장 귀인을 배출한다.

### 옥병형(玉屛形:금성문성형)

단정한 토성산에 벽처럼 정돈된 것을 옥병형 또는 금성문 성형과 같은 토성형이라고 한다. 왕후장상 부귀손을 얻는다.

### 천창형(天倉形)

토성산이 정사각형으로 창고와 같은 형상을 말한다. 재사와 부귀의 손을 둔다.

### 선인형(仙人形)

### 천마형(天馬形)

금산형으로 연이어지면서 안장처가 분명하고 앞뒤가 척치(脊馳)함을 천마라고 한다.

귀와 명인을 주관한다.

### 옥대형(玉帶形)

수성산으로 둥글게 만포(灣抱)한 것을 옥대형이라 한다.

왕비와 미인이 태어난다.

### 기산형(旗山形)

목형산과 화형산이 연결되어 4,5봉 이상이 있으면서 높고 낮으며 늘어선 것을 말한다.

명성높은 장군과 귀인을 배출한다.

천교형(天橋形)

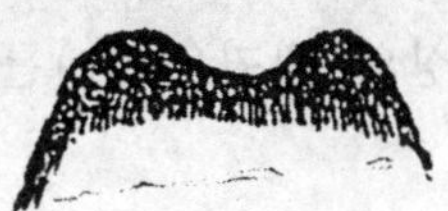

금성산이 연결된 것을 천교형이라
한다.
부와 예능을 주관한다.

종부형(鐘釜形)

금성산으로 종을 엎어놓은 것과 같
고 또 가마솥을 엎어놓은 것과 같은
형을 뜻하며 삼열로 된 것을 삼태형
이라 한다.
부귀의 손을 둔다.

호형(虎形)

금성형으로 머리를 하고 토성형으로
몸을 이루는 형상을 호형산이라고
한다.
고관 대작 세도자손을 두게 된다.

### 막외귀인형(幕外貴人形)

목성산이 수성산의 여러 겹 밖에 있
는 것으로 왕후장상의 대귀(大貴)를
낳는다.

### 아미문성형(蛾眉文星形)

반월(半月) 모양을 하고 아름답고
정교하여 미사와도 같은 형상으로서
문장과 비(妃)를 배출한다.

### 복수문성형(福壽文星形)

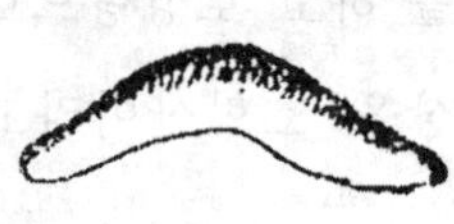

아미형과 대동소이하나 중앙이 조금
일어난 형상으로 부귀수(富貴壽)를
관장한다.

문필형(文筆形)

성봉(星峯)이 뽀족하여 불꽃같이 높이 솟은 봉우리로서 문장과 명예가 속출한다.


복두형(幞頭形)

복두는 군왕이 머리에 쓰는 것이며 군왕이 아니면 쓸 수 없는 것으로서 혈 앞에 있으면 왕후열사가 난다.


## 복합형(複合形)

복합형은 혈을 중심으로 한 주변사를 종합하여 성국의 형상에 따라 붙여진 이름으로 예로부터 길지로 선정된 묘지는 인습적으로 물류의 유형 명칭을 지어서 불러왔으나 같은 혈이라도 국(局)의 대소(大小)와 보는 이에 따라 약간 차이가 있으니 참고하기 바라며 여기서 여러 지리서에 수록된 물류형 중 몇 개만 발취하여 수록하니 관산에 도움이 되기 바란다.

### 쌍룡롱주형(雙龍弄珠形)

용은 입에 구슬을 물어야 승천한다.
따라서 구슬을 얻으면 가지고 놀고
싶어하고 승천의 소응은 대관이 배
출되고 고대 부귀한다.

### 옥녀산발형(玉女散髮形)

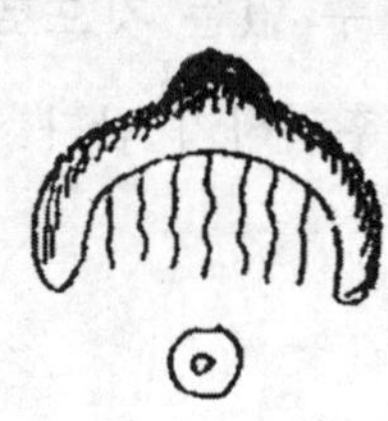

이는 안산에 달빛형과 좌우가 거울
형과 분갑형이 있으며 화장하기 위
한 단정한 모습을 말하고 소응은
선망의 미인을 내는 것이다.

### 보도출갑형(寶刀出匣形)

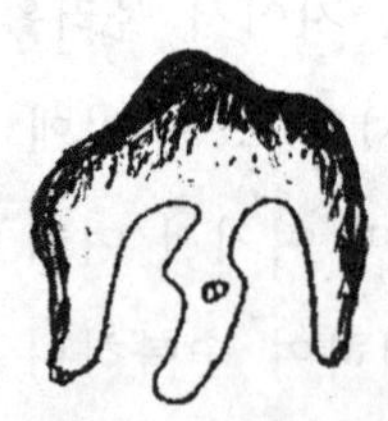

희대의 보검이 갑 속에서 한번 나오
면 간사함을 재단하는 날카로운 칼
로서의 소임을 다하는 위대한 인물
이 나온다.

비봉귀소형(飛鳳歸巢形)

봉황은 영조로서 보금자리로 돌아
옴은 새끼를 낳기 위함이다. 따라서
소응은 대길지로서 성인군자가 속
출한다.

금계포란형(金鷄抱卵形)

금계는 천계로서 대길하며 한 번 알
을 품으면 많은 병아리를 부화시키
기 때문에 소응은 무리를 이끄는 위
대한 인걸이 낳고 자손이 번창한다.

와우형(臥牛形)

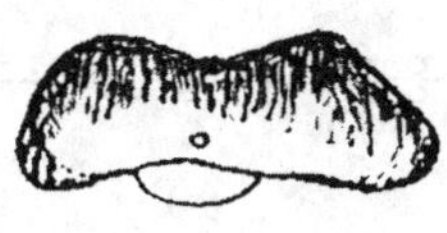

와우형은 안산에 초사(草砂)가 많아
야 하고 누워서 먹을 수 있기 때문
에 이지형의 소응은 대대로 의식이
풍족하고 대인이 속출한다.

### 옥녀탄금형(玉女彈琴形)

절세 미인이 악기를 타면 만인이 즐
겨한다. 소응은 과거급제와 부귀와
미(美)를 내는 것이다.

### 산구형(産拘形)

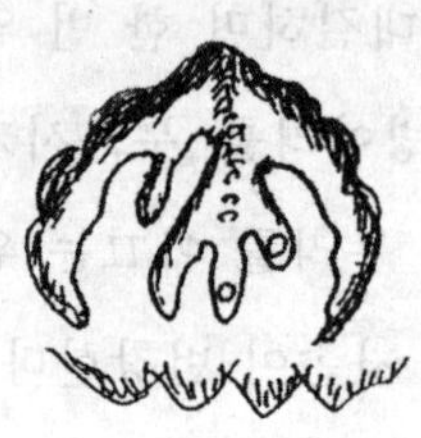

개는 다산하면서도 산고 없이 쉽게
낳는다. 따라서 이지형의 소응은 자
손을 많이 번창시키는 것이다.

### 연화부수형(蓮花浮水形)

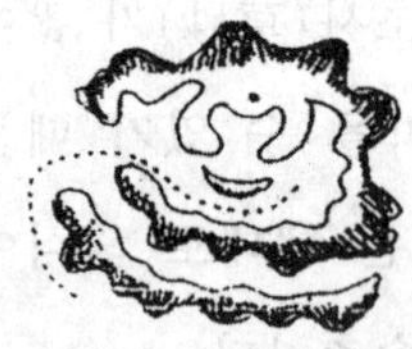

연꽃은 수면에 뜰 때에 비로서 향기
를 만발한다. 소응은 원만하고 부귀
를 누린다.

매화낙지형(梅花落地形)

고매한 매화꽃이 땅에 떨어지면 꽃 향기가 만인에 전파된다. 소응은 자손의 발복이 지극하다.

구미형(龜尾形)

오행의 상생상극과 음양의 조화를 가진 영물로서 소응은 부귀영화를 누리는 대길지이다.

갈마음수형(渴馬飮水形)

이 형은 갈록음 수형도 같은 형으로 혈안에 연못이 있어야 한다. 이형에는 물이 있어야 산기운이 발해서 자손에게 발복되는 것이다.

### 옥토망월형(玉兎望月形)

이 형에는 안산에 월암형의 사(砂)가 있어야 한다. 토끼가 달을 바라보는 형상으로 소응은 자손이 발복 길지이다.

### 비아부벽형(飛蛾附壁形)

안산에 꽃가지형이 있으면서 누에나방이 붙어 있는 것과 같은 형으로 대길지이다.

### 사두형(蛇頭形)

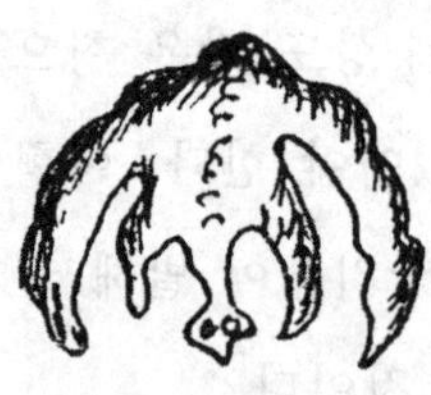

안산에 개구리형사가 있어서 뱀이 개구리를 잡아먹는 형국이라야 산의 기운이 발동하여 자손에게 복을 주는 것이다.

### 잠두형 ( 蠶頭形 )

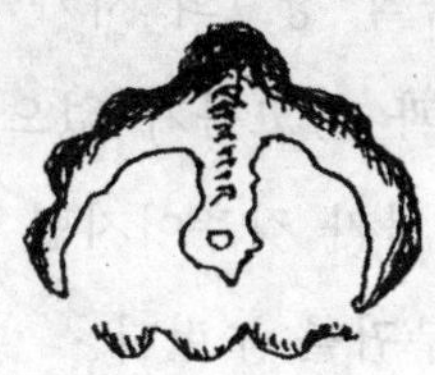

혈앞에 뽕나무밭이 안산이 되어있
어야 길하고 누에는 뽕잎을 먹는다.
따라서 뽕나무숲이 성해야 자손에
게 발복이 이루어진다.

### 행주형 ( 行舟形 )

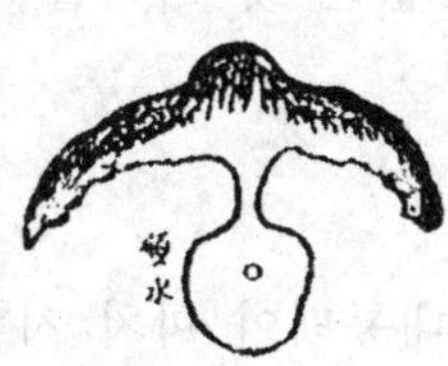

행주형은 양기 (陽基) 에서 많이 취
용한다. 돛대와 닻과 키를 갖추어야
길하고 이 형에는 우물을 파면 배
밑바닥이 구멍 뚫려 침수되는 걸로
보아 흉하다. 행주형은 보화와 인물
을 만제하여 출항하려는 형이므로
재화와 인물이 많이 모이는 읍지로
하면 대창성한다.

### 금귀몰니형 ( 金龜沒泥形 )

천귀가 진흙땅에 빠지니 토생금 (土
生金) 으로 오행에 상생관계를 이루
는 오행의 기를 받아 사물이 잘 번
성한다. 따라서 이 형에는 음택지보
다 양택지가 더 길하다.

노서하전형(老鼠下田形)

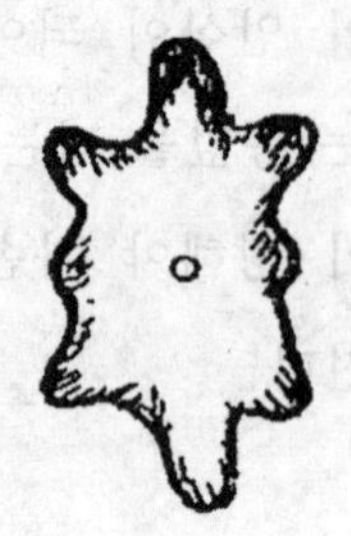

이는 혈 앞에 곡식 창고의 사가 있어야 하며 곡식과 창고사가 없으면 흉격이다. 모든 사가 갖추어지면 자손이 번성하고 부귀를 누린다.

위의 그림을 겸한 예시 외에 그림 없는 몇 가지를 추가하니 다음과 같다.

**오송형**(蜈訟形) : 혈장에 이르는 내룡맥이 마치 지네의 형상을 하고 있다고 하여 붙여진 물형으로 대귀를 주관한다.

**잠두형**(蠶頭形) : 누에 머리형상으로 상전(桑田)이 있으면 더욱 길하고 효순한 부귀의 손을 둔다.

**비봉형**(飛鳳形) : 봉황이 나는 형상으로 대귀를 누리는 자손을 얻는다.

**평사하안형**(平沙下雁形) : 기러기가 모래사장에 내려앉는 형국으로 귀인손을 둔다.

**학슬형**(鶴膝形) : 학의 다리 무릎과 같은 형으로 만인선망의 손을 둔다.

**낙타재보형**(駱駝載寶形) : 낙타에 보화를 가득 실은 형으로 대부를 주관한다.

**면우형**(眠牛形) : 황소가 누워 잠자는 형상으로 부를 얻는 손을 둔다.

**장군격고형**(將軍擊鼓形) : 장군이 출전의 기상으로 많은 자손을 거느린다.

**장군 대좌형**(將軍 對坐形) : 장군이 마주 앉은 형상으로 세도를 누린 손을 둔다.

**선인대기형**(仙人對碁形) : 두 신선이 바둑을 대국하는 형국으로 귀를 주관한다.

**미녀헌화형**(美女獻花形) : 아름다운 미녀가 꽃을 바치는 형으로 미인이 배출된다.

**어부수작형**(漁夫垂酌形) : 어부가 낚시대를 드리우고 있는 형국으로 귀를 누리는 손은 둔다.

**복종형**(伏鍾形) : 종을 엎어 놓은 형상으로 부를 주관한다.

**선녀등천형**(仙女登天形) : 선녀가 등천하는 형국으로 만인의 존경 받는 인물을 배출한다.

**지주형** : 거미줄을 쳐놓은 형국으로 부와 귀를 누리는 손을 얻는다.

이상과 같이 물형에는 사람과 조류 등 모든 동물이나 꽃이나 나무 산형수세 그리고 일월성진이나 곤충에 이르기까지 등장하지 않은 것이 없을 정도이니 관산에 도움이 되시기 바랍니다.

## 二十四山 **물형별좌향의 길흉 및 혈심법**(穴深法)

다음은 지가서에서 전해오는 二十四山 간지(干支)별 좌법과 혈심법을 수록하니 살풍이 닿지 않고 水脈이 없는 무해 무득한 비혈지의 장법에 활용하기 바란다.

干支物形圖(간지물형도)

| 子 | 쥐 | 卯 | 토끼 | 丁 | 노루 | 酉 | 닭 |
|---|---|---|---|---|---|---|---|
| 癸 | 박쥐 | 乙 | 담비 | 丙 | 사슴 | 辛 | 꿩 |
| 丑 | 소 | 辰 | 용 | 未 | 염소 | 戌 | 개 |
| 艮 | 바다게 | 巽 | 교룡 | 坤 | 자라,들개 | 乾 | 이리 |
| 寅 | 범 | 巳 | 뱀 | 申 | 잔나비 | 亥 | 돼지 |
| 甲 | 여우 | 午 | 말 | 庚 | 까마귀 | 壬 | 제비 |

**임좌병향**(壬坐丙向) : 제비이다. 제비는 높은 곳을 좋아함으로 지대가 높은 곳에 임좌(壬坐)가 길하며 전순 밑은 짧고 낭떠러지 같이 되어 있고 앞은 넓고 광활하며 안산은 아름답고 입수후미(入首後尾)는 반달과 같이 산형(山形)이 되어 있으면 길지이다. 이런 곳의 혈심은 삼척팔촌(三尺八寸)이면 된다.

**자좌오향**(子坐午向) : 혈상(穴相)이 미루나무 같이 뻗어 있으면 길하고 혈심은 사척이촌(四尺二寸) 정도면 알맞겠다.

**계좌정향**(癸坐丁向) : 계좌(癸坐)는 박쥐인데 박쥐는 낮에는 보지 못한다. 그러므로 묘좌(墓坐)의 주산(主山)이 높이 솟아 있으면 길하고 계좌(癸坐)의 혈심은 四尺二寸으로 하면 길하다.

**축좌미향**(丑坐未向) : 축좌(丑坐)에는 혈(穴)의 전후좌우에 암석이 있으면 재물을 얻고 입수에 와우형(臥牛形) 암석이면 더욱 길하다. 시초(蓍草)가 잘자라는 낮은 地帶로 소의 먹이를 얻으니 길하다. 혈심은 三尺 정도면 된다.

**간좌곤향**(艮坐坤向) : 간좌(艮坐)는 지대가 습하고 평탄하면서 계와 같은 형국이면 길하나 간좌(艮坐)에는 석물(石物)을 하는 것은 대흉이 되며 불구손이나 병자(病者)가 나온다. 혈심은 三尺七寸이면 길하다.

**인좌신향**(寅坐申向) : 인(寅)은 물형이 산중의 왕인 범이다. 범은 의심이 많은 동물이어서 산(山)등성이만 다니는 습성이 있으므로 높은 고원지대의 형국이면 길하다. 혈심은 四尺八寸이면 길하다.

**갑좌경향**(甲坐庚向) : 갑(甲)은 물형으로 여우이다. 따라서 갑좌혈형(甲坐穴形)은 오목하고 낮은 형국이라야 길하다. 혈심은 사척오촌(四尺五寸)이면 된다.

**묘좌유향**(卯坐酉向) : 묘(卯)는 물형이 토끼가 되는데 토끼는 앞다리가 짧고 뒷다리는 길다. 그러므로 혈앞 전순이 넓고 길면 흉이 되니 주의가 요한다. 혈심은 三尺

八寸 정도가 좋다.

**을좌신향**(乙坐辛向) : 을(乙)은 담비로서 모양은 다람쥐와도 같고 크기는 토끼만한데 날쌔고 많은 무리가 떼지어 다니면서 범을 잡기도 하는 동물이다. 형국이 조그만하고 뚜렷하여야 한다. 혈심은 四尺二寸이 길하다.

**진좌술향**(辰坐戌向) : 진(辰) 용이다. 진좌(辰坐)는 입수맥이 길고 구불구불 이어져 내려오면서 혈장(穴場)은 여자의 유방과 같이 두툼하게 튀어 나오고 좌우에 암석이 있으면 길지이다. 혈심은 四尺七寸이면 된다.

**손좌건향**(巽坐乾向) : 손(巽)은 물형으로 교룡도마뱀이다. 도마뱀은 숨어 있는 것을 좋아한다. 그러므로 혈형은 와형(窩形)으로 아늑하고 푹 들어가서 몸을 감출 수 있으면 길지이다. 혈심은 三尺八寸 정도가 좋다.

**사좌해향**(巳坐亥向) : 사(巳)는 물형으로 뱀을 뜻하므로 혈의 좌우에는 튀어 나온 암석이 없어야 하고 석물은 하지 않는 것이 좋다. 혈심은 四尺七寸 정도가 좋다.

**병좌임향**(丙坐壬向) : 병(丙)은 사슴이다. 사슴은 남이 잘 볼 수 있는 곳을 좋아한다. 그러므로 혈판(穴坂)이 높고 뚜렷한 봉우리면 길하다. 혈심은 三尺七寸 정도가 좋다.

**오좌자향**(午坐子向) : 오(午)는 물형으로 말이다. 래용맥이 좁고 사질(砂質)토층으로 되어 있으면서 수척(瘦脊)하면 길격이다. 혈심은 四尺八寸 정도가 길하다.

**정좌계향**(丁坐癸向) : 정(丁)은 노루이다. 노루는 뒷다리는 길고 앞다리는 짧다. 그러므로 툭 튀어 나와야 하고 형국이 급하게 생기면서 산등성이가 좁으면 길지이다. 혈심은 四尺五寸 정도가 길하다.

**미좌축향**(未坐丑向) : 미(未)는 물형으로 염소다. 염소는 높고 우뚝 솟은 곳을 좋아하며 혈재두정(穴在頭頂)이라고 해서 높은 곳에 점혈함이 길하다. 혈심은 四尺五寸 정도면 된다.

**곤좌간향**(坤坐艮向) : 곤(坤)은 물형으로 들개로도 보지만 혈형에서 자라로 보는 것이 일반화되어 있다. 자라는 습기가 있는 곳을 선호한다. 그러므로 곤좌(坤坐)는 저습한 곳도 무방하다. 혈심은 三尺五寸 정도면 길하다.

**신좌인향**(申坐寅向) : 신(申)은 물형으로 원숭이(잔나비)이다. 그러므로 고원지대에서 생활을 하니 혈도 높은 고원지대의 산세가 되면 길지가 되고 혈심은 三尺九寸 정도가 길하다.

**경좌갑향**(庚坐甲向) : 경(庚)은 까마귀이다. 까마귀는 고목(枯木)의 높은 나무에 있는 특성이 있다. 그러므로 주산이 높고 혈판은 툭튀어 나와서 향이 높고 사면이 다 보이면 길격이요 혈심은 四尺五寸 정도라야 한다.

**유좌묘향**(酉坐卯向) : 유(酉)는 물형이 닭이다. 닭은 가축으로서 야지용진처(野地龍盡處)의 전답(田畓) 가까운 곳으로 좁고도 돌출된 곳이 길지이다. 혈심은 四尺二寸이면 길하다.

**신좌을향**(辛坐乙向) : 신(辛)은 꿩이다. 꿩은 인적(人跡)이 드믄 높고 그윽한 곳이라야 길하다. 혈심은 四尺五寸 정도라야 한다.

**술좌진향**(戌坐辰向) : 술(戌)은 물형이 개다. 개는 가축이므로 혈형은 낮은 용진처라야 하고 평탄한 곳에 와혈(窩穴)이면 길지요 혈심은 三尺九寸의 깊이면 길하다.

**건좌손향**(乾坐巽向) : 건(乾)은 물형으로 이리(늑대)다. 생김은 개와 비슷하나 높은 고원지대에 사는 동물이다. 그러므로 높은 고원지대면 더욱 길하다. 혈심은 四尺二寸 깊이가 마땅하다.

**해좌사향**(亥坐巳向) : 해(亥)는 돼지이다. 돼지는 낮은 지대에 습기가 있는 곳을 좋아하니 혈도 낮고 습한 혈판이 되면서 평탄하게 흐르는 개천물이 여울을 따라 길게 혈을 감고 돌면 더욱 길하다. 혈심은 三尺八寸의 깊이면 길하다.

이상 二十四山의 性情을 기술하였으니 참고 있으시기 바라며 혈심법(穴深法)에는 종토정(從土精)을 따르는 것이 더욱 현명하다고 판단된다. 다만 앞에서 기술한 바와 같이 흉살을 받지 않은 비혈지의 장법에는 참고하기 바란다.

# 제9장 추운법

## 추운법(推運法)

추운법에는 좌와향, 입수맥, 내룡, 주산, 현무주작, 청룡백호, 수세 등 주변사의 길흉미추에 따라 천태(千態)로 구분된다.

여기서는 선인지사들과 동호인들의 지리서를 참고 삼았고 또한 본인이 서원대학교와 동아일보 문화센터에서 주역과 지리학 강의를 하면서 얻어진 지식을 바탕으로 풍수학회 회원과 동호인 여러분과 오랜 세월 경향 각지의 명사의 묘지를 관산하면서 현지실습으로 검증된 것을 참고삼아 약술하고자 한다.

산세가 험준하고 추악하고 음습하고 질풍(疾風)이 상충한 곳에 재앙이 속출하며 비천자(卑賤者)가 태어나고 양명후부(陽明厚富)하면서 調潤한 곳에서는 부귀하는 손이 태어나게 됨은 山理요, 자연이 우리 인간에 베풀어주는 善이요, 眞理임을 깨달아야 할 것이다.

## 장중계손추운법(長仲季孫推運法)

다음은 입수와 좌에 따라 화복이 장중계손 누구에게 먼저 미치느냐를 알아보는 이법이다.

건곤간손(乾坤艮巽) 사유와 인신사해(寅申巳亥) 사생지의 좌나 입수는 장손으로 보고, 자오묘유(子午卯酉) 사왕지와 갑병경임사순(甲丙庚壬四順)지의 좌나 입수는 중손으로 보고, 진술축미(辰戌丑未) 사고지나 을정신계사강(乙丁辛癸四强)지의 좌나 입수는 계손으로 본다.

이상과 같이 장중계손 등 몇째 손에게 해당하는가를 보는 데는 좌와 입수 사수(砂水)의 길흉과 좌선우선(左旋右旋)의 좌나 입수룡에 따라 어느 자손에게 강하게 작용하느냐를 보는 것이다.

수왈(水曰) 록(祿)이요, 사왈(砂曰) 귀라 양명한산은 귀로 보고 당판의 결응은 부로 보고 지룡은 처궁과 자손으로 보고 주변사의 유무정은 자손의 충효와 유무정으로 본다.

사(砂)의 원근은 발복의 조만으로 본다.

보국이 높으면 비천자가 태어나고 낮으면 세도를 누리는 자손이 태어난다. 토색이 흙색무력하고 음습하면 흉산이요, 잡목, 잡초, 사석이 역리단절되거나 사태난산은 요사(夭死)와 백병이 나고 토질이 단단하고 조윤하면 부귀하는 자손이 태어난다.

## 입수추운법(入首推運法)

　이는 입수룡맥을 기준으로 후손에게 화복(禍福)의 영향을 받는다고 보는 이기 추운법으로 다음과 같으니 참고하기 바란다.

　壬入首와 子入首는 一개월이나 一年 또는 十年

　癸入首와 亥入首는 六개월이나 六年 또는 六十年

　甲入首와 寅入首는 三개월이나 三年 또는 三十年

　乙入首와 巽.卯入首는 八개월이나 八年 또는 八十年

　丙入首와 午入首는 七개월이나 七年 또는 七十年

　丁入首와 巳入首는 二개월이나 二年 또는 二十年

　艮入首와 辰.戌入首는 五개월이나 五年 또는 五十年

　坤入首와 丑未入首는 十개월이나 十年 또는 百年

　庚入首와 乾.申入首는 九개월이나 九年 또는 九十年

　辛入首와 酉入首는 四개월이나 四年 또는 四十年으로 推理한다.

　이상은 후전수로서 주리한 연대이다. 가령 임입수(壬入首)나 자입수(子入首)로 정혈이 되었으면 임자(壬子)는 후천수가 일이요, 양수임으로 일개월이나 일년 또는 십년으로 본다. 그러므로 길국(吉局)과 합을 이루면 일개월이나 일년 또는 십년에 부귀의 발복을 받고 흉국이면 일개월이나 일년 또는 십년에서부터 패망하는 것으로 추리한다.

## 불배합입수맥추리(不配合入首脈推理)

### 자계패배(子癸財敗)

자계재패절은 순양이므로 성격이 폭악하며 음행, 도박
등으로 재패하게 되고 우선이면 신자진생(申子辰生)이
신자진(申子辰) 연월일시에 좌선이면 사유축생(巳酉丑
生)이 사유축(巳酉丑) 연월일시에 재앙을 받게 된다.

### 축간병패(丑艮病敗)

축간병패절에는 순음이라 백병의 질환이 따르고 여식
만 출산하게 된다.

### 인갑인패(寅甲人敗)

인갑인패절에는 순양이므로 남자가 사망하고 우선용
이면 인오술생(寅午戌生) 이화(火)로 인한 재화를 당하
게 되며 좌선이면 해묘미생(亥卯未生)이 목(木)으로 인
한 화를 해묘미년월일시에 당하게 된다.

### 묘을재패(卯乙財敗)

묘을재패절에는 우선이면 여자가 음란하고 내주장으
로 패하고 좌선이면 남자가 도박과 음탕으로 재패하게
된다.

### 진손병패(辰巽病敗)

진손병패절에는 반음반양(半陰半陽)으로 우선이면 남자 중 신자진생(申子辰生)이나 연소자가 좌선이면 여자 중 사유축생(巳酉丑生)이나 연노자가 음란으로 병폐하게 된다.

### 사병인패(巳丙人敗)

사병인패절에는 우선이면 여자 중 사유축생(巳酉丑生)이나 연소자가 이금치사 (以金致死)케 되며 좌선이면 인오술생(寅午戌生)이 화(火)로 인한 재액을 당하게 된다.

### 오정재패(午丁財敗)

오정재패절에는 우선은 남자 중 연소자가, 좌선은 여자중 연노자가 음탕으로 재패하게 된다.

### 미곤병패(未坤病敗)

미곤별패절에는 반음반양으로 우선은 여자 중 연소사가 좌선이면 남자 중 신자진생(申子辰生)의 연장자가 음란하며 과부가 나고 양자를 들이게 된다.

### 신경인패(申庚人敗)

신경인패절에는 우선이면 남자 중 신자진생(申子辰生)이 신자진년월일시에 물로 인한 재액을 받게 되고,

243

좌선이면 여자 사유축생 중 연장자가 금(金)으로 인한
재액을 받게 된다.

### 유신재패(酉辛財敗)

유신재패절에는 순음으로 악성내장병, 문둥병 등이 나
게 된다.

### 술건병패(戌乾病敗)

술건병패절에는 순양이라 홀아비가 나게 되고 주색잡
기와 호탕, 난폭으로 패망하게 된다.

### 해임인패(亥壬人敗)

해임인패절에는 우선용이면 여자 중 해묘미생의 연소
자가 목(木)으로 인한 재액을 당하고, 좌선이면 남자 중
신자진생의 연장자가 수(水)로 인한 재난을 신자진년월
일시에 당하게 되는 것이다.

이상의 추리법을 응용하면 구체적이고도 다양하게 추
리가 가능할 것이다.

다음에 예시를 몇 개 들고자 한다.

[예1] 해임인패절에 우선되었다면 亥字가 기두자가
되므로 해자로 추리하니 수리는 亥卯未 목국 3, 8 수리
이므로 장후 3개월 8개월, 3년 또는 8년 이내의 해묘미
연월 일시에 亥는 淨陰 여자에 해당하니 여자가 요절을
당하게 된다.

[예2] 진손병패절에 우선되었다면 辰字가 기두자가 되므로 申子辰水局 1, 6 수리로 추리하며 辰은 淨陽임으로 남자 중 신자신생의 연소자가 葬後 1년 또는 6년내에 水로 인하여 신자진(申子辰) 연월시에 재액을 당하게 된다.

[예3] 묘을재패절에 우선은 묘자(卯字)가 淨陰이 되므로 여자가 亥卯未 연월시에 木으로 인한 재액을 당하고 좌선이라면 을자(乙字)가 淨陽이므로 남자 중 申子辰생이 신자진 연월일시에 水로 인한 재액을 당하게 된다.

따라서 모두를 이같이 추리한다.

## 삼합화복추리법

(1) 임자곤신을진(壬子坤申乙辰)절 입수맥은 신자진 水局이라 1, 6 수리로 추리하고

(2) 건해갑묘정미(乾亥甲卯丁未)절은 해묘미 木局이라 3, 8 수리로 추리하고,

(3) 간인병오신술(艮寅丙午辛戌)절은 인오술 火局이라 2, 7 수리로 추리하고,

(4) 손사경유계축(巽巳庚酉癸丑)절은 사유축 金局이라 4, 9 수리로 화복을 추리한다.

## 이십사산입수와 좌의추리이법

임입수(壬入首), 자입수(子入首), 임좌, 자좌는 1개월 또는 1년이나 1대로도 화복을 추운하는 바 다음은 모두 이같은 요령으로 추리한다.

(1) 계좌계입수(癸坐癸入首)는 6개월 6년 60년

(2) 축좌축입수(丑坐丑入首)는 10개월 10년 100년

(3) 간좌간입수(艮坐艮入首)는 5개월 5년 50년

(4) 인좌인입수(寅坐寅入首)는 3개월 3년 30년

(5) 갑좌갑입수(甲坐甲入首)는 3개월 3년 30년

(6) 묘좌묘입수(卯坐卯入首)는 8개월 8년 80년

(7) 을좌을입수(乙坐乙入首)는 8개월 8년 80년

(8) 진좌진입수(辰坐辰入首)는 5개월 5년 50년

(9) 손좌손입수(巽坐巽入首)는 8개월 8년 80년

(10) 사좌사입수(巳坐巳入首)는 2개월 2년 20년

(11) 병좌병입수(丙坐丙入首)는 7개월 7년 70년

(12) 오좌오입수(午坐午入首)는 7개월 7년 70년

(13) 정좌정입수(丁坐丁入首)는 2개월 2년 20년

(14) 미좌미입수(未坐未入首)는 10개월 10년 100년

(15) 곤좌곤입수(坤坐坤入首)는 10개월 10년 100년

(16) 신좌신입수(申坐申入首)는 9개월 9년 90년

(17) 경좌경입수(庚坐庚入首)는 9개월 9년 90년

(18) 유좌유입수(酉坐酉入首)는 4개월 4년 40년

(19) 신좌신입수(辛坐辛入首)는 4개월 4년 40년

(20) 술좌술입수(戌坐戌入首)는 5개월 5년 50년

(21) 건좌건입수(乾坐乾入首)는 9개월 9년 90년

(22) 해죄해입수(亥坐亥入首)는 6개월 6년 60년

이상은 이기추운법으로 참고하기 바란다. 길국은 길운(吉運)이 발현하고 흉국은 횡액의 재화(災禍)가 따른다.

재물은 있으나 인정이 드물면 따뜻한 혈을 구하여 이장함이 길이요, 인정은 많은나 한빈하면 길방득수처에 점혈 이장함이 길하다.

욕구정왕(欲求丁旺)이면, 기왕영생향(棄旺迎生向)하니 인정왕성(人丁旺盛)을 얻게 되고,

욕구대부(欲求大富)이면 기생영왕향(棄生迎旺向)하니 대부(大富)를 누리게 되고,

욕구대귀(欲求大貴)이면 림관수래조(臨官水來朝) 임관방귀마사(臨官方貴馬砂)면 자손귀(子孫貴)를 얻는다.

욕구장수(欲求長壽)면 천주(天柱)와 건방산고(乾方山高)에 수구지당수만(水口池塘水滿) 되면 길하다.

## 사방산의 길흉 (四方山吉凶)

임자계(壬子癸) : 坎 방산이 용수풍만(聳秀豊滿)하면 자손은 충효하고 현처를 두게 된다. 만약 낮거나 작으면 한풍이 닿아 재패가 따르고 혈후가 감방산이 되면 단명하게 된다.

축간인(丑艮寅) : 艮 방산은 천시(天市)라고도 하며 높고 후부하면 자손이 창성하고 부귀장수한다. 만약 낮으면 풍병환자가 나고 산액(産厄)이 따른다.

갑묘을(甲卯乙) : 震 방산은 높고 풍만하면 다남(多男)하고 무관이 배출된다. 만약 작고 낮으면 다녀 생하니 생남이 드물고 사주(祠主)는 단명하다.

진손사(辰巽巳) : 巽 방산은 고대수려하면 자손이 창성하고 관록이 따른다. 만약 빈약하거나 함하면 여자에게 요사(夭死)의 재액이 따르나 손(巽) 방산 위로 원산(遠山)이 청수하면 외척이 부자가 난다.

병오정(丙午丁) : 離 방산은 낮고 아름다워야 하고 크고 비대하면 가정에 우환과 재액이 따른다.

미곤신(未坤申) : 坤 방산이 고대하면 부녀자가 왕(旺)하고 장수하며 축재도 하나 허약하고 물이 출렁거리면 풍병이 생기고 부녀자가 허약하다.

경유신(庚酉辛) : 兌 방산은 수려하면 문무의 관록과 부가 따른다. 만약 빈약하면 女多生하나 부녀자가 단명하고 생남이 어렵다.

술건해(戌乾亥) : 乾 방산은 후부비대하면 장수하고 관록의 출세손을 둔다. 그러나 술건방에 돌무덤이 있으면 맹인이 나오고 건곤간손 4유방산이 모두 수려하면 오록(五祿)이 구족(俱足)하나 하나라도 빠지면 반감된다.

곤손태(坤巽兌) : 방산이 높으면 부귀하고, 감간진(坎艮震) 방산이 높으면 자손이 창성하고 자오묘유(子午卯酉) 사정방봉과 갑병경임(甲丙庚壬) 사순봉이 균형을 이루면 귀격으로 본다.

## 팔산길흉 (八山吉凶)

건방산(乾方山)이 아름답고 청수하면 인정이 왕하고 수(壽)와 귀(貴)를 누리게 되지만 요함(凹陷)하면 인정을 얻기 어렵고 수와 귀를 누리지 못한다.

곤방산(坤方山)이 아름답고 청수하면 인정(人丁)이 왕하고 부녀자가 장수한다. 요함(凹陷)하면 인패재패 요사(夭死)의 부녀손(婦女孫)이 나온다.

간방산(艮方山)이 아름답고 청수하면 소년등과(少年登科)요 횡재를 얻는다. 요함(凹陷)하면 풍병의 손이 나오고 인패재패로 고한(孤寒)하다.

손방산(巽方山)이 아름답고 청수하면 귀인달사(貴人達士)가 나오고 문필봉이 조림하면 귀인손을 얻는 길사다. 요함(凹陷)하면 요사(夭死)의 부녀자가 나온다.

감방산(坎方山)이 높고 청수하면 수와 귀와 부를 누리
는 충효손이 나오고 요함(凹陷)하면 요절(天折)로 인패
재패의 한빈한 손이 나온다.

이방산(離方山)이 낮고 아름다우면 충효손을 두게 되
지만, 너무 고대하여 천주(天柱)를 억압하면 흉으로 본
다.

진방산(震方山)이 청수하고 아름다우면 장손이 길하
고 인정이 왕하며 무과출신(武科出身)의 귀를 누린다.
요함(凹陷)하면 다녀생(多女生)하니 고한(孤寒)하다.

태방산(兌方山)이 청수하고 아름다우면 문무재사(文
武才士)가 나오고 미모의 여식이 나와 가업을 흥왕케 한
다. 요함하면 부녀자에 해를 보고 재패로 한빈하게 된다.

위의 팔방마(八方馬)는 수려하고 아름다우면 모두 길
사(吉砂)이나 이 중에서도 건방마(乾方馬)와 이방마사
(離方馬砂)는 천마(天馬)라고 하여 최귀격으로 본다.

## 사격(砂格)의 길흉

사(砂)란 혈판인 묘로부터 보이는 전후좌우의 모든 산
(언덕, 구릉, 암석, 수목, 건물)들을 사격이라 한다.

사격에는 특수한 형에 따라 길흉화복의 신비한 조짐
(兆朕)이 내포되어 있는 것이다.

사격이 길하면 길한 만큼의 음덕으로 부귀수복을 누리
게 되는 것은 오직 사격의 신비인 것이다. 혈은 사격에

따라 혈상이 형성된다.

가령 문필사는 문장이 나지만 그 기상에 따라서는 왕후장상이나 국부도 나는 것이요, 혈상에 기가 없으면 천직(賤職)으로 살아가는 것이다.

사격은 가까울수록 속발하고 멀리 있으면 화복은 늦게 발한다. 아주 멀리 보이는 사격은 화복과는 무관하다.

따라서 발복의 조만은 사격의 원근과 혈상에 따라 추리한다.

용호 끝의 안산이 일자문성(一字文星)이 되었으면 당대장상(當代將相)의 명혈이요, 내룡호 밖에 길사가 조림하면 발복은 대를 이어간다.

그러나, 아주 멀리서 조림하면 혈의 발복이 다하니 산음(山陰)은 받지 못한 길사다.

강물이 많이 보이면 산재음행손이 나고 맑은 물이 적게 보이면 부귀의 길사요.

명혈(明穴)에 규봉사는 횡재요. 비혈(非穴)의 규봉은 횡액이다. 급류충사의 물은 요절하고 산재한다.

비혈 주번의 흉암석은 차량사고 등 횡사를 당하게 되고 관재파산이 따른다.

백색의 차돌입석은 연속 참사로 청상(靑孀) 과부의 울음이 그칠 날이 없다.

## 길사격 (吉砂格)

### 삼길방(三吉方)

해경진(亥庚震)방을 삼길방이라 하며 이곳의 산이 수려하고 풍만하면 부귀장수한다.

### 육수방(六秀方)

간병손신태정(艮丙巽辛兌丁)방을 육수방이라고 하며 이 방위의 산이 풍만하고 수려하면 부귀하는 손이 태어난다.

### 문필봉(文筆峯)

문필봉은 그 모양은 오행산형의 화형산으로서 붓끝처럼 생겼다고 하여 문필사라고 하며 명필가가 나는 법이요, 또한 문필봉이 후덕풍만하면 덕망 높은 문필문장이 태어난다.

### 문현사(文賢砂)

문현사에서는 성현군자 제왕후가 나는 법이요, 복두형, 모사(帽砂)형과 같고 단정하고 청수하면서 암석으로 이루어져 승천하는 듯한 기상으로 장엄한 모습이면 성현군자가 태어나고 문현사에서 군왕이 나면 성군이 태어난다고 한다.

### 아미사(蛾眉砂)

아미사란 초생달 모양과도 같고 미인의 눈썹과도 같아서 아미사라고 하며 혈앞 가까이에서 유정하게 희포하는 듯한 자세로 안산을 이루면 대길격이요, 아미사에 길수사(吉水砂)가 겸비되면 왕비가 나고 길사수가 없으면 관대사(冠帶砂)가 되어 자손은 관직에 오르게 된다.

### 일자문성사(一字文星砂)

일자문성사는 산천의 정기가 충만되고 산정상이 단정 평탄하게 되어 청수하면 길격으로 일자문성에 부귀겸전의 장관지사가 나는 귀사이다.

### 귀봉사(貴峯砂)

귀봉사는 목형산이 일출모습으로 청수하게 기봉하는 형상를 말하며 사격에 따라 도지사나 군수가 난다.

### 부봉사(富峰砂)

부봉사는 금형산으로서 신친징기가 충반되어 청수하면 거부가 나는 봉이다. 서기양명하고 원정(圓正)하면 오복이 구전하고 부귀겸전의 자손을 두게 된다.

### 어병사(御屛砂)

어병사란 혈판의 뒷면을 병풍을 두른 것 같이 순한산이 양명하게 둘러준 것을 말하며 병풍사를 두른 곳에 제

왕비가 난다.

### 독봉사(獨峯砂)

독봉사는 군수급 이상의 관장이 난다. 독봉이란 외롭게 보일 수 있으나 주변 산형과 산세의 형국과 혈상에 따라 등차가 있을 수 있고 군수급 이상의 관장이 난다.

### 왕비사(王妃砂)

이 산형은 산정상이 암석으로 서기찬 형상으로서 족두리와도 같고 목단반개형과도 같으면 대귀격으로 미인이 태어나 왕비가 되는 것이요, 자손은 부귀를 누리는 길사다.

### 군왕사(君王砂)

사정방 자오묘유(子午卯酉) 십자맥의 사귀절이 되면 군왕이 태어난다고 해서 군왕사라고 한다.

### 사석(砂石)

혈판입수(穴板入首)에 길암석은 장손에 길하고 중부위는 증손에 길하고 전순의 암석은 말손이 부귀하다.

명혈에 귀암은 장상이 난다.

쌍맥입수에 취기가 왕하면 장자발복에 장상이 나고 일자안산이 되면 쌍동자가 장상이 된다. 가령 쌍맥에 임자혈(壬子穴)이면 신자진(申子辰) 연월일시에 출생한 자손이 그 혈의 정기를 받는 자손이다.

쌍맥봉이 조림하면 쌍동아가 출생하고(여천 쌍봉면 쌍동아 다산마을)

태조산, 증조산, 소조산이 당판에서 다 보이면 효자충신이 나고 가도가 바로 선다.

반월형안산(半月形案山)은 부봉사로 부귀겸전의 거부가 난다.

청룡의 순행은 자손이 효순하고 백호의 순행은 여식이 효순한다.

파구처에 금사(禽砂) 소원봉(小園蜂)은 자손이 부귀하고 수구처에 적게보인 연지수(淵池水)는 귀(貴)를 두고 주산봉이 고(鼓)와 같으면 국왕이 태어난다.

묘지 전면으로 삼곡강물이 흘러들어오면 재산은 태산같이 불어난다.

물은 혈장을 수회(水廻)하면서 돌아야 길하고 물과 암석은 적게 보여야 부귀발복이 장구하다.

십이양방은 남자로 보고 십이음방은 여자로 보며 천간(天干)은 연성자(年上者)로 시시(地支)는 연소자(年少者)로 본다. 남녀는 좌우선기두자(左右旋起頭字)로 추리한다.

입수맥 뒤의 귀석은 관직이 높은 손이 나고 오방(午方) 주산봉이 여판주하면 벼슬손이 대로 나고 술해방(戌亥方)의 귀봉은 부귀영화를 누리는 손을 두게 되고 삼봉(三峯)이 공읍하면 문장필재의 높은 인물이 난다.

백호가 중중하면 금옥(金玉)을 쥐게 되고 청룡 어깨에 귀암석은 귀인력사(貴人力士)가 난다.

백호작국이 후부하면 복록이 자래하고 외손이 발복하게 된다.

정돌취기(正突聚氣)로 입수가 아름다우면 정승 서열의 손이 나고 천을태을(天乙太乙) 높은 귀봉이 혈을 웅기하면 명진사해 귀인이 난다.

백호봉에 기사(旗砂)가 아름다우면 명장이 배출된다.

문필산이 죽순처럼 솟으면 화공(畵工)의 명인(名人)이 난다.

인신사해(寅申巳亥) 사세봉이 구비하면 세를 누리는 손이 난다.

묘앞 수류형태(水流形態)가 삼곡 이상으로 구비쳐서 순하게 흘러나가는 것이 보이면 자손이 창성 부귀한다.

## 흉사격(凶砂格)

### 규봉사(窺峰砂)

규봉사는 살(殺)이 되는 것이나 그 모습이 아름답고 유정하면 담너머로 구경하는 격으로 악이 되지 않는다. 흉국에 귀형(貴形) 규봉은 관재구설로 손재가 있고 미형(美形) 규봉은 도난, 사기 등의 손재요, 화형(火形)의 규봉은 화재로 인한 재패, 인패가 난다.

### 산산사(散山砂)

산산이란 내룡의 지룡 지맥이 좌우로 흩어진 형상을 말하며 가산이 도산되며 불효, 불충, 산거하게 되고 가환(家患)으로 한빈하게 된다.

### 역리형(逆理形)

역리형은 청룡백호가 혈장으로 융기하지 않고 배역주(背逆走)의 모습을 말하며 청룡이 배역하면 자손이 불효, 불충, 배반하고 불목한다. 백호가 배역하면 딸과 며느리가 불효, 부정, 배신하며 재물이 파산된다.

### 결항형(結項形)

결항형은 혈장의 내룡맥이 자루를 묶어 동여맨 모습의 용맥이 있으면 결항형이다. 결항형이 있으면 목을 매 죽거나 교수형을 받는 자손이 나게 된다.

### 무연독산형(無蓮獨山形)

무연독산이란 절손지지이나 독산에도 사유(四維) 건곤간손(乾坤艮巽)에 지맥이 있으면 작은 독산이라도 결혈된다.

### 현군형(懸裙形)

현군이란 산에 골이 져서 그 모습이 여자의 치마주름과 같은 모습으로 굴곡이 많고 험난한 산을 말하며 주로

여자로 인한 패가망신, 불구횡액으로 일조에 파산된다.


### 검사형(劍砂形)

검사형은 비혈일 때 용호가 겹산으로 마치 칼날이나 작두와 같은 형이 협곡이 되어 질풍, 살풍으로 이금치사를 당하게 된다.


### 양수양파형(兩水兩破形)

양수 양파사에는 혈의 진부를 막론하고 동기간 골육상쟁과 이혼을 하게 되고 산거불목(散居不睦)하며 우의가 끊어진다.


### 첨사형(尖射形)

조안산(朝案山) 끝이 뾰족하니 첨사하게 되면 상처(喪妻)나 손재, 관재, 구설이 있게 되고 첨사가 둘이면 상처를 두 번 당하게 된다. 특히 첨사지점에 암석이 비치면 상처당하는 것이요, 암석이 없는 첨사는 질병·손재다.


### 급류충수사형(急流冲水砂形)

급류충수사형에는 남자가 요절하고 남녀 모두에게 불구의 질병이 따른다.

잡석(雜石)에는 횡액파산이 있고 조토산(燥土山)에 정신질환자가 나고 편룡에는 불구자손이 나온다.

계곡풍이 닿으면 여인이 음란하고 구설과 도산질병이

따른다.

명혈이라도 안산이 높으면 천옥(天獄)이라하여 식복
은 있으나 세(勢)를 누리기는 어렵다.

입수처 토질이 무력산기(無力散氣)되면 불구자손이나
비천자를 두게 되고 입수가 넓고 전순이 좋으면 다처(多
妻)하고 입수 정기가 우선익(右蟬翼)으로 왕하면 장자손
은 절손하여 양자를 두게 되고 서자(庶子)가 발복을 하
게 된다.

묘 봉분의 뒷변에 흙이나 돌무덤이 있으면 목매 죽을
자손이 난다.

청룡에 흉암이 있고 규봉이 있으면 맹인손이 나온다.

청룡배반은 본손이 불효하고 백호배반은 딸과 외손며
느리가 불효하다. 백호내에 작은 객산이 붙터 있으면 간
부를 두는 여인이 난다.

청룡백호에 지엽이 많으면 취첩으로 처자궁이 불리하
고 작은봉이 붙어 있으면 양자를 두게 된다.

용호의 상충은 관재가 따르고 충을 받는 쪽의 손은 요
수하게 된다.

입수 부위의 좌우선익이 비석비토의 백왕사가 불규칙
하게 붙어 있으면 곱추가 난다.

남녀 구분은 정음정양과 좌우선(左右旋)으로 구분한
다. 가령 진손사(辰巽巳)에 우선 삼자 불배합룡이면 진
(辰)이 기두자로서 신자진생 중 진(辰)은 양이므로 남자
가 곱추가 되거나 아니면 곱추 자녀를 낳게 된다.

진사방(辰巳方)의 흉암석은 차량사고를 조심하고 검사봉(劍砂峯)은 액사(厄死)의 손이 난다.

안산의 흉암석은 도병(刀兵)으로 패망하고 미방(未方)의 흉석은 장녀가 음란하고 태방(兌方)의 흉석은 말녀(末女)가 음탕하다.

주산이 첨사질수하면 형옥이 두렵고 주산봉이 파쇄되면 절사가 두렵다.

고총에 중장하면 종노릇하기 쉽고 부녀자가 해를 본다.

백호가 넘어질 듯 보기 흉하게 달아나면 구걸하는 손이 난다.

청룡이 허리가 사태나거나 잘리면 남자가 음란하고 불구손이 난다.

청백산형이 칼날 같으면 칼맞아 도병으로 죽는 손이 난다.

청백암석에 푸른 이끼가 끼면 불치병의 손이 난다.

혈 주위의 흉암첨사는 살인이 나게 되고 손은 한빈하다.

입수맥후방이 풍살을 받으면 자손이 단명하다.

광중물은 인패, 재패, 병폐의 우환이 따른다.

묘의 좌우에 깊은 연못은 무후절사 되기 쉽다.

안산이 결항봉요와 같고 묘지가 급경사가 되고 맥이 끊기면 목매 죽는 손이 난다.

입수가 돌기하고 당판이 허하면 흥망이 속발속패한다.

당판좌우의 장곡(長谷)은 자손이 산거한다.

묘지 좌우에서 여울소리가 나면 혈육간 분쟁하고 불구손이 난다.

묘지 앞 흉암석은 교통사고가 많고, 묘 앞 넓은 암석은 수렴과 인패, 재패가 따른다.

조안산(朝案山)이 와시형(臥屍形)이면 소년 횡사자가 난다.

당판이 좌(左)가 낮으면 과부가 나고 우(右)가 낮으면 홀아비가 난다.

경유갑묘방(庚酉甲卯方)이 공허하면 독수공방의 손이 난다.

경유신방(庚酉申方)에 검사(劒砂)가 혈을 충하면 도병사손(刀兵死孫)이 나온다.

곤신풍(坤申風)이 간인방으로 질주하면 분만중 산액(産厄)의 부(婦)가 나온다.

자축방(子丑方)의 흉사(凶砂)는 도적손이 나온다.

안산의 입석(立石)이 칼끝같이 날카로우면 살상의 변을 당한다.

용호봉이 단절되면 다리 불구의 손이 난다.

백호원봉이 혈판을 충하면 과부가 나고 무후하게 된다.

백호가 세천(細淺)하면 기사손(飢死孫)을 두게 된다.

묘지 전방이 빈약하여 전방풍(前方風)의 내침을 받으면 자손이 한빈하다.

청룡이 허하여 살풍을 받으면 장자가 요사하고 부부가 사별한다.

묘혈(墓穴) 양견방(兩肩方)이 허하면 명예와 재산을 잃게 된다.

청백충사수는 한빈음란하고 과부손이 나온다.

# 제10장 장법

## 장법(葬法)

　장경에 이르기를 같은 길지에 여러 기를 모시었으나
발복을 얻은 묘와 발복을 얻지 못한 묘가 있는데 이는 재
혈과 혈심과 하관시의 잘못으로 본다고 하였으며 坐와
日月星辰은 주천지고(周天之故)라 그 위치와 시간에 따
라 조량광도인력(照量光度引力)은 수동적 변화가 되니
풍수에서 좌향의 力量은 지대한 것이다.

　또한 장승생기(葬乘生氣)란 죽은 시신이 생기를 얻어
야 한다는 뜻으로 우주공간에는 무한한 生氣의 힘이 존
재하고 있으며 만물의 원동력이 되는 생기는 눈에 보이
지도 않고 만져지지도 않지만 우주만물이 생손존재를 이
어가는 한 영원히 없어지지 않는 불멸의 존재이다.

　풍수지리학에서 생기의 힘은 물리화학적 방법이 아닌
생명력을 가진 生體의 生態界라고 할 것이다. 이 같은 생
기의 힘은 하늘에 있으면 天氣가 되고 땅에 있으면 地氣
가 되고 大氣권에 있으면 空氣가 되는 것이다. 이 같은
만물을 생육시키는 氣를 풍수지리학에서는 生氣라고 한

다.

우주공간에 가득하고 무한한 힘의 원천이 되는 생기의 위력은 만물을 새로운 생명으로 소생도 시키고 성장보육도 시키는 것이니 생기는 우주와 함께 영원토록 불멸의 존재로 남는 것이다.

사람은 죽으면 영혼은 영원토록 영계(靈界)에 머물게 되고 시신만 남으니 시신은 有主無靈하고 山川은 無主有靈하니 吉地名山有靈의 山川정기가 무령의 시신을 반겨 맞이하니 시신은 차산지영기(借山之靈氣)하여 교감배합(交感配合)으로 구정일석지지(構精一席之地)하면 유골은 아름답고 영혼은 편안하니 음덕을 받은 자손들은 번창할 것이다.

마치 기름진 땅에 뿌리내린 초목이 지엽도 무성하고 결실도 잘 맺는 것과 같다고 할 것이니 살아있는 우리들 인간이 조상을 명혈 길지에 정혈하여 법식과 절차에 따라 정성껏 모시는 것은 돌아가신 부모조상에 대한 마지막 효의 연장이요, 또한 후손이 조상음덕의 승기(乘氣)를 받아서 번영과 행복을 추구하려는 것이 묘지장법의 본 뜻이다.

아무리 명혈대지를 얻었다 해도 장법에서 작은 오류라도 범하게 되면 혈장은 산화되어 흉지로 변하여 발복은 바라기 어려운 것이다.

장법에는 입수 용맥의 좌우선 지기선(地氣線)에 따라 分金線에 정확이 맞추어야 하는데 재혈(裁穴), 천광(穿

壙), 하관(下棺), 회(灰)다지 등 절차를 밟아야 한다.

분금법

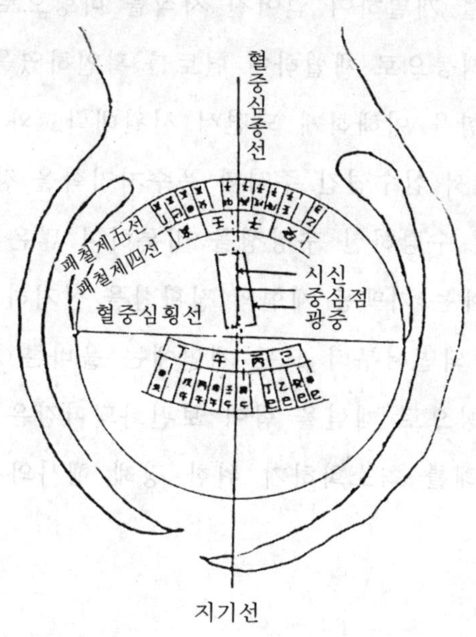



### 재혈(裁穴)

재혈은 패철로 장원한 천리내룡을 입수처인 도두8척(倒頭八尺) 위의 수절을 살핀 다음 시신의 안장지점을 천광작업하기 위한 전단계로서 입수맥의 변화가 좌선인가, 우선인가, 직입수인가에 따라 종선(縱線)과 지기선과 횡선(橫線)인 선익(蟬翼)양 끝부분에 관의 하부가 닿

도록 세심한 주의를 요하며 한치의 오차도 잘못을 범하면 올바른 재혈이 되지 못한다. 재혈에는 자연 산리의 정혈법을 기본으로 하되 명당에 모인 혈장의 진기를 찾는데는 많은 어려움이 따르게 되어 기맥봉으로 지기맥 파장 감지법을 개발하여 얻어진 지식을 바탕으로 장례 행사에서 기맥봉으로 재혈하여 혈토를 확인하였을 때 오차 없이 정확함을 이해하게 되면서 서원대학교와 동아일보 문화센터에서 십수년간 주역과 풍수지리학을 강의하면서 본인에게서 수강하신 수강생을 비롯하여 많은 동호인께서도 재혈에는 기맥봉 재혈의 정확함을 신기하리만큼 확신을 얻게 되면서부터 모든 재혈에는 올바른 재혈을 위하여 기맥봉으로 재혈을 함이 보편화되어감은 비혈지와 수맥의 피해를 최소화하기 위한 장례 행사의 기본이요 현실이다.

### 기맥재혈법(氣脈裁穴法)

재혈법에는 옛날부터 내려오는 재혈법의 관행에 따라 명당혈장의 선익을 보아 재혈하는 법과 주변 砂水를 보아 재혈하는 법식이 있으나 이는 많은 연구와 경험을 얻지 못하면 한치의 오차도 허용되지 않는 재혈에 오류를 범하는 예가 너무 많았다. 이를 보완하고 정확한 재혈을 위하여 地氣波長을 검측하는 氣脈棒을 본인이 만들어 재혈한 결과 숙련도에 따라서는 한치의 오차 없이 정확한 재혈을 하게 되어 수많은 수강생을 비롯하여 많은 동호

인에게 보급하여 실습한 결과 신기하리만큼 정확을 기하
게 되었으니 다같이 올바른 재혈을 위해 기맥봉(氣脈棒)
으로 용맥에 생기가 취기된 결혈지점을 오차없이 정확히
찾는 방법을 택함이 효과적이라 판단된다. 이같이 정밀
하게 점혈을 하기 위해서는 다음 몇가지를 주의하기 바
란다.


### 첫째 : 기맥봉을 쥐는법

기맥봉을 손에 쥐는 방법은 몸을 자연스럽게 하면서
양팔을 겨드랑이에서 약간 떨어지게(달걀 하나의 공간)
하여 팔을 구부리되 조금 위로 구부린다. 그리고 기맥봉
의 끝은 15도 위로 향하게 하고 손잡이 부분을 너무 힘
을 가하지 말고 살며시 잡고서 기맥봉을 잡은 주먹은 손
바닥쪽이 서로 마주 향하도록 주먹을 올린다. 기맥봉은
자연스럽게 쥐어야 한다. 너무 꼭 쥐거나 짧게 잡으면 전
혀 반응이 나타나지 않는다. 기맥봉을 쥐고 결혈점을 걸
어다니며 기맥의 반사반응을 정확히 찾아야 함으로 기맥
봉을 잡는 방법은 세신한 주의가 요한다. 자연스럽게 잡
은 기맥봉은 끝부분이 수평보다 15도쯤 위로 올라가게
잡는다. 몸가짐도 자연스럽게 하되 정신과 신경은 손에
집중하고 목표물의 반응을 주문하면서 결과를 확인한다.


### 둘째 : 기맥봉의 반사

기맥봉 잡는 방법을 숙지하되 연습을 계속하게 되면

찾으려는 생기맥결응지점(生氣脈結凝地點)위에 이르렀을 때(물체나 사람에 따라서는 약간은 다르게 나타난다) 양손에 쥔 기맥봉이 교합하게 된다.

이때 초보자는 지기가 약한 곳은 기맥봉도 서서히 교합되지만 계속 실습을 하여 숙달되면 강한 반사로 자신이 끌려 들어가는 듯 느껴지면서 힘차게 교합이 되어 지기반사의 신기함을 알게 될 것이다.

### 셋째 : 기맥봉 실습의 꾸준한 노력

기맥봉(氣脈棒)을 손에 잡았다고 해서 하루 아침에 뜻대로 되는 것은 아니요, 또한 어떤 물체에서 반응이 나타났다고 해서 모든 물체에서 나오는 반사자력(磁力)의 이법을 터득했다고 볼 수 없다. 그러므로 우리는 쉬지 않고 꾸준한 노력으로 매일같이 반복하여 연습해야 소기의 성과와 기맥봉의 신기함을 얻는 지름길이 될 것이다.

### 넷째 : 성실한 정신력의 집중

모든 학문은 안정된 정신력의 집중이 필수적이지만, 특히 이 분야의 학문은 지기자력반사의 정확한 판단을 위해 더 한층의 정신력 집중과 관찰력이 요구된다.

정신력과 집중력 없이 무턱대고 시작하면 된다고 생각하는 사람의 기술은 발전할 수 없다.

쉬지 않고 연습하고 배우면서 익혀야 훌륭한 성과와 발전을 이룰 것이다.

한정된 공간내에서 무형의 지기맥반사(地氣脈反射)에서 오는 기맥의 결응지를 찾기 위해서는 정신적 안정과 집중력이 요구된다.

그렇다면 먼저 地氣의 生氣地가 결혈되어 있느냐를 골똘하게 연상하면서 정신력을 집중시키면 찾고자 하는 지기맥에 가까이 닿았을 때 지기맥의 자연반사는 나타날 것이다.

정혈법에서 얻어진 지식을 바탕으로 결혈지를 찾게 되면 내용맥의 능선을 횡단하면서 기맥의 유무를 확인하고 지기가 통하고 있으면 기맥봉을 양손에 쥐고 걷게 되면 지기가 통하는 지점에서는 양손에 쥐어진 기맥봉은 자동으로 교합이 될 것이다. 이때 교합이 된 지점을 정확히 표시해 두고 용맥릉선을 상하로 검측하되 내용맥의 지기통로를 알기 위해서는 주산에서 내려오는 용맥릉선을 위로 또는 아래로 따라가면 기맥봉은 일정한(1M~2M 정도) 거리를 두고 좌로 우로 갈지(之)자로 그리며 지기맥의 통로를 따라서 지기맥파장의 반사작용에 의한 반응이 표출될 것이다. 그러나 지기가 통하지 않은 무맥지에서는 전혀 반응이 없게 된다.

이와 같이 용맥의 능선을 따라서 오를 때 지기맥통로의 변화된 반사지점이 역(逆)으로 내려올 때도 일정한지를 확인하면서 용진처(龍盡處)를 향하여 내려오면 위로 올라가면서 측정할 때와 같이 갈지(之)자로 좌로 우로 그리며 내려오다가 생기가 응축된 혈장에 이르게 되면

시신을 안장할 수 있는 공간을 기맥봉은 네모꼴이나 원형을 그리게 된다.

이같이 그려진 공간내가 지기가 결응된 穴場이 된다. 이와 같이 검증된 곳에다 장혈심법(葬穴深法)에 따라서 오차없이 천광(穿壙)을 하면 혈에 따라서는 혈심토층(穴心土層)은 마사토나 有色토층이나 비석비토의 혈증이 나올 것이다.

이런 곳에다 한치의 오차가 없는 분금과 장법에 따라 시신을 안장하면 유골은 적황골이 되고 周邊砂水의 원근과 미추(美醜)에 따라서는 후손에게 선성의 동기동근(同氣同根)의 감응법칙(感應法則)에 의한 소응의 발현을 받아서 건강장수와 부귀를 누리며 살아가는 화목한 가정으로 가꾸어질 것이다.

이같이 생기가 응축된 결응지를 정확하게 裁穴하기 위해서 사용할 수 있도록 기맥봉은 제작되어 조립된 것으로서 그 기능은 水脈이나 地氣脈 탐지를 위해 사용자의 숙련도에 따라서는 아주 탁월하나 한사람의 오류도 범하지 않도록 꾸준한 노력이 요구된다 하겠다.


즉 地氣에서 나오는 반사는 우리의 정신적인 상상력에서 나오는 집중력과 상호 합치될 때 정확한 지점에 이르면 반사력의 반응은 나타나게 되는 것이다. 따라서 정신적 반사에서 육체적 반사로 육체적 반사에서 기맥봉이나 추에 반사로 나타나면서 확신을 얻게 된다.

이 단계는 우리 몸의 신경과 근육에 자극을 주게 되어 손에 쥐고 있는 추나 기맥봉을 통해서 그 결과가 표현된다. 공기중의 전파가 전자기기에 접속되었을 때 나타나는 반사 이치와 같다 하겠다.

기맥봉은 특별히 제작되어 조립된 것으로서 그 기능은 탁월하니 한사람의 착오도 없이 꾸준히 노력하기 바란다.

## 천광 (穿壙:종토정의 천광법)

천광은 재혈이 끝나면 시신을 모시기 위한 터파가 작업인데 혈형(穴形)과 좌에 따라 심천(深淺)을 달리하지만 일반적으로 표피토층(나무가 뿌리내리고 자라는 부식토)과 맥피토(풍한 서습을 막아주는 토)층은 혈심(穴心)의 혈토를 보호하는 토층으로 비교적 조직의 밀도가 단단한 토질로 되어 있고 그 하부에 혈심토층(건조하지도 않고 습하지도 않으며 비석비토로 윤기가 있으면서 콩가루 같은 도층), 五色土의 마사토층이 나오도록 파야 되는데(4척 내지 5척에서부터 7척 내지 10척까지가 있다) 주의깊게 작업을 해야 하며 최단 시간에 관을 안치할 수 있는 최소한의 면적을 중기가 아닌 사람의 작업으로 하는 것이 가장 바람직스러운 방법이다. 지금껏 지리서에 전해 내려온 二十四山 혈심법, 옥용자 천광법, 청오경 혈심법 등 많은 천광법이 전해오고 있으나 이는 자연의 용

산토층(龍山土層)의 비대수척(肥大瘦瘠)과 후박(厚薄)이 고려되지 않고 좌에 따라 몇 자 몇 치로 획일화되게 지가서에 전해오고 있음은 잘못된 부분으로 지적받아야 할 것이다.

우주 만물이 그러함과 같이 모든 만물에는 후박(厚薄)이 있는 바 용산에도 어떤 산은 초목(草木)이 뿌리내리고 자라지 못할 정도로 척박(瘠薄)한 땅이 있는가 하면 어떤 산은 토후(土厚)하여 토심(土深)이 깊은 곳도 있게 마련이다. 이같은 자연의 산리(山理)를 무시하고 좌에 따른 혈심의 깊이를 획일화하려는 천광법은 크게 오류를 범하는 결과가 된 것이니 진기가 모인 명당에는 자연의 산리(山理)에 따라 반듯이 비석비토나 조윤(調潤)하고 유기(有氣)한 유색토층(有色土層)의 혈토가 나오는 것은 산리(山理)의 정직이요, 진리다. 즉 올바르게 재혈된 명당에는 명당에만 간직한 종토정(從土精)의 혈토가 나오는 것은 자연의 필연한 공식으로 비혈지에서 나오는 점토질(粘土質)의 황토(黃土)나 조토(燥土)나 사석(沙石)이나 무기(無氣)하고 음습(陰濕)한 토색(土色)은 나오지 않을 것이니 혈토가 나오는 깊이까지 파야 될 것이나 본인의 경험에 따르면 2척 5치에서 10척 7치까지의 깊이를 확인하였으니 천광 작업은 종토정(從土精)의 혈토가 나올 때까지의 깊이가 천광의 깊이가 되니 신중을 기하여야 할 것이다.

다만 비혈지의 천광에는 지금까지 전해오는 좌에 따라

깊이를 정하는 천광법을 응용함도 가능하다고 할 것이
다.

## 옥룡자 천광법 (玉龍子 穿壙法)

임오자(壬午坐) : 6.4척

자계좌(子癸坐) : 5.1척

을묘미축경좌(乙卯未丑庚坐) : 8.4척

간신좌(艮申坐) : 7.5척

인좌(寅坐) : 7.3척

갑진곤손좌(甲辰坤巽坐) : 9.2척

사해좌(巳亥坐) : 4.8척

병좌(丙坐) : 7.1척

신좌(辛坐) : 7.8척

술건좌(戌乾坐) : 5.5척

## 분금법(分金法)

분금은 하관할 때 지기와 시신의 교합으로 100%의
효력을 내는 법이다. 즉 폐철4층의 天干 地支가 배합절
로 들어온 입수맥의 좌선이냐 우선이냐에 따라서 분금선
이 정해진다.

예를 들면 임자(壬子) 우선입수맥이라면 자좌(子坐)
오향(午向)이 될 것이요 분금은 제5선의 자(子)쪽 병자

(丙子)와 오(午)족 임오(壬午)로 연결한 일직선에 관의 중심선과 일치되로록 하면 맞는 분금이다.

　좌선입수맥이라면 壬坐 병향(丙向)이 될 것이요. 분금은 壬쪽 5선의 甲子와 丙쪽 5선의 경오(庚午)로 연결한 분금선상에 관의 중심선이 일치되도록 하면(폐철 5층 천산72룡 참조) 다음의 정침이십사산 분금표와 일치하게 되니 참고하기 바란다.

### 정침이십사산(正針二十四山分金表)

壬坐 丙向 分金 丁亥 丁巳 辛亥 辛巳
丙坐 壬向 分金 丁巳 丁亥 辛巳 辛亥
子坐 午向 分金 丙子 丙午 庚子 庚午
午坐 子向 分金 丙午 丙子 庚午 庚子
癸坐 丁向 分金 丙子 丙午 庚子 庚午
丁坐 癸向 分金 丙午 丙子 庚午 庚子
丑坐 未向 分金 丁丑 丁未 辛丑 辛未
未坐 丑向 分金 丁未 丁丑 辛未 辛丑
艮坐 坤向 分金 丁丑 丁未 辛丑 辛未
坤坐 艮向 分金 丁未 丁丑 辛未 辛丑
寅坐 申向 分金 丙寅 丙申 庚寅 庚申
申坐 寅向 分金 丙申 丙寅 庚申 庚寅
甲坐 庚向 分金 丙寅 丙申 庚寅 庚申
庚坐 甲向 分金 丙申 丙寅 庚申 庚寅

卯坐 酉向 分金 丁卯 丁酉 辛卯 辛酉

酉坐 卯向 分金 丁酉 丁卯 辛酉 辛卯

乙坐 辛向 分金 丁卯 丁酉 辛卯 辛酉

辛坐 乙向 分金 丁酉 丁卯 辛酉 辛卯

辰坐 戌向 分金 丙辰 丙戌 庚辰 庚戌

戌坐 辰向 分金 丙戌 丙辰 庚戌 庚辰

巽坐 乾向 分金 丙辰 丙戌 庚辰 庚戌

乾坐 巽向 分金 丙戌 丙辰 庚戌 庚辰

巳坐 亥向 分金 丁巳 丁亥 辛巳 辛亥

亥坐 巳向 分金 丁亥 丁巳 辛亥 辛巳


이십사산 분금도

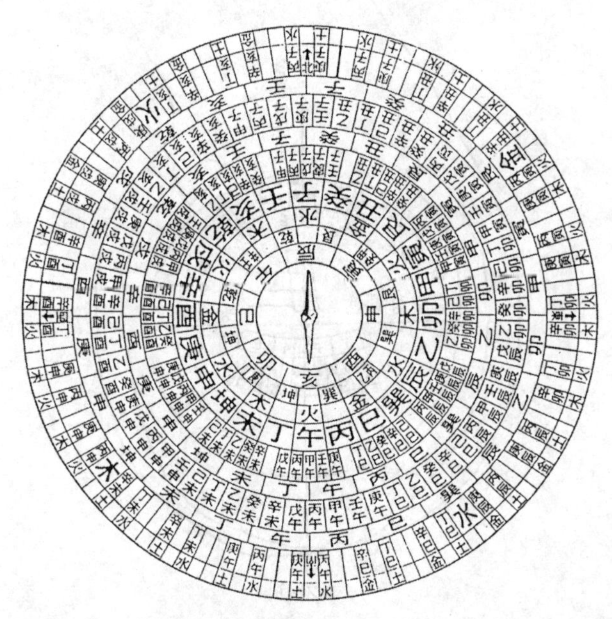

## 하관 (下棺)

하관은 분금에 일치되도록 시신을 안장한후에 穴心에
서 파낸 부드러운 혈토를 관위로 약 일곱 치 정도 덮은
후에 회다지기등 造墓로 成墳을 하게 된다. 이때 하관 후
관이나 유골주위에 약간의 숯(炭)을 넣어줌은 살균과 불
순물제거, 습기와 악취제거 木根침해예방 등 바람직한
방법이 되니 가능한 숯을 넣어 줌은 장법상 지켜야 할 방
법이니 참고하기 바란다.


우선입수맥분금도(子坐午向)

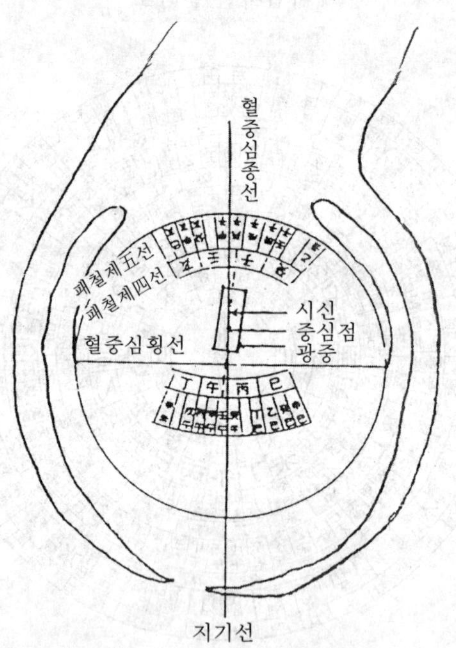

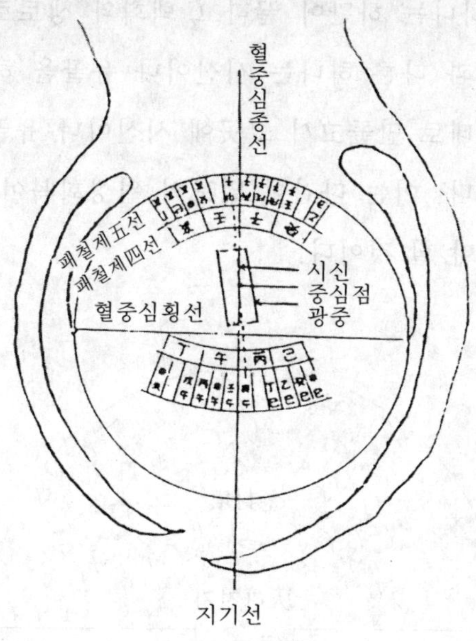



## 회(灰)다지기

회다지기는 원래의 본땅 토질의 밀도을 유지하기 위한
작업이므로 시신을 장사지내기 위해서 파낸 본땅의 밀도
가 파괴되어 지반이 연약하므로 물과 나무뿌리, 벌레 등
의 침입을 막아주고 외기의 풍한서습 피해를 줄이기 위
해 토질의 밀도를 원상회복시키는 작업이 되니 그림과
같이 두텁고 완전하게 다져서 피해를 막아야 한다. 이때

묘 일기당 백회는 20kg 기준으로 50포 정도로 배합함이
가장 이상적이라고 본다. 회다지기는 두 가지 방법이 있
는데 그 하나는 하관이 끝나고 백회와 생토로 배합하여
다지는 법과 다른 하나는 시신이나 유골을 하관하기 전
에 석관형태로 만들고서 그곳에 시신이나 유골을 안치하
는 방법이다. 이는 다같이 밀도의 원상회복이 되도록 정
성을 다해야 할 것이다.

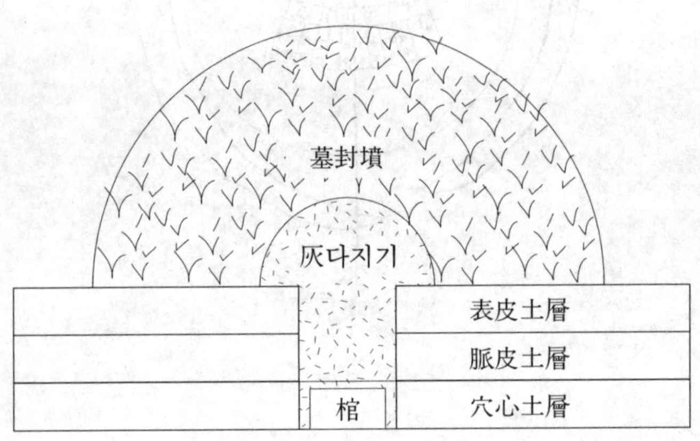


## 조묘와 성분 (造墓, 成墳)

시신이 안장되고 회다지기가 마무리되면 묘의 봉분을
만들어야 하는데 이때 봉분을 만드는데 소요되는 흙은
일정한 취토방을 정하여 산화되지 않은 취토를 해야 하
고 묘의 봉분은 잘 다져서 완만하게 조묘를 함으로써 물
과 바람의 피해를 최소화하고 봉분의 손상을 막아 잔디

가 잘자라도록 잡초는 모두 뽑아버리고 정성들여 심어야
하며 당판은 천낙수가 바로 흘러나갈수 있도록 약간 비
스듬하게 경사지도록 한 것이 좋다.

　묘봉분의 크기는 관 中心에서 1.5M의 둘레 즉 직경이
3M 정도면 일반인들의 보통으로 만드는 묘의 봉분 크기
가 된다.

　또한 쌍분으로 묘를 하고자 할 때는 묘와 묘의 사이는
60cm면 일반적인 관행에 준한다고 본다.

## 합장 (合葬)

　합장은 합묘, 합폄이라고도 하는데 합장을 하고자 할
때는 다음의 네 가지 조건이 맞아야 한다.

1) 동총법을 보아서 중상이나 중일 운이 닿지 않아야
　　舊墓를 파서 광중을 지울 수 있고
2) 먼저 모신 묘의 回頭剋坐法 생왕방이나 당년태세
　　기준 삼살빙에 닿지 않은 방위의 좌우측이라야 하
　　고,
3) 새로 이장하는 묘는 구묘에 합장하게 되므로 구묘
　　가 장사지내는 당년태세 운으로 三殺 좌살 歲破坐
　　가 되지 않아야 한다.
4) 구묘와 새로 합장하려는 망인의 생년으로 보아 無
　　後坐 滅門坐등 살이 닿지 않아야 한다.

## 인자수지장법8요 (人子須地葬法八要)

(1) 시신은 오래 두지 마라.

중상일(重喪日)과 중복일(重復日)만 피하여 5일 이내에 장사지내는 것이 좋다.

(2) 시신을 편히 모셔라.

시신은 각종염의 피해를 받지 않도록 길지를 택하여 정성껏 모시어라.

(3) 파구터에 모시지 마라.

묘를 모셨다가 옮겨간 자리는 아무리 길지라도 시신을 모시지 마라. 한 번 묘를 모셨다가 파낸 곳은 산기되어 화는 받아도 복을 받기는 어려우니라.

(4) 조상의 묘 가까이에 모시지 마라.

최근에는 가족묘를 한 곳으로 모시는 예가 많으나 여러 기(基)를 한군데 모시게 되면 지기의 발현은 한 기(基)에서 밖에 받지 못한다.

(5) 대지(大地)를 구하려 하지 마라.

대지명당에는 함정(陷井)의 假穴이 많으니 잘못 점혈하면 절사되기 쉽다. 소명당도 자손과 망인의 덕이 없이는 얻기 어려우며 비록 소명당이라도 진혈만 얻으면 부와 귀는 따른 것이다.

(6) 현명한 지사(地師)를 구하라.

인품(人品)을 갖춘 지사를 구하라. 금전에 현혹된 지사는 눈이 멀어 명당이 보이지 않는다.

(7) 옛 선인의 격식에 따라 점혈하라.

사신사와 사수(砂水)의 격에 맞는 곳을 점혈하라.

(8) 까닭없이 묘를 옮겨 모시지 마라. 화를 받기 쉬우
니라.

## 청오경의 이장천장법(靑烏經의 移葬遷葬法)

(1) 무덤봉분에 풀이 말라 죽으면 이장하라.

(2) 까닭 모르게 봉분이 가라앉으면 이장하라.

(3) 장후(葬後) 변사자가 있으며 이장하라.

(4) 장후 폐륜, 중죄인, 불구자가 나오면 옮겨야 한
다.

(5) 가족의 변사, 사업의 실패, 가산의 몰락이 있으면
옮겨야 한다.

(6) 정부개발 정책에 따라 부득이 옮겨야 할 경우는
옮겨야 한다.

(7) 후손이 번성한 오래된 묘는 개장하지 마라.

이상은 이장 천장법으로 청오경의 지리서에 전해온 것
을 옮겨 놓았으니 참고되시기 바랍니다.

다음은 장법에 대한 성현(聖賢)의 어록을 옮겨두니 참
고 바란다.

정자왈(程子曰)

땅이 아름다우면 그 땅에 묻힌 유골도 아름답고 후손은 복을 받는다.

공자왈(孔子曰)

생전은 禮로써 섬기고 시신은 禮로써 장사지내고 사후는 禮로서 제사하라.

주자왈(朱子曰)

땅이 산화되면 목염, 수염, 풍염, 모염, 충염 등으로 시신은 흉하고 후손은 멸한다고 하였다.

다산왈(茶山曰)

시신은 거적에 싸거나 비단에 싸거나 말이 없다. 마지막 효(孝)는 장법에 있다. 정성을 들여 잘 모시어라. 후손이 길하느니라.

문정공왈(文正公曰)

길지를 얻었으나 장사 마무리를 정성들여 하라. 재혈(裁穴)과 분금 잘못으로 한치의 오차만 범하여도 복을 받기보다는 화를 받기 쉬우니라 하였다.


## 이장시 유골관리

이장을 하기 위해 묘봉분을 파묘후 유골은 후손들이 이물질을 제거하기 위한 솔과 탈지면, 소독수로 깨끗이 닦아서 모시되 유골의 위치와 순서에 오류가 범하지 않도록 세심한 주의와 정성을 다하여 정돈된 유골은 세상

바람을 다시 맞는다는 뜻에서 하룻밤을 후손과 같이 보내고 다음날 모시는 관행이 바람직하나 근래와서는 시간적인 이유와 변모하는 시류에 따라 파묘당일에 옮겨 모시는 것이 당연한 것으로 되어있다. 이 모두는 각자의 사정에 따라 진행하되 유골을 깨끗이 닦아서 모시는 것은 정성을 다해야 할 것이다. 모든 자손들이 직접 닦아서 조상의 유골을 정돈함은 조상에 대한 경건한 마음과 친근감이 다시금 새로워질 것이다.

## 음택풍수의 잘못된 관습

오늘날 우리사회에는, 風水地理에 대한 잘못된 인식과 관습들이 아직도 남아있다. 그런 잘못된 인식과 관습은 오히려 진리인양, 우리주변에 일상적으로 뿌리깊이 남아있는 몇가지의 문제점들을 간추려 보고자 한다.

### 墓地는 손대면 안된다는 잘못된 인식

"함부로 손대면 안 된다"는 말은 참으로 당연한 말이다. 의사가 실수를 하면, 환자인 한 생명만의 문제가 되지만 祖上의 墓에는 많은 후손들의 건강과 생명과 재산, 명예 등 모든 것이 좌우되는 중대한 일이므로, 잘 알지 못하고 확신없이 손대서는 절대 안 된다.

자연의 진리와 穴場의 자연법칙을 알지 못하고, 어림짐작으로 손을 댐으로 인하여, 그 피해를 당하는 사례들

이 우리의 주변에 너무 많았기 때문에, 대부분의 사람들이 "무조건 손대면 해를 본다"는 인식들을 하게 된 것임을 깨달아야 할 것이다.

그 예를 보면, 정확한 감정과 판단을 하지 못하여, 안정이 되어 있는 墓를 함부로 파서, 좋지도 못한 곳에 옮겼을 경우. 또 장법이 잘못되어 墓에 물이나 바람이 침입하여 산화되었거나 각종 石物로 치장을 하면서, 작업을 잘못하여, 墓에 물이나 바람이 들어 있을 경우 등 이러한 시행착오는 그 상황에 따라 크고 작은 피해가 반드시 따르게 된다는 것을 유념해야 할 것이다.

다만 조상의 묘는 과학적이고, 합리적인 판단없이 함부로 손대서는 안 될 일일 뿐더러, 오히려 화를 자초하는 일이 되니 세심한 주의가 요구된다.

### 조상의 묘 이장과 후손 참여

祖上의 墓를 이장할 때에 후손이 직접 참여하면 안 된다는 잘못된 관행은 한마디로 불효하고, 부경스러운 자손이라 하겠다.

移葬을 할 때는, 유골의 한매듭 뼈라도 제 위치에 정돈이 되지 않으면, 그 부위의 氣가 이상이 생기면 자손에게도 그 부위에 이상이 있게 된다.

좋지못한 墓地의 墓를 파묘하여 보면, 거의가 습기와 바람이 들어있거나, 나무뿌리나 벌레 모염 등이 침입하여 있는 경우가 많다.

이러한 각종 불순물들은 깨끗이 제거하고, 소독을 해서, 제 위치에 잘 정돈함은 물론, 정성을 다하여 안장을 해야 하는데, 어찌 이런 세심하고 중요한 일을 남에게만 맡길 수는 없는 일이다. 경건한 마음으로 조상에 대한 존경심과 직접 접촉하는 기회로 삼아야 할 것입니다.

移葬현장에서는 후손들이 모두 참여하게 하여, 소독약품과 솔로 유골에 불순물을 손수 제거하게 하여야 한다.

이것이야말로 사람의 도리를 하는, 근원적인 아름다운 모습일 뿐만 아니라, 자손들이 손수 닦아서 직접 확인하고, 정성을 다하여, 부모와 조상의 유골을 안장한 그 자손들의 마음은 얼마나 평안하겠는가. 다시 한번 되새겨 볼 일이다.


역장과 계장도 잘못이 아니다.

역장이든 계장이든 순장이든, 자연의 진리에만 어긋남이 없으면, 예절과 법도에도 어긋남이 없는 것이다.

자연은 인간과 같이 분별심이 있는 것도 아니고, 다만 사연의 진리를 현상으로 나타내는 것일 뿐이므로, 이 진리를 알고 따르면 되는 것이다.

다만 구묘주변에 신묘를 모시고자 하면 먼저 氣의 손상을 살펴 피해가 되어서는 취하지 않아야 함을 명심하기 바란다.

# 제11장 염법과 부장론

## 염법(廉法)

생기지(生氣地) 명당작국에는 시신이 황골(黃骨)로
변화하면 모든 흉염이 침범하지 못하지만 비혈지나 가혈
지나 진혈지라도 관리 잘못이 되면 광중(壙中)에 다음과
같은 각종 염이 침범하게 되며 후손에게는 각종 재앙과
횡액의 환란으로 대흉을 맞게 되는 것이다.

예를 들면 다음과 같다

### 수염(水廉)

수염은 염중 가장 흉염으로 물이 광중에 드는 지하 양
수(陽水)로서 황천살방(黃泉殺方)이 유약하고 허하면 물
이 침범하게 되니 혈 주변을 잘 관찰하여야 한다.

자손에게는 인패, 재패, 병폐 등으로 패망하게 된다.

### 목염(木廉)

목염은 광중에 목근이 침입하여 시신에 해를 주는 것
을 말하는데, 주로 산기(散氣) 되어 음습한 땅에 점혈을

하면 목근이 시신을 감는 것을 말한다. 자손에게는 재패, 불구손이 난다.

### 화염(火廉)

화염은 광중이 굴뚝같이 불에 탄 듯 검게 그을리고 시신도 검게 그을린 형상을 말한다. 팔요음풍(八曜陰風)이 광중에 닿으면 자손에게는 정신병, 관송, 낙뇌(落雷)등으로 인패가 따른다.

### 빙염(氷廉)

빙염은 광중에 고드름이 얼 정도로 한냉하여 성에가 끼게 된다. 이런 혈에는 시신은 썩지 않고 동사(凍死) 자손이 생긴다.

### 풍염(風廉)

풍염이란 광중의 시신이 이동되는 일종의 도시혈로서 몰아치는 광풍(狂風)에 산이 움직이는 듯한 곳이다. 자손은 난폭하여 재패가 따른다.

### 충염(虫 廉)

광중에 벌레가 생기거나 외부로부터 침입하는 예가 많으며 음습한 불배합 무기절에서 있으며 자손에게는 백병이 속출하고 인패, 재패가 따른다.

### 모염(毛廉)

광중에 세모(細毛)와 같은 털이 가득 차 있는 것을 말하며 음습혈로서 자손은 음행, 재패, 질병이 따른다.

이상과 같이 비혈지에는 주변국세에 따라 각종 염이 따르고 또한 진혈지라도 관리가 소홀하여 침수 등이 있게되면 염에 따라 자손에게 다양하게 횡액이 미치게 되니 占穴과 관리에는 신중을 기해야 함을 다시 한 번 깨달아야 할 것이다.

### 뱀드는 혈

묘의 진사방(辰巳方)에 사두(蛇頭)와 같은 사석(砂石)이 박혀서 묘의 봉부 전면으로 향하고 있으면 5년내에 뱀이 들어온다. 갑좌 묘일 때 건해방(乾亥方)이 공허하고 천수(川水)가 횡류(橫流)하면서 진사방으로 침입하면 장후 6년내에 뱀이 들고 장자손이 요사한다.

### 양자혈(養子穴)

간인(艮寅)산에 묘좌(卯坐) 곤파(坤破)

손사(巽巳)산에 오좌(午坐) 건파(乾破)

곤신(坤申)산에 유좌(酉坐) 간파(艮破)

건해(乾亥)산에 자좌(子坐) 손파(巽破)

이상의 혈은 모두 양자를 두게 되나 양자손은 財와 貴를 누리게 된다.

도시혈(逃尸穴)

건갑좌(乾甲坐)에 임방수거파(壬方水去破)가 되거나, 해경미좌(亥庚未坐)에 간방파(艮方破)가 되면 시체가 옮겨가는 도시혈이다.

침수혈(侵水穴)

묘의 좌향이 진술축미(辰戌丑未) 좌이거나 자오묘유(子午卯酉) 좌가 될 때 정면으로 오는 물줄기가 있으면 3년내에 침수가 되고 묘봉분이 주위보다 낮거나 묘 좌우에 청태(靑苔)나 수초가 무성하면 침수가 된다.

소골혈(消骨穴)

임좌(壬坐)에 곤신풍(坤申風), 자좌(子坐)에 간인풍(艮寅風), 유좌(酉坐)에 건해풍(乾亥風), 묘좌(卯坐)에 손사풍(巽巳風) 이상의 좌에 살풍은 소골풍(消骨風)이 되어 유골은 소골되고 자손은 동서남북으로 산멸(散滅)하게 된다.

## 삼부장 (三不葬)

삼부장은 양근송의 삼부장에서 옮긴 것으로서, 다음과 같다.

1) 용은 있어도 혈이 없거든 장사 지내지 마라.

아무리 좋은 진룡이라도 혈형이 혈법에 맞지 않으면

정혈해서는 안 된다는 뜻이다.

2) 혈(穴)은 있으나 덕(德)이 없는 곳에 안장하지 마라.

혈형은 있어도 용호나 물과 주변사가 유정하지 못하면 고한(孤寒)하니 진혈이 되지 않는다는 뜻이다.

3) 덕(德)은 있어도 년월(年月)이 불길하면 안장하지 마라.

초상시에는 연월일을 가릴 수 없지만 이장, 면례, 개장, 천묘에는 반드시 연월 일시가 길한 날을 택하여 안장을 해야 소응을 볼 수 있는 것이다. 길혈흉장기여시동(吉穴凶葬氣與屍同)이 된다.

### 오부장 (五不葬)

오부장은 곽경순의 장서에서 옮긴 것으로서 다음과 같다.

### 동산(童山)부장

동산이란 초목이 싹트지도 자라지도 않은 붉은산을 가리켜 동산이라고 한다.

즉 초목이 자라지 못하면 생기를 잃은 사기(死氣)의 산이다. 따라서 안장하면 대흉이 된다.

### 단산(斷山)부장

용맥이 끊어진 산이 단산이다. 맥(脈)은 조산으로부터 내려오면서 자연적으로 끊어질 듯이 협(峽)을 이루면 이

어오는 것은 길격이지만 중간이 무너지거나 개발로 잘리
거나 자연스럽게 끊겨있는 산은 장사치 못한다.

### 석산(石山)부장

석산은 생기가 통하지 못하므로 사기(死氣)가 되어 불
길하다. 단 괴혈로서 흙과 돌 사이에 혈을 이루어진 곳은
무방하다.

### 과산(過山)부장

과산이란 용맥이 다른 곳에서 혈을 맺기 위해 끌고 지
나간 산을 말함인데 이것을 용호로 잘못 보고 안장하면
화를 입는다.

### 독산(獨山)부장

독산이란 섬처럼 외롭게 있는 산이다. 그러나 지맥이
없는 단산이라도 한 번 엎드리고 한 번 일어나면서 양변
에 호위를 받으면 보내고 그치는 곳에 음양이 유정하고
멀리 안산이 있고 물이 조향(朝向)하면 길격이다.

### 팔불상(八不相)

이는 청오경에서 인용된 것으로 다음과 같다.
1) 일불상(一不相)은 조완(租頑), 즉 혈성이나 용신
(龍身)이 거칠고 추한돌이 있으면 취하지 마라.

2) 이불상(二不相)은 고단(孤單)한 용으로서 좌우가 보호사가 없이 외로운 용은 취하지 마라.

3) 삼불상(三不相)은 신전불후(神前佛後), 즉 신당(神堂) 앞이나 불당 뒤의 가까운 곳은 취하지 마라.

4) 사불상(四不相)은 묘택휴수(墓宅休囚), 즉 땅에도 노눈성쇠(老嫩盛衰)가 있는바 옛날 부귀했던 땅으로 파구터가 되었거나 한때 시가지로 번화했던 곳을 취하지 마라.

5) 오불상(五不相)은 산강요란(山岡擾亂)으로 산세와 용맥이 어지럽게 흩어지고 달아나는 무정한 곳은 취하지 마라.

6) 육불상(六不相)은 풍수비수(風愁悲水)로서 산은 거칠고 물은 준급하여 바람소리 물소리가 슬프게 울부짖는 것 같이 드러나는 곳은 취하지 마라.

7) 칠불상(七不相)은 좌하저연(坐下低軟)으로 주산이 너무 낮고 연약하면 취하지 마라.

8) 팔불상(八不相)은 용호첨두(龍虎尖頭)로서 청룡백호의 머리가 뾰족하고 싸우는 형상은 흉하니 취하지 마라.

## 십악불선(十惡不善)

용범경직검척(龍犯硬直劍脊)

용세가 곧고 딱딱하며 조산을 떠나 출맥한 것이 칼등

과 같이 살벌한 것은 사룡이니 불선이요.


### 용범반역겁살(龍犯反逆劫殺)

용의 반역(反逆)은 용신의 주종(主從)과 행도가 분명치 못하고 주변사는 배반거역(背反去逆)하며 과협처(過峽處)에는 흉암석이 박혀서 맥이 끊긴 상태로 겁룡(劫龍)이니 불선이요.


### 혈범악수흉사(穴犯惡水凶砂)

혈의 주변이 준급하여 경사와 낙차가 많은 곳에서 급류충수(急流沖水) 소리가 요란한 비수(悲水)는 불선이요.


### 혈범풍취기산(穴犯風吹氣散)

혈판의 음풍요풍은 기산(氣散)함이니 혈후살풍(穴後殺風)은 요수단명손(夭壽短命孫)이 나고 청룡음풍은 장손에 흉이요. 백호살풍은 차손과 부녀자에 흉이요, 전방음풍은 고한하니 불선이요.


### 사범반역무정(砂犯反逆無情)

혈장을 호종(護從)하는 모든 사는 유정조배(有情朝排)함이 길이나 무정하게 배반하고 돌아서면 불선이요.

### 사범탐두추흉(砂犯探頭鎚胸)

혈장에 도적사(砂), 탐두사(探頭砂)와 추흉사(鎚胸砂)가 조림하면 요수불선(夭壽不善)이요.


### 사범충사반궁(砂犯沖射反弓)

주변의 모든 사수가 환포유정하지 못하고 충사거나 배반하면 불선이요.


### 수범황천대살(水犯黃泉大殺)

좌와 향의 황천살방에서 수살(水殺)이 내거(來去)함도 불선이요.


### 향범충생파왕(向犯沖生破旺)

향에서 진술축미(辰戌丑未)의 금수목화국(金水木火局)의 생왕묘삼합(生旺墓三合)의 생방위을 충하거나 묘고로 거수(去水)하지 않고 왕방으로 수구가 되면 불선이요.


### 향범폐살퇴신(向犯閉殺退神)

향이 불가입향(不可立向)의 흉살을 범하거나 향에서 폐살(閉殺), 즉 수구가 진술축미묘고로 유거(流去)하지 못함은 불선이다.

# 제12장 안장택일법

장사(葬事)에는 초상(初喪), 이장(移葬), 면례(緬禮) 등이 있으나 이장(移葬)이나 면례(緬禮) 등은 연운(年運), 산운(山運) 등을 맞추어 택일할 수 있는 여유가 있고, 초상시(初喪時)만은 그같은 오랜 시일을 두고 택일할 수가 없으므로 장지(葬地)선정등 장사지내는 데 소요되는 최소의 시간으로 단축함이 좋다.

근래 일반 국민대중의 장례 관행이 3일 내지 5일장이 보편화되어 있으나 급격한 산업화 사회로의 변화에 따라 최근에는 2일내지 3일장으로 단축되는 추세이다.

따라서 상가의 특별한 사정이 있거나 또는 중상일, 중일, 복일, 흑도일 등의 불길한 날만 피하고 택일하여 장사지냄이 바람직하다. 단, 삼살(三殺), 좌살(坐殺), 세파(歲破)등 이장 면례시의 연운별 坐의 산운의 길흉을 보는 만년도를 참고함도 무방하며 또한 천기 대요에 의한 택일법도 참고하되 근래에 일반화된 택일법은 다음에 준함이 실용적이고도 편리하다.

月別 重喪日 復日 重日

正　月: 甲庚巳亥日, 二　月: 乙辛巳亥日,
三　月: 戊己巳亥日, 四　月: 丙壬巳亥日,
五　月: 丁癸巳亥日, 六　月: 戊己巳亥日,
七　月: 甲庚巳亥日, 八　月: 乙辛巳亥日,
九　月: 戊己巳亥日, 十　月: 丙壬巳亥日,
十一月: 丁癸巳亥日, 十二月: 戊己巳亥日

가령 정월(正月)이면 갑일(甲日)은 중상일(重喪日)이고 갑경일(甲庚日)은 복일(復日)이요. 사해일(巳亥日)은 중일(重日)이 되므로 피하는 것이 좋다.

도표로 표시하면 다음과 같다.

| 구분 \ 월별 | 正 | 二 | 三 | 四 | 五 | 六 | 七 | 八 | 九 | 十 | 十一 | 十二 |
|---|---|---|---|---|---|---|---|---|---|---|---|---|
| 重喪日 | 甲 | 乙 | 己 | 丙 | 丁 | 己 | 庚 | 辛 | 己 | 壬 | 癸 | 己 |
| 復日 | 甲庚 | 乙辛 | 戊己 | 壬丙 | 丁癸 | 戊己 | 甲庚 | 乙辛 | 戊己 | 丙壬 | 丁癸 | 戊己 |
| 重日 | 巳亥 | 巳亥 | 巳亥 | 巳亥 | 巳亥 | 巳亥 | 巳亥 | 巳亥 | 巳亥 | 巳亥 | 巳亥 | 巳亥 |

이상 중상일(重喪日), 복일(復日), 중일(重日)에 해당하면 피하여 택일(擇日)하게 된다.

## 중상일진압제살법(重喪日鎭壓制殺法)

생장(生葬)이나 이장천장으로 개장(改葬)하고자 할
때는 행사일은 길일(吉日)로 택일함이 마땅하나 부득이
한 사정으로 중상일(重喪日), 복일(復日), 중일(重日)날
행사를 하게 될 때는 황지(黃紙)나 백지(白紙)에 다음에
월별(月別)로 표시된 네 글자를 경명주사로 해당 月의
글자를 정성들여 두 장을 써서 한 장은 시신(屍身)이나
유골의 가슴 우측부위에 넣고 한 장은 하관하기 전 광
(壙)의 밑바닥에 놓되 시신을 놓으면 가슴 좌측부위 뒷
등에 닿도록 맞추어 놓고 하관을 하면 중상(重喪)과 복
살(服殺)의 흉액은 제살(制殺)이 되고 길하다는 법이다.

| | |
|---|---|
| 一, 二, 六, 九, 十二月은 | 육경천형(六庚天刑) |
| 三月은 | 육신천연(六辛天延) |
| 四月은 | 육임천뢰(六壬天牢) |
| 五月은 | 육계천옥(六癸天獄) |
| 七月은 | 육갑천복(六甲天福) |
| 八月은 | 육을천덕(六乙天德) |
| 十月은 | 육병천양(六丙天陽) |
| 十一月은 | 육정천음(六丁天陰) |

위의 월별 제살법은 경명주사로 정성들여 황지나 백지
에 해당월의 네글자를 써서 정위치에 놓고 안장하게 되

면 길하다는 제살법이니 참고바란다.

## 황도택일법(黃道擇日法)

| 句陣<br>黑道 | 司命<br>黃道 | 玄武<br>黑道 | 天牢<br>黑道 | 玉堂<br>黃道 | 白虎<br>黑道 | 天德<br>黃道 | 金櫃<br>黃道 | 朱雀<br>黑道 | 天刑<br>黑道 | 明堂<br>黃道 | 靑龍<br>黃道 | 區分<br>／<br>月日時 |
|---|---|---|---|---|---|---|---|---|---|---|---|---|
| 亥 | 戌 | 酉 | 申 | 未 | 午 | 巳 | 辰 | 卯 | 寅 | 丑 | 子 | 寅申 |
| 丑 | 子 | 亥 | 戌 | 酉 | 申 | 未 | 午 | 巳 | 辰 | 卯 | 寅 | 卯酉 |
| 卯 | 寅 | 丑 | 子 | 亥 | 戌 | 酉 | 申 | 未 | 午 | 巳 | 辰 | 辰戌 |
| 巳 | 辰 | 卯 | 寅 | 丑 | 子 | 亥 | 戌 | 酉 | 申 | 未 | 午 | 巳亥 |
| 未 | 午 | 巳 | 辰 | 卯 | 寅 | 丑 | 子 | 亥 | 戌 | 酉 | 申 | 午子 |
| 酉 | 申 | 未 | 午 | 巳 | 辰 | 卯 | 寅 | 丑 | 子 | 亥 | 戌 | 未丑 |
| 凶 | 吉 | 凶 | 凶 | 吉 | 凶 | 吉 | 吉 | 凶 | 凶 | 吉 | 吉 | 吉凶 |

황도(黃道) 택월일시법은 여러 택일시법 중 가장 많이 활용되는 법으로서 성조(成造), 안장(安葬), 결혼(結婚) 등의 모든 행사에서 출살위길(出殺爲吉)로 황도 월일시는 대길하고 흑도 월일시는 불길하다.

이 황도법은 月에서 日辰을 찾고 日辰으로는 時를 찾아보는 법인데 모든 행사에서 길한 시간이 황도시를 택하여 활용한 것이 길격이다.

가령 子月이나 午月에는 申酉卯子丑午日時가 황도일

시가 되므로 吉하고, 인월신월(寅月申月)은 子丑辰巳未
戌日時가 황도일시가 되어 길하고 축미월일(丑未月日)에
는 寅申巳亥卯戌日時가 길하고, 묘유월일(卯酉月日)에는
子午卯酉未寅時가 길하다. 여기서 주의할 것은 흑도일시
는 피해야 한다.

## 입관(入棺)에 좋은 시간(時間)

염(斂)을 마치면 입관(入棺)을 해야 하는데 길한 시간
은 다음과 같다.


| | |
|---|---|
| 子日：甲庚時 | 丑日：乙辛時 |
| 寅日：乙癸時 | 卯日：丙壬時 |
| 辰日：丁己時 | 巳日：乙庚時 |
| 午日：丁癸時 | 未日：乙辛時 |
| 申日：甲癸時 | 酉日：丁壬時 |
| 戌日：庚壬時 | 亥日：乙辛時 |


## 둔시법(遁時法：時干支早見表)

日干이 甲자나 己자가 되는 날에는 甲己合으로 오행은
土가 되니 土를 剋하는 陽干부터 子時가 시작되니 당일
의 첫 時가 되는 子時부터 土를 剋하는 甲子時, 乙丑時,

丙寅時, 丁卯時, 戊辰時, 己巳時, 庚午時, 辛未時, 壬申時, 癸酉時, 甲戌時, 乙亥時 순으로 붙여 나가게 되니 起頭는 다음과 같다.

甲己夜半甲子時　乙庚夜半丙子時　丙辛夜半戊子時　丁壬夜半庚子時　戊癸夜半壬子時　순으로　子時가 시작되니 모두를 아래와 같이 이해하면 될 것이다.

| 일간<br>시각 | 甲己日<br>(土) | 乙庚日<br>(金) | 丙辛日<br>(水) | 丁壬日<br>(木) | 戊癸日<br>(火) |
|---|---|---|---|---|---|
| 23시-01시 | 甲子 | 丙子 | 戊子 | 庚子 | 壬子 |
| 01시-03시 | 乙丑 | 丁丑 | 己丑 | 辛丑 | 癸丑 |
| 03시-05시 | 丙寅 | 戊寅 | 庚寅 | 壬寅 | 甲寅 |
| 05시-07시 | 丁卯 | 己卯 | 辛卯 | 癸卯 | 乙卯 |
| 07시-09시 | 戊辰 | 庚辰 | 壬辰 | 甲辰 | 丙辰 |
| 09시-11시 | 己巳 | 辛巳 | 癸巳 | 乙巳 | 丁巳 |
| 11시-13시 | 庚午 | 壬午 | 甲午 | 丙午 | 戊午 |
| 13시-15시 | 辛未 | 癸未 | 乙未 | 丁未 | 己未 |
| 15시-17시 | 壬申 | 甲申 | 丙申 | 戊申 | 庚申 |
| 17시-19시 | 癸酉 | 乙酉 | 丁酉 | 己酉 | 辛酉 |
| 19시-21시 | 甲戌 | 丙戌 | 戊戌 | 庚戌 | 壬戌 |
| 21시-23시 | 乙亥 | 丁亥 | 己亥 | 辛亥 | 癸亥 |

정상기방(停喪忌方)

정상기방은 영구차나 상여(喪輿)를 놓지 않아야 할 방위는 다음과 같다.

사유축년(巳酉丑年)이나 일(日)에는 동북간방을 기(忌)하고, 신자진년(申子辰年)이나일(日)에는 동남간방을 기(忌)하고, 인오술년(寅午戌年)이나 일(日)에는 서북간방을 기(忌)하고 해묘미년(亥卯未年)이나 일(日)에는 서남간방을 기(忌)한다.

## 하관(下棺)에 좋은 시간(時間)

하관당일(下棺當日) 일진에 따라 황도법(黃道法)으로 시간을 정함이 편리하니 다음과 같다.

子午日 : 午申酉時    丑未日 : 巳申時
寅申日 : 辰巳未時    卯酉日 : 午未時
辰戌日 : 辰巳申時    巳亥日 : 辰午未時

또한 귀인과 녹으로도 보는데 다음과 같다.

天乙貴人 : 甲 乙 丙 丁 戊 己 庚 辛 壬 癸
　　　＋ : 未 申 酉 亥 丑 子 丑 寅 卯 巳
　　　－ : 丑 子 亥 酉 未 申 未 午 巳 卯
十干祿 : 寅 卯 巳 午 巳 午 申 酉 亥 子

하관은 주간에 이루어지므로 귀(貴)나 녹(祿)을 주간
만 취택하고 야반은 이루어지지 아니하니 활용에 참고하
시기 바랍니다.

## 하관시(下棺時) 피해야 할 사람

장지에 동참하였어도 하관하는 그 순간을 보지 말아야
할 사람은 다음과 같다.

1) 정충에 닿는 사람, 즉 일간(日干)과 생년간(生年
干)이 같고 일지와 생년지가 충하는 사람. 가령 갑자일
(甲子日), 갑오생(甲午生)이나 을미일(乙未日), 을축생
(乙丑生)이나 병신일(丙申日), 병인생(丙寅生)이나 정묘
일(丁卯日), 정유생(丁酉生)과 같은 경우는 피하고

2) 순충에 닿는 사람 즉, 순충은 일지와 생년지가 지
지상충하는 사람과 천간이 충하는 사람. 가령 갑자일(甲
子日), 경오생(경午生), 을축일(乙丑日)에 신미생(辛未
生), 병술일(丙戌日)에 임진생(壬辰生) 등이다.

곧 천간과 지지가 충하거나 지지끼리 충하는 사람은
관(棺)이 광중 땅바닥에 닿는 순간만 피하는 것이다.

## 취토방(取土方)

하관이 끝나면 길방에서 생토를 몇 삽 떠서 광중관 위

에 놓은 뒤에 법식과 절차에 따라 회다지기와 봉분잔디 놓기 등의 순서대로 조묘를 하게 된다.

| 年月 | 子 | 丑 | 寅 | 卯 | 辰 | 巳 | 午 | 未 | 申 | 酉 | 戌 | 亥 |
|------|---|---|---|---|---|---|---|---|---|---|---|---|
| 길방 | 申 | 戌 | 子 | 巳 | 卯辰 | 午申 | 申 | 戌 | 午 | 未 | 酉 | 午 |

### 이장 (移葬)

移葬, 改葬, 緬禮, 莎草, 改修를 하고자 하면 초상시와 는 다르게 하는 몇가지 조건이 맞아야 한다.

첫째, 동총법상(動塚法上) 묘에 손을 댈 수 있는가를 보아서 합당한가를 보고, 둘째 이장코자 마련해 놓은 새 묘지의 좌향과 年運에 흉살이 저촉되지 않아야 한다, 셋째, 새로 모시는 坐에 따른 택일을 하여야 한다.

### 동총법 (動塚法)

移改葬, 合葬, 改修, 立碑 등은 이 법에 따라서 대리년 운(大利年運)에 함이 吉하고, 소리운(小利運)은 무해무 덕(無害無德)함으로 가능하지만 중상운(重喪運)이 닿은 年에는 피해야 한다.

| 구묘의<br>좌향 | 壬子癸丑丙午丁未坐 | 艮寅甲卯坤申庚酉坐 | 乙辰巽巳辛戌乾亥坐 | 비고 |
|---|---|---|---|---|
| 大 利<br>小 利<br>重 喪 | 辰戌丑未年<br>子午卯酉年<br>寅申巳亥年 | 子午卯酉年<br>寅申巳亥年<br>辰戌丑未年 | 寅申巳亥年<br>辰戌丑未年<br>子午卯酉年 | 길함<br>평함<br>흉함 |

예를 들어서 이·개장, 합폄을 하려는 墓의 坐가 자좌
오향(子坐午向) 壬坐丙向이라면 진술축미년(辰戌丑未
年)이 대리년(大利年)으로 가장 길하고 자오묘유년(子午
卯酉年)은 무해하나 인신사해년운(寅申巳亥年運)은 重
喪의 年運이 되므로 이개장(移改葬), 합장, 사초, 개수,
입비 등은 흉함으로 하지 않아야 한다.

또한 택일법에는 천기대요에 수록된 길흉법이 있지만
일반대중이 활용하기에는 너무 복잡하기에 여기서는 대
중적이고도 실용에 효과적인 것만을 간결하게 소개한 것
이다.

### 주마육임법(走馬六壬法)

이 택일법은 陽坐에서 陽年月日時에 陰坐에는 陰年月
日時를 활용하는 법인데 다음과 같다.

陽山임자간인을진병오곤신신술(壬子艮寅乙辰丙午坤申
辛戌) 坐는 子寅辰午申戌月日時가 길하고 陰山 계축갑묘
손사정미경유건해(癸丑甲卯巽巳丁未庚酉乾亥) 좌는 丑
亥酉未巳卯 年月日時가 길하다.

성마귀인법(星馬貴人法)

坐에 따른 택일법(擇日法)

곤신임자을진(坤申壬子乙辰) 좌는 인오술(寅午戌) 年月日時가 길하고, 간인병오신술(艮寅丙午辛戌) 좌는 신자진(申子辰) 年月日時가 길하고, 계축손사경유(癸丑巽巳庚酉) 좌는 해묘미(亥卯未) 년월일시(年月日時)가 길하고, 건해갑묘정미(乾亥甲卯丁未) 좌는 사유축(巳酉丑) 年月日時가 길하다. 이 성마귀인법(星馬貴人法)은 주마육임법(走馬六壬法)과 맞추면 더욱 좋지만 이 법만 활용하여도 길하다.

좌에 관계없이 日辰만으로 보는 법은 공망일을 택하는 법이 있다.

공망일을 택하는 법(좌에 관계없이 일진만을 보는 법)
①투수일(偸修日) : 大寒後 十日과 立春前 五日
②세관(歲官)교승일(交承日) : 大寒後 五日과 立春前 二日
③한식(寒食) : 冬至後 百五日
④청명(淸明) : 양력 四月 四日 – 五日

이상 투수일 세관교승일, 한식일, 청명일은 모두 神들이 하늘로 올라가는 날이니 移改葬, 莎草, 改修, 立碑 등의 행사에 길하다. 따라서 일반적으로 택일의 번잡을 피하기 위하여 이날을 많이 활용한다는 것을 참고하기 바

란다.

### 사초길운법(莎草吉運法)

| 年支＼坐法 | 吉 坐 | | | |
|---|---|---|---|---|
| 寅申巳亥年 | 乙辰 | 巽巳 | 辛戌 | 乾亥 坐 |
| 子午卯酉年 | 艮寅 | 甲卯 | 坤申 | 庚酉 坐 |
| 辰戌丑未年 | 壬子 | 癸丑 | 丙午 | 丁未 坐 |

위는 연지별(年支別) 사초(莎草)의 길운(吉運)을 보는 법이다.

### 선파길방 (先破吉方)

신장시생토(新葬時生土)를 파거나 舊墓의 이장이나 합장시봉분(合葬時封墳)을 개봉(開封)할 때 먼저 파야 할 길방이 계절에 따라서 다음과 같으니 참고하기 바란다.

| 月別 | 1, 2, 3月 봄 | 4, 5, 6月 여름 | 7, 8, 9月 가을 | 10, 11, 12月 겨울 | 비고 |
|---|---|---|---|---|---|
| 길 방 | 리방(離方) | 감방(坎方) | 진방(震方) | 태방(兌方) | |

모든 山事는 山神祭를 모신 후에 작업에 임해야 한다.

## 십이총산이장(十二塚山移葬)과 합장법(合葬法)

이는 이장이나 합장 때 사용하는 법으로 십이총산법
(十二塚山法)이라고도 한다. 이장하고자 하는 구묘의 봉
분을 파는데 凶殺이 空亡에 해당하면 길하다는 법이다.

합장은 구묘의 壙中을 훼손하지 말고 봉분의 한편 부
분만 파고 합장을 하면 구묘를 改修하는 격이 되니 無害
한 것이다.

활용상 예시를 하면, 갑인순(甲寅旬)에 壬子坐나 癸丑
坐는 辰戌丑未年月日時를 활용하면 空亡에 해당됨으로
길하다는 것이 된다.

| 순총<br>(旬塚)<br><br>구분<br>(區分) | 甲寅旬 | 甲辰旬 | 甲午旬 | 甲申旬 | 甲戌旬 | 甲子旬 |
|---|---|---|---|---|---|---|
| 공망<br>(空亡) | (子丑) | (寅卯) | (辰巳) | (午未) | (申酉) | (戌亥) |
| 좌산<br>(坐山) | 壬子癸丑坐 | 艮寅甲卯坐 | 乙辰巽巳坐 | 丙午丁未坐 | 坤申庚酉坐 | 辛戌乾亥坐 |
| 명당<br>(明當) | 진(辰) | 오(午) | 신(申) | 술(戌) | 자(子) | 인(寅) |
| 옥당<br>(玉當) | 술(戌) | 자(子) | 인(寅) | 진(辰) | 오(午) | 신(申) |
| 금궤<br>(金櫃) | 미(未) | 유(酉) | 해(亥) | 축(丑) | 묘(卯) | 사(巳) |
| 대명<br>(大明) | 축(丑) | 묘(卯) | 사(巳) | 미(未) | 유(酉) | 해(亥) |

갑인순(甲寅旬)에 辰戌丑未는 年月日時의 순서와는 무관하니 네 자 중 한 자만 年月日時에 해당되면 길한 것이다.

### 통천규법(通天窺法)

통천좌산법(通天坐山法)은 年月日時와 좌에 따라 길흉을 보는 법으로 大吉, 進田, 靑龍, 迎財, 進寶, 庫珠는 吉運에 해당하고 大重, 大州, 大火, 小縣, 小重, 小火는 흉운에 해당된다. 다음은 길운만을 표기한다.

| 吉運坐山<br>年月日時 | 大吉 | 進田 | 靑龍 | 迎財 | 進寶 | 庫珠 |
|---|---|---|---|---|---|---|
| 巳酉丑 | 乾亥 | 壬子 | 癸丑 | 巽巳 | 丙午 | 丁未 |
| 申子辰 | 艮寅 | 甲卯 | 乙辰 | 坤申 | 庚酉 | 辛戌 |
| 亥卯未 | 巽巳 | 丙午 | 丁未 | 乾亥 | 壬子 | 癸丑 |
| 寅午戌 | 坤申 | 庚酉 | 辛戌 | 艮寅 | 甲卯 | 乙辰 |

坐山길흉법은 巳酉丑年月日時에는 乾亥, 壬子, 癸丑, 巽巳, 丙午, 丁未의 十二坐山의 좌는 길하고 申子辰 年月

日時에는 艮寅, 甲卯, 乙辰, 坤申, 庚酉, 辛戌의 十二坐山도 길하며 亥卯未 연월일시에는 巽巳, 丙午, 丁未, 乾亥, 壬子, 癸丑, 十二坐山은 길운에 해당된다.

단, 여기서 年月日時의 순서는 바뀌어도 무관하며 四字中 年月日時의 순서는 구애받지 않아도 된다.

## 오산년운법(五山年運法)

오형산의 년운좌법은 금수목화토(金水木火土) 五形山의 좌가 葬禮行事年의 납음오행(納音五行)과 홍범오행(洪範五行)의 생극(生剋)관계로 길흉을 보는 법이다.

행사하려는 년의 납음오행이 山運을 극하면 제살이 되어 新山의 묘좌운(墓坐運)은 희생이 되어 길운으로 되는 것이다.

예로써 금산인 건해태정좌(乾亥兌丁坐)는 홍범오행(洪範五行)으로 金이 되니 행사년이 甲辰年이라면 납음오행이 甲辰乙巳는 복등화(覆燈火)가 되어 화극금(火克金)으로 山運이 흉운으로 불길하나 甲辰年의 11월은 丙子月이 되는 바 丙子는 丙子丁丑은 간하수(澗河水) 水가 되면 금을 극하는 火를 다시 월에서 剋을 하니 산운은 희생하여 길운이 되는 理法의 예이다.

홍범오행(洪範五行)

| 金 | 水 | 木 | 火 | 土 |
|---|---|---|---|---|
| 乾亥 兌丁 | 甲 巽 辛 子寅辰申戌 | 艮卯巳 | 乙壬丙午 | 坤庚癸 丑 未 |

위는 음양택 다같이 산운의 생극(生剋)을 보는 홍범오
행이다.

## 성숙오행(星宿五行)

폐철 육선(六線), 인반중침(人盤中針)은 사의 길흉(吉
凶)을 본다.

| 火 | 土 | 金 | 水 | 木 |
|---|---|---|---|---|
| 甲丙庚壬 子午卯酉 | 乙丁辛癸 | 辰戌丑未 | 寅申巳亥 | 乾坤艮巽 |

성숙오행추리법

五行이 火의 坐일 때 : 甲丙庚壬子午卯酉 坐

土 : 乙丁辛癸方의 砂가 吉하면 자녀 德이 있다.

金：辰戌丑未方의 砂가 吉하면 妻와 財德이 있다.

水：寅申巳亥方의 砂가 吉하면 官과 貴를 얻는다.

木：乾坤艮巽方의 砂가 吉하면 父母祖上의 德이 있
　　다.

火：甲丙庚壬子午卯酉의 砂가 吉하면 兄弟의 德이 있
　　다.


五行이 土의 坐일 때：乙丁辛癸 坐

金：辰戌丑未方의 砂가 吉하면 자녀 德이 있다.

水：寅申巳亥方의 砂가 吉하면 妻와 財德이 있다.

木：乾坤幹巽方의 砂가 吉하면 官과 貴를 얻는다.

火：甲丙庚壬子午卯酉方의 砂가 吉하면 자녀 德이 있
　　다.

土：乙丁辛癸方의 砂가 吉하면 兄弟의 德이 있다.

五行이 金의 坐일 때：辰戌丑未 坐

水：寅申巳亥方의 砂가 吉하면 자녀 德이 있다.

木：乾坤幹巽方의 砂가 吉하면 妻와 財德이 있다.

火：甲丙庚壬子午卯酉方의 砂가 吉하면 官과 貴를 얻
　　는다.

土：乙丁辛癸方의 砂가 吉하면 父母祖上의 德이 있
　　다.

金：辰戌丑未方의 砂가 吉하면 兄弟의 德이 있다.

五行이 水의 坐일 때 : 寅申巳亥 坐

木 : 乾坤幹巽方의 砂가 吉하면 자녀 德이 있다.

火 : 甲丙庚壬子午卯酉方의 砂가 吉하면 妻와 財德이
　　있다.

土 : 乙丁辛癸方의 砂가 吉하면 官과 貴를 얻는다.

金 : 辰戌丑未方의 砂가 吉하면 父母祖上의 德이 있
　　다.

水 : 寅申巳亥方의 砂가 吉하면 兄弟의 德이 있다.


五行이 木의 坐일 때 : 乾坤艮巽 坐

火 : 甲丙庚壬子午卯酉方의 砂가 吉하면 자녀 德이 있
　　다.

土 : 乙丁辛癸方의 砂가 吉하면 妻와 財德이 있다.

金 : 辰戌丑未方의 砂가 吉하면 官과 貴를 얻는다.

水 : 寅申巳亥方의 砂가 吉하면 父母祖上의 德이 있
　　다.

木 : 乾坤幹巽方의 砂가 吉하면 兄弟의 德이 있다.


## 회두극좌오행 (回頭剋坐五行)

회두극좌법은 구묘옆에 합장이나 쌍분으로 모시고자
할 때 구묘의 생방과 왕방은 피하는 법이니 참고하기 바
란다.

| 五行 | 坐 | 陽 干 | | 陰 干 | | 忌 坐 |
| --- | --- | --- | --- | --- | --- | --- |
| | | 生 | 旺 | 生 | 旺 | |
| 金 | 乾 甲 丁 巽 庚 癸 | 巳 | 酉 | 子 | 申 | 巽巳庚酉 |
| 水 | 亥 卯 未 巳 酉 丑 | 申 | 子 | 卯 | 亥 | |
| 木 | 艮 丙 辛 坤 乙 壬 | 亥 | 卯 | 午 | 寅 | 艮寅丙午 |
| 火 | 申 子 辰 寅 午 戌 | 寅 | 午 | 酉 | 巳 | |

## 형기살(形氣殺)

풍수지리에서는 자연의 山水 모습을 시각적으로 보아 위험하고 흉하다고 느껴지는 주변의 모든 물체를 즉 예리하거나 뾰족하고 충사를 받거나 살기가 느껴지거나 山허리가 끊기거나 사태가 나거나 폭포나 절벽 등 시야(視野)에 들어오는 현상들로써 보기에 흉하고 혐오감이 들고 공포심을 느끼게 되는 모든 물체들은 풍수적 흉살로 흉이 되지만 주변에 자연은 우리가 찾고자 원하는 만큼 山水자연의 형상이 모두 완전하게 갖추어진 땅은 찾기 어려운 것이다. 風水는 無全美라 하였으니 山水자연은 적은 결함이 있느냐 많은 결함이 있느냐의 차이만 있을 따름이니 적은 결함은 비보풍수로 우리의 인위적 노력으로 성의를 다했을 때 형기살의 피해는 최소화되니 취용은 가능한 것입니다.

이기살(理氣殺)

지리서에 山水자연의 결함은 비보로써 피해는 최소화할 수 있지만 연월일시의 흉살을 범하면 재앙은 면하기 어렵다고 전해져 오고 있다.

눈에 보이는 상형살은 노력 여하에 따라서는 피해를 줄여 활용이 되지만 시각적으로 눈에 보이지 않는 이기살은 오직 음양 오행 자연의 순리에 따른 연월일시의 양진(良辰)을 택하는 그 외의 방법은 없었다고 하였다.

좋은 명당길지를 얻었어도 행사일시가 불길하면 길혈흉장기여시동(吉穴匈葬棄與屍同)이라 하여 부모조상의 시신을 버린 것과 같다고 전해오고 있으며 세시지괴재앙난면(歲時之乖災殃難免)이라고 장례 六匈에 전해오는 등 장례행사에는 길일진의 소중함을 일깨워 주고 있다.

자연의 품에 태어나 살아가는 우리의 인간은 연월일시해재정(年月日時該載定)하니 하루가 다르게 바뀌가는 연월일시와는 길흉화복이 절대적 영향의 테두리안에서 살아가는 것이다.

이기살은 우리 인간이 자연을 대상으로 하고자 하는 모든 행사에 길일진(吉日辰)을 택해야 하며 이에 반하면 재난이 따르는 것은 자연의 진리라 할 것이다.

이같이 이기살은 형기살과는 다르게 눈앞에 나타나 있지는 않으나 음양 오행의 순리에 따라 생기(生氣)와 살기(殺氣)가 교차하는 바 생기복덕(生氣福德)의 길일진을 얻지 못하고 흉살을 범하게 되면 우환과 재앙이 따르는

등 음양 오행에 배치되는 무형의 이기적인 모든 흉살을
총칭하는 것이니 노력과 정성으로 얻어진 좋은 명당 길
지라도 생기복덕이 되는 길일진을 택하지 못하면 흉이
되니 최선을 다하여 유종의 미를 거두어야 할 것이다.

# 제13장 상례요결

喪禮行事

죽음을 맞이하여 지구상에 태어난 모든 사람은 세상에 태어나서 살다가 흙으로 돌아가는 것은 신분의 높고 낮음이나 부귀와는 무관하게 보편적이고 평등한 진리이다. 사람의 죽음은 이 세상에서 누리며 가졌던 모두를 다 버리고 빈손으로 가는 것은 신성한 길임으로 살아있는 사람은 故人의 장례에 정성을 다하여 행사에 임해야 할 것이다.

예기(禮記)에 전해오기를 부모는 삼년 동안 상사(喪事)를 치루고 임금에게는 삼년간 복(服)을 입으며 스승에게는 삼년간 심상(心喪)을 입는다고 하였다. 그러나 근래 와서 복(服)을 입는 상기(喪期)에 있어 삼년간 복을 입는 경우는 거의 없어지고 백일이나 四十九일 또는 삼일 탈상 등 다양하게 변해가고 있는 현실이다.

따라서 상례(喪禮)의 변천과정을 보면 전통사회에서 유교에 의한 토속적 신앙과 불교의식이 많이 가미되었으나 현대에 와서는 다양한 종교에 의한 많은 변화를 이루

고 있다. 상례(喪禮)는 우리 인간생활의 오례(五禮)에
속하며 상례(喪禮) 제례(祭禮) 가례(嘉禮) 빈례(賓禮)
군례(軍禮) 중 가장 정중하고 성스럽고 까다로운 행사이
지만 마지막 보내는 길이 되니 후손들은 최선의 성의를
아끼지 않아야 할 엄숙한 행사이다.

## 임종(臨終)

임종은 父母가 숨을 거두려는 순간이 가까웠다는 생각
이 되면 자손과 친척들이 한 자리에 모여서 마지막 운명
(殞命)의 순간을 지켜보는 것이다.

운명(殞命)이 되면 곧바로 正寢으로 옮기어 모시되 그
방의 북쪽 方位에 자리를 정하여 두침(頭枕)부위가 東으
로 향하게 모셔야 한다.

家口主는 거처한 방이 다르더라도 정침으로 모셔야 하
지만 그 외의 사람은 본인의 거처한 방으로 모시게 된다.

임종이 가까워지면 당자가 평소에 입던 옷 중에서 흰
색이나 엷은 색의 깨끗한 옷을 골라 갈아 입히고 거처하
던 방과 운명한 뒤 모실 방도 깨끗하게 치워 둔다.

유언(遺言)이 있으면 침착한 마음으로 기록하거나 녹
음해두고, 당자가 죽기 전에 가장 보고 싶어하는 친족 친
지에게 속히 연락하여 운명을 지켜볼 수 있도록 손을 써
야 한다.

## 수시(收屍)

숨을 거두면 먼저 눈을 감기고 깨끗한 백지나 솜으로 입과 귀와 코를 막고 머리를 높고 반듯하게 괸다. 시체가 굳기 전에 손발을 고루 주물러 편 다음 남자는 왼손을 위로, 여자는 오른손을 위로 하여 두손을 한데 모아 백지로 묶고, 발도 가지런히 하여 백지로 묶는다. 이는 시신이 뒤틀리지 않고 반듯하게 하기 위함이다.

백지로 얼굴을 덮은 후 칠성판(七星板)위에 눕히고 홑이불을 덮는다. 이 절차는 아주 정성껏 해야 한다. 만일 소홀히 하면 수족이 구부러들어 펴지지 않으므로 염습(殮襲)할 때 큰 어려움이 따르게 된다.

이것이 끝나면 곡(哭)하는 집도 있으나, 고복(皐復)이 끝난 뒤에 곡을 하는 것이 일반적인 관행이다.

### 사자밥

밥상에 밥 세 그릇, 술 세 잔, 백지 한 권, 명태 세 마리, 짚신 세 켤레, 동전 몇 닢을 얹어 놓고 촛불을 켜서 뜰 아래나 대문밖에 차려 놓는다. 임종한 사람을 데리러 온다고 믿어진 저승의 사자(使者)를 대접함으로써 편하게 모셔가 달라는 뜻에서 이 상을 차린다.

## 고복 (皐復)

고복은 곧 초혼(招魂)이다. 남자의 초상에는 남자가, 여자의 초상에는 여자가 죽은 사람의 상의(上衣)를 가지고 동쪽 지붕으로 올라가, 왼손으로는 옷의 깃을 잡고 오른손으로는 옷의 허리를 잡고 북쪽을 향해 옷을 휘두르며 죽은 사람의 주소와 성명을 알린 다음 "복(復)! 복! 복!"하고 세 번 부른다.

이는 죽은 사람의 혼(魂)이 북쪽 하늘로 가고 있다고 하여 혼이 다시 돌아오도록 부르는 것이니, 이렇게 해도 살아나지 않아야 비로소 죽은 것으로 인정하고 곡(哭)을 하는 것이라 했다. 이 때 죽은 사람의 벼슬이 있으면 모관모공(某官某公)이라고 벼슬이름을 부르고, 벼슬이 없으면 학생모공(學生某公)이라 한다.

※고복법은 활용하지 않는 곳도 있으니 참고하기 바란다.

## 발상 (發喪)

발상이란 초상 난 것을 발표하는 것을 말한다. 우선 상주(喪主)와 주부(主婦)를 세우는데, 아버지가 돌아가시면 큰아들이 상주가 되지만 큰 아들이 없을 때는 장손(長孫)이 승중(承重)하여 상주가 된다. 아버지가 있으면 아버지가 상주가 된다. 또 아버지가 없고 형제만 있을 때는 큰형이 상주가 된다. 주부는 원래 죽은 사람의 아내이지만 아내가 없으면 상주의 아내가 주부가 된다.

다음으로 호상(護喪)은 덕망 있는 사람 중에 예법을 아는 사람으로 정하여 장례일을 모두 그에게 상이하게 한다. 다음 사서(司書)나 사화(司貨)는 상주와 가까운 사람 중에서 정하는 것이 관행이다.

### 설전(說奠)

돌아가신 분을 살아 계실 때와 똑같이 모신다는 뜻에서 포와 젓갈을 올려놓은 탁자를 시신의 동쪽 어깨가 닿는 곳에 놓는다. 이를 설전이라 한다. 이때 젓갈뿐만 아니라 평소에 즐기던 음식을 올려도 좋다. 또한 고인이 생전에 좋아하던 꽃을 골라 꽂아 올려놓기도 한다.

### 상제(喪制)

고인의 배우자와 직계 자손은 상제가 된다. 맏아들이나 맏손자는 주상(主喪)이 된다. 복인(服人)의 범위는 고인의 8촌 이내 친족으로 힌다.

### 호상(護喪)

주상을 대신하여 장례에 대한 모든 절차를 주관하는 사람이다. 친족이나 친지 중에서 상례에 밝은 사람으로 정한다. 호상은 부고와 장례에 관한 안내, 연락, 조객록, 사망신고, 매장(화장)허가 신청 등을 맡아서 처리한다.

### 장의사 선정

장의사는 염습, 입관, 매장 신고 등 장례에 관한 일들을 대행해 준다. 장의사에서 담당자가 오면 치장(治葬)에 소홀함이 없도록 부탁해야 한다.

### 장일(葬日) · 장지(葬地)의 선택

대부분은 3일장으로 하나 간혹 5일장을 치르기도 한다. 사망 시간이 늦은 밤일때는 시간이 넉넉치 않으므로 일정을 서둘러야 한다. 발인제나 영결식 시간은 참석자들의 시간, 장지에서의 도착 시간 등을 고려하여 정해야 한다. 장지는 미리 정하여 산역 준비를 해두면 편리하다.

### 영정(影幀)

고인의 사진을 검정색 틀에 끼우고 검정색 리본으로 달아 만든다. 영정은 시신(屍身)을 가린 병풍앞 제상 위에 모셨다가 운구할 때 앞에서 모시고 간다.

## 부고(訃告)

호상은 상주와 의논하여 고인이나 상제와 가까운 친척과 친지에게 부고를 낸다. 부고에는 반드시 장일과 장지를 기록해야 한다.

가정의례준칙에는 인쇄물에 의한 개별 고지는 금지되어 있다. 다만 구두(口頭)나 사신(私信)으로 알리는 것은 허용된다.

## 염습(殮襲)

습은 시체를 닦고 수의(壽衣)를 입힌 뒤 염포(殮布)로 묶는 절차로서 염습(殮襲) 또는 습렴(襲殮)이라 한다.

먼저 향나무 삶은 물이나 쑥을 삶은 물로 시신을 씻기고 나서 수건으로 닦고 머리를 빗질하고 손톱과 발톱을 깎아 주머니에 넣는다. 이것은 입관(入棺)을 할 때 관 속에 넣는다.

이것이 끝나면 시신을 침상(寢牀)에 눕히고 수의(壽衣)를 입히는데, 옷은 모두 오른쪽으로 여민다. 다음으로 습전(襲奠)이라 하여 제물을 올리고 주상 이하 모두가 자리에서 곡한다. 이어 시신의 입 속에 구슬과 쌀을 물려주는데 이를 반함(飯含)이라 한다. 염습의 절차가 끝나면 시자(侍者)는 이불로 시신을 덮는다. 이를 졸습(卒襲)이라 한다.

이때 하룻불을 피우고 영좌를 꾸민다. 교의에는 혼백(魂帛)을 만들어 얹고 명정(銘旌)도 만들어 세워 놓는다. 이 의식이 끝나면 친족 친지들이 들어가서 곡한다.

### 수의(壽衣)

집안에 연로하신 노인이 계실 때에는 수의를 미리 마련해 두어야 하는데 윤년이나 윤달을 택해 준비해 두는

것이 우리네 습속(習俗)이었다. 수의는 비단, 마직, 베 등 자연섬유를 소재로 하여 색깔은 흰색이 좋다, 수의를 바늘질한 때에는 가시는 길에 막힘이 없으시도록 실의 매듭을 짓지 않으며, 산 사람의 옷보다 크게 만들어야 입히기가 쉽다.

### 목욕에 필요한 용품

향나무, 물 그릇 두 개, 새 솜과 새 수건 세벌, 탈지면, 주머니 다섯 개, 머리빗, 칠성판

### 남자의 수의

속저고리, 겉저고리, 바지, 속바지, 두루마기(도포), 버선, 대님, 대대, 행정, 습신

### 여자의 수의

속적삼, 속저고리, 겉저고리, 속곳, 단속곳, 바지, 청치마, 홍치마, 원삼, 버선, 대대, 습신

### 이불류

소렴금, 대렴금, 천금(이불), 지금(요), 베개

### 기타

폭건, 두건, 망건, 멱목, 충이, 악수, 속포, 턱받침.

### 영좌(靈座)

영위(靈位)를 모시는 자리이다. 먼저 교의를 놓고 그 앞에 자리를 깐 다음 제상을 놓는다.

제상 앞에는 향탁을 놓고 그 위에는 향합과 향로를, 향탁 앞에는 모사 그릇을 놓는다. 그리고 혼백을 만들어 교의 위에 얹으면 영좌가 마련되는 것이다. 요즘에는 혼백을 쓰지 않고 영정(사진)으로 대신한다.

### 향탁(香卓)

향로와 향합을 올려놓는 상으로 제상 앞에 놓는다.

### 혼백(魂帛)

너비 한 폭에 길이 1자 3치(약 40cm)인 흰색 비단, 마포(麻布) 또는 백지를 접은 뒤 오색실로 만든 동심결(同心結)을 끼워 만든다. 이 혼백은 상자(혼백함)에 넣어 교의 위에 모신다. 장례 후 2년 동안 빈소에 모셨다가 대상(大祥)을 치른 뒤 묘소에 묻는다. 옛날에는 초우를 지낸 뒤 묘소 앞에 묻고 탈상 때까지 산주를 사용했다.

### 명정(銘旌)

길이 2m 정도의 온폭 홍색 비단에 흰색 글씨로 '某官某公之柩' 라 쓰고 부인의 경우는 '某封某貫某氏之柩' 라 쓴다. 명정은 긴 장대에 달아 출상(出喪)전에는 영좌의 오른쪽에 세워 두었다가 출상때는 영구 앞에서 들고 간다.

명정(銘旌) 서식

남 자     여 자

學生押海丁公之柩

孺人礪山宋氏之柩

고인의 생전의 관직이나 사회에서의 직함이 있으면 學生이나 孺人을 대신하여 직함으로 쓰는 것이요, 각기 氏族에 따라 본관의 성씨가 다름으로 위의 명정의 글자는 예로써 표기한 것이니 참고하시기 바란다.

### 소렴(小殮)

소렴이란 시신을 옷과 이불로 싸는 것을 말한다. 죽은 다음날 아침 날이 밝으면 집사자는 소렴에 쓸 옷과 이불을 준비해 놓는다. 머리를 묶을 삼끈과 배끈을 준비하고 소렴상(小殮牀)을 마련하여 시신을 묶을 베와 이불과 옷도 준비한다. 이것이 끝나면 제물을 올린 다음에 소렴을 시작한다.

우선 시신을 소렴상에 눕히고 옷을 입히는데, 옷은 좋은 것으로 골라서 입히고 이불은 겹으로 한다. 옷을 입힐 때는 왼편으로부터 여미되 고름은 매지 않으며, 손은 악수(握手)로 싸매고 멱목(幎目)으로 눈을 가리고 폭건과 두건을 씌운다. 이불로 고르게 싼 다음, 장포(長布) 두 끝을 찢어 각각 매고 속포(束布)로 묶는다. 이때 속포 한 쪽 끝을 세 갈래로 찢어서 아래로부터 차례로 묶어 올라간다.

## 입관 (入棺)

염습이 끝나면 곧 입관한다. 이 때 시신과 관 벽 사이의 공간을 깨끗한 창지나 마포(麻布) 등으로 꼭꼭 채워 시신이 관 안에서 흔들리지 않도록 한다. 망인이 입던 옷을 둘둘 말아서 빈곳을 채우기도 하며 염습때 깎아둔 손톱, 발톱을 관의 한쪽에 넣고 관뚜껑을 덮은 다음 은정(隱釘)을 박는다.

다음으로 관 위에 먹으로 직힘, 본판, 성명을 써서 널이라 표시하고 여자는 유인, 본관, ○○씨 널이라 쓰고 장지(壯紙)로 싼 뒤 노끈으로 묶은 후 관 밑에 나무토막을 깔고 안치한 다음 홑이불로 덮고 병풍으로 가려준다.

# 성복 (成服)

입관이 끝나면 영좌를 마련한 뒤 상제(喪制)와 복인 (服人)은 성복을 한다. 성복이란 정식으로 상복을 입는다는 뜻이다. 요즘은 전통 상복인 굴건제복을 입지 않고 남자는 검은 넥타이를 매며, 여자는 흰색 치마 저고리를 입고 흰색 버선과 고무신을 신는다.

집안의 생활양식에 따라 여자 상제들이 검은색 양장을 하기도 한다. 이때는 양말이나 구두도 검정색으로 통일하는 것이 좋다

복인은 검은색 헝겊이나 삼베로 만든 완장이나 상장을 착용한다.

성복을 한 후에는 외인의 문상을 받는다.

## 현대상복

전통 상복을 입지 않고 흰색이나 검정색의 한복이나 검정색의 양복으로 한다. 부득이한 경우 평상복으로 대신할수도 있다. 이 때에는 점잖은 색(진한 감색이나 밤색)으로 입는다. 왼쪽 가슴에 상장이나 흰 꽃을 달고 머리에는 두건을 쓴다. 신발은 검정색 구두를, 흰색 치마 저고리에는 흰색 고무신을 신는다. 여성이 양장을 할 경우 아무리 더운 여름이라도 긴소매에 속이 비치지 않는 단순한 디자인의 옷을 선택하여야 한다.

상장

흰색의 감을 두 겹으로 하여 가로 7cm 세로 3cm 되게 잘라 가운데를 묶어 리본모양으로 만든다. 흰색 상복에는 검정색 상장을, 검정색 상복에는 흰색 상장을 다는 것이 좋다. 상장은 왼쪽 가슴에 다는데 다는 기간은 탈상까지이다.


## 발인(發靷)

영구가 집을 떠나는 절차이다. 발인에 앞서 간단한 제물을 차려 놓고 제사를 올린다. 이를 발인제라 한다.


### 발인제(發靷祭)

영구가 상가(喪家)나 장례식장을 떠나기 직전에 행하는 제사로서 고인과 마지막 작별을 하는 의식이다. 발인제는 견전제(遣奠祭)라고도 한다. 식은 개식, 상주 및 상제들의 분향, 고인의 약력 소개, 조객 분향, 폐식의 순으로 한다. 식순에 조사(弔辭)나 호상(護喪) 인사를 넣을 수도 있다. 상가의 뜰에서 지내는 것이 원칙이나 요즘은 실내에서 지내기도 한다.


### 영결식(永訣式)

고인이 사회적인 존경을 받고 덕망이 높은 사람인 경우 발인제를 지낸 후 자리를 옮겨 따로 영결식을 지낸다.

영결식은 보통 사회자의 개식사, 약력 보고, 조사(弔辭),
조가(弔歌), 분향(상주 유가족 조객의 순), 폐식사의 순
으로 진행한다.

### 운구(運柩)

발인제가 끝난 뒤 영구를 장지나 화장지까지 장의차나
상여로 운반하는 절차이다. 장의차를 이용할 때 상제는
영구를 차에 싣는 것을 지켜본다. 승차 때는 영정, 명정,
상제, 조객의 순으로 오른다.

상여를 이용할 때는 영정, 명정, 영구, 상제, 조객의
순으로 행렬을 지어 간다.


### 장택서(葬擇書)

장택서는 초상이나 이장 개장시 장지 선정을 마치고
재혈이 끝나면 다음 같이 장택서를 地師는 작성하여 상
주에게 혈장주변국세를 간결하게 설명한 법식으로 다음
과 같다.

[예] 一九九八(戊寅)년 음四월 八일 庚戌일 考終命 四
월 十二일 甲寅일

○○시군 읍면리 ○○번지 山下 右旋壬入首子坐
午向寅得辛破

장택서 작성서식

① 입수용(入首龍) : 임자추신임입수자좌오향(壬子抽
　身壬入首子坐午向)

② 득파(得破) : 인득수신파(寅得水辛破)

③ 건영명 갑인수 곤영명신유목(乾靈命 甲寅水 坤靈命
　辛酉木)

④ 안장년원일(安葬年月日)

⑤ 참초파토(斬草破土) : 혈판주변 초목정리작업

⑥ 사토지축 : 천광작업 시작 직전 山神에 告祝

⑦ 개금정(開金井) : 천광작업

⑧ 혈심종토정(穴深從土精) : 혈심은 혈토가 나오도록
　깊이를 파는 작업

⑨ 취토길방(取土吉方) : 하관이 끝나면 생토를 길방
　에서 몇 삽 가져다 관위에 놓는다.

⑩ 상주불복방 정상기방(喪主不伏方 停喪忌方) : 행사
　년이나 日에 따라 상여를 놓지 않을 방위

⑪ 호충(呼沖) : 正沖 旬沖

⑫ 하관(下棺) : 시신을 壙에 안전하게 모시는 작업

⑬ 사자 경신생목(嗣子 庚申生木)~손(孫) : 임진생목
　(壬辰生木)

　一九九八(戊寅)년 丁巳 四月 十二日 甲寅

　地師 ○○○選


이상의 장택서도 지사에 따라서 약간씩 다를 수도 있

으나 위와 같이 작성하고 주변 국세와 산세와 입수와 당
판의 원리를 간결하게 설명하여 준다.

### 천광(穿壙)

사토제가 끝나면 드디어 땅을 파기 시작하여 광중(壙
中)을 만든다. 광중을 팔 때는 금정기(金井機)를 땅위에
놓고 역사(役事)를 시작한다. 금정기는 나무 막대기 네
개를 가지고 정(井)자 모양으로 만들어 놓은 것인데, 관
의 크기를 비례하여 반듯하게 놓고서 네 모퉁이에 말뚝
을 박아 표시한 뒤 그 모양대로 파 들어간다. 구덩이를
다 파고 나면 석회에 모래를 섞어 발라서 관이 들어갈 정
도 크기의 곽(槨)을 만든다.

### 하관(下棺)

장지에 도착하면 장의차나 상여에서 관을 내려 광중
(壙中)에 넣는다. 하관 때는 상주와 복인이 참여하되 곡
은 하지 않는다.

광중이란 관을 묻기 위하여 파 놓은 구덩이다. 관을
들어 수평이 되게 하여 좌향(坐向)을 맞춘 다음 반듯하
게 내려놓고 명정을 관 위에 덮는다. 그 다음에는 횡대를
차례로 가로 걸친다. 이 때 상주는 '취토(取土)'를 관 위
에 세 번 뿌린다.

다음은 성분(成墳)을 위한 회(灰)다지기를 하기 전에

관(棺)이나 유골 주위에 4kg 정도의 숯(炭)을 사이사이에 정성껏 넣어줌으로써 시신이나 유골에 외부로부터의 습기를 막아주고 나무뿌리나 세균 등 광내로 들어오기 쉬운 불순물의 피해를 예방하는 방법이 되니 장법에 도움이 되시기 바랍니다.

## 성분(成墳)

상주의 취토가 끝나면 석회와 흙을 섞어서 관을 완전히 덮는다. 이 때 빨리 굳도록 물을 조금씩 끼얹은 곳도 있다. 평토를 한 다음 흙을 둥글게 쌓아 올려 봉분을 만들고 잔디를 입힌다.

지석(誌石)은 평토가 끝난 뒤 무덤의 오른쪽 아래에 묻는다. 나중에 봉분이 허물어지더라도 누구의 묘인지를 알 수 있도록 하기 위해서이다.

## 위령제(慰靈祭)

성분이 끝나면 앞으로 영좌를 옮기고 간소하게 제수를 차린 뒤 고인의 명복을 비는 제사를 지낸다. 화장을 했을 때에는 영좌를 유골함으로 대신하여 제사를 지낸다.

## 비석(碑石)

비석은 묘의 주인이 누구인지를 밝혀 주는 표시이다. 비석돌로는 단단한 오석(烏石)이 가장 좋고 다음이 황등석(黃登石), 애석(艾石) 등이 있지만 보통 화강암을 많이 쓴다.

비석의 앞면에는 '○○(직함) ○○(본관) ○○○(성명)의 묘'라 새기고, 뒷면에는 간단한 비문과 후손들의 이름을 새긴다. 합장할 경우는 두 분을 나란히 새긴다.

비석을 세우는 시기는 되도록 빠를수로 좋다. 장례날에 부탁하여 첫 성묘를 하는 날(삼우날)에 세우거나 그렇지 못할 때는 청명 한식 추석 성묘때 하도록 한다.

## 삼우(三虞)

장례후 3일째 되는 날에 첫 성묘를 하고 봉분이 잘 되어 있는지를 살피고 간단한 제사를 올린다. 이를 삼우라 한다.

요즘은 초우와 재우는 생략한다.

## 탈상(脫喪)

상기(喪期)가 끝나 복(服)을 벗는 절차이다. 탈상은 부모, 조부모, 배우자의 경우 별세한 날로부터 100일까지이고 그 밖의 경우는 장례일까지이다. 이때 지내는 제사가 탈상제인데 제사 지내는 방법은 기제(忌祭)에 준한다.

### 장례후의 뒤처리

장례 때 사용했던 물품들과 고인의 유품을 정리하고 장례 치르는 동안 애써주신 호상과 친지에게 고마운 인사를 드리고 문상을 다녀간 조문객들에게는 감사의 인사장 보내는 예의를 갖추는 것이 바람직하다.

# 제14장 수맥과 풍수

## 水脈과 風水

　풍수지리를 공부하려면 水脈을 먼저 배워라 하였다.
이는 수맥이 풍수지리 공부에 많은 영향을 미친다는 뜻
이 될 것이다. 풍수지리는 자연계에 나타나 있는 모든 형
상(形象)과 지하에 감추어진 土石이나 水脈 등 이 모두
와는 직접적인 인과 관계가 너무 많으며 이 가운데에도
가장 영향을 많이 받는 水脈을 알지 못하고 풍수지리를
공부하는 사람은 완전한 연구가 되지 못하고 절름발이
반쪽 공부밖에 되지 않음을 인식하고 노출(露出)된 자연
계형상은 물론이요 눈에 보이지 않고 지하에 감추어진
비장(秘藏)된 부분두 연구 관찰하여 자연의 신비로운 진
리에 순응하는 지혜를 터득하는 것은 풍수지리 학도의
기본이다.

　자연은 누구나가 공유할 수 있지만 자연의 진리에 순
응하고 노력한 만큼 더도 덜도 가감(加減)없이 엄정무사
정직한 대가를 받을 뿐이다.

　우리들 인간계에는 육식(六識)의 분별력에 따라서는

정감의 사적감정(私的感情)으로 표출되기도 하지만 자연
계는 무사정직(無私正直)만 있을 뿐임을 확실히 깨달아
야 할 것이다.

지구상의 모든 동식물은 자연의 품에 태어나 자연의
기후 풍토의 영향을 받으며 살다가 다시 자연으로 돌아
가는 것은 자연의 진리이다. 특히 우리 인간이 삶을 누리
는 동안의 주거 공간에서의 水脈의 영향도 지대하지만
사후 매장된 뒤의 水脈이 묘지에 미치는 화복은 아주 많
은 영향을 미치게 하는 것임을 깨달아야 할 것이다.

우리 인류뿐만 아니라 우주만물은 단 한순간이라도 물
이 없이는 생명력을 유지할 수 없는 것이다.

우주의 자연은 물의 지배에 따라 성쇠를 거듭하면서
물이 있는 곳에 인류가 모여 살고 동식물도 자라게 되며
자연의 수자원이 풍요한 나라는 문명의 꽃을 피워오면서
인류사 발전에 주도적 기여를 해오고 있는 것이다.

우리 인간의 체내에도 물의 비중은 78%나 된다. 이같
이 소중한 물이지만 무위(無爲)하게 지하로 흘려 보내
버리고 효과적으로 활용하지 못한 지하수를 발굴하여 유
용하게 활용하기 위해서는 우선 지하에 흐르는 수맥탐지
법을 터득하여야 하며 특히 풍수지리를 연구하는 사람은
수맥의 흐름을 알아야 양택인 주택과 음택인 묘지에 수
맥이 미치는 피해를 미리 예방할 수 있는 지식을 얻게 됨
으로 풍수지리학을 연구하는 학도는 수맥탐지법을 의무
감을 가지고 연구하여야 한다.

국세(局勢)가 잘 갖추어진 대지라도 수맥이 흐르는 위에 집을 짓고 살게 되면 그 집에 들어사는 가족은 병들거나 단명하거나 망하는 법이요, 또한 훌륭한 내룡(來龍)과 주변에 길사(吉砂)를 갖춘 묘지라도 수맥을 피하지 못하고 수맥 위에다 시신을 모시게 되면 가까운 장래에 후손은 병폐, 재패, 인패의 흉액을 맞게 되는 것이니 우리 인간에게는 수자원을 선용하는 지혜를 터득한 사람에게 물은 보물과 같은 것이 되지만 무지(無知)로 인한 피해는 이루 헤아릴 수 없는 재앙을 맞게 되는 것이다.

수맥 탐지법(水脈 探知法)

水脈은 지하에 흐르는 오염되지 않고 가장 깨끗한 수자원(水資源)으로서 우리들 인간의 활용에 따라서는 도움이 되기도 하고 피해가 되기도 하는 지하수는 먼저 지하에 흐르는 水脈을 지표(地表)에서 알아내는 방법을 터득하여야 할 것이다. 그렇다고 地下에 흐르는 물을 확인하기 위해서 땅을 파서 확인하기란 너무 힘들고 어려운 방법이 되니 땅을 파지 않고 지표에서 水脈을 찾는 방법과 물이 흐르는 깊이와 물의 양을 알아내는 방법을 먼저 터득하여야 할 것이다.

우리들 인간이 지표(地表)에서 水脈을 찾는 방법은 여러 가지의 방법이 있을 것이다. 먼저 전문 지하수 개발업체들은 고가의 전자장비로 水脈을 찾는 방법과 기맥봉(氣脈捧)이나 추로도 찾는 등 여러 방법 중 우리들 풍수

351

학도들의 水脈탐지 방법으로는 고가의 전자 장비 등을 활용하기는 거의 불가능하며 휴대가 간편하고 저렴한 기맥봉이나 추를 이용한 수맥 찾는 방법을 터득함이 가장 편리할 것이다. 여기서는 추와 기맥봉으로 지하수맥을 찾는 방법을 익히고 풍수지리 양택과 수맥편에서 구체적인 세부사항은 상세하게 설명하고자 한다.

### 신비의 추와 기맥봉

추와 기맥봉으로 수맥을 탐지하는 방법으로는

첫째는 꾸준한 노력이다. 추나 기백봉을 손에 잡는다고 해서 하루아침에 뜻대로 되는 것은 아니요, 또한 반응이 어떤 물체에서 나타난다고 해서 모든 물체에서 나오는 반사력의 이법을 터득했다고 볼 수 없다. 쉬지 않고 꾸준한 노력으로 매일 반복하는 연습만이 성과를 거두는 지름길이다.

둘째는 성실한 정신력의 집중이다. 모든 학문은 한결같이  정신력의 집중이 필수적이지만 이 분야의 학문은 올바른 자력반사의 판단을 위해서 더 한층 정확한 정신력의 집중과 관찰력이 요구된다. 정신집중력 없이 무턱대고 시작하면 된다고 생각하는 사람의 기술은 발전할 수 없다. 쉬지 않고 배우고 연습하면서 익혀야 훌륭한 발전을 이룰 것이다. 한정된 공간내에서 필요한 물질을 찾기 위해서는 정신적 안정과 집중력이 요구된다. 예컨대 어떤 물체를 한정된 공간내에서 잃어버렸다고 하면 그 물체에 대한 색상과 모양과 크기와 무게 등을 머릿속에 골돌하게 생각하면서 정신력을 집중시키면 찾고자 하는 물건에 가까웠을 때 자연반사가 나타날 것이다. 즉 그 대상물에서 나오는 반사자력은 우리의 정신적인 상상력에서 나오는 집중력과 상호 합치될 때 정확한 반사력의 반응이 나타나게 되는 것이다. 따라서 정신적 반사에서 육체적 반사로 육체적 반사에서 추나 기맥봉의 반사로 표현되어야 확신을 얻게 된다. 이같은 단계는 우리 몸의 신경과 근육을 통해서 그 결과가 표현된다.

## 기맥봉 잡는법

기맥봉을 잡는 방법은 몸을 자연스럽게 하고 양팔은 겨드랑이에서 약간 떨어지게 하여 팔을 구부리되 조금 위로 구부린다. 그리고 기맥봉을 살며시 잡고서 기맥봉을 잡은 주먹은 손바닥쪽이 마주 향하도록 주먹을 돌린다. 기백봉을 잡을 때는 기맥봉의 손잡이 부분을 자연스럽게 쥐어야 한다. 너무 꼭 쥐거나 너무 짧게 잡으면 전혀 반응이 나타나지 않는다. 기백봉을 쥐고 여러 지점을 걸어다니면서 반사의 반응를 정확히 찾아야 하기에 기맥봉을 잡는 방법에 세심한 주의가 요한다. 자연스럽게 하되 정신과 신경은 손에다 집중하면서 여기저기 지점을 다니며 목표물의 반응을 찾는다. 또한 자기가 잡고 있는

기맥봉의 끝부분을 다른 三者가 튕겨 주면 아래나 위로 움직이다가 다시 제 위치로 돌아오면 지나치게 꽉 쥔 증거요, 툭 튕겨서 아래로나 위로 갔다가 그 자리에 있을 정도로 살며시 잡아야 한다.

이같은 방법이 가장 이상적인 쥐는 방법이 된다.

### 기맥봉의 반사

기맥봉의 잡는 방법을 숙지한 뒤 연습을 계속하게 되면 찾으려는 목표물 위에 이르렀을 때 물체나 사람에 따라 약간은 다르지만 기맥봉은 자동으로 교합하게 된다. 이때 초보자는 서서히 기울어지지만 계속 실습을 해서 숙달이 되면 강한 반사로 자신이 끌려 들어가는 듯 느끼면서 힘차게 교합이 된 반사의 신기함을 알게 될 것이다.

### 추를 쥐는 법

추는 오른손의 엄지손가락과 둘째손가락으로 살며시 자연스럽고 가볍게 쥐되 겨드랑이에서 조금 떨어지게 하여 피로를 느끼지 않고 옮겨 다녀도 자세에 변동이 없도록 유지되어야 한다. 너무 부자연스럽게 쥐거나 손 끝에 힘을 주어도 반사의 반응이 약하게 나타남으로 감지하기가 어렵게 된다.

## 추의 반사

추에서 오는 반사는 의식적으로 추에 준 운동이 아니라 목표물에서 방사되는 무의식적인 반사운동이다. 그러나 그 물체에서 방사되는 반사운동은 사람에 따라 각각 다르게 나타난다. 예컨대 갑이란 사람은 물체에서 방사되는 반사가 왼편으로 돌지만 을이란 사람은 오른편으로 돌거나 왔다갔다하는 전후운동의 반사가 나타나기도 하며 움직이는 횟수에 있어서도 다르게 나타난다. 이같이 다르게 나타나는 반사를 몇 번 어떻게 변하는가를 목표물의 대상에 따라 다른 점을 정확히 관찰하여 알아두어야 한다.

## 추의 반사가 오지 않는 이유

첫째, 초심자가 실습할 때 추가 너무 크고 무거우면 반사가 잘 나타나지 않는다. 그 이유는 물체에서 오는 반사의 힘과 추의 무세가 비슷하면 잘 움직이지 않기 때문이다. 초심자는 작은 추로 연습하는 것이 좋다.

둘째, 힘을 주어서 꽉 쥐면 반사의 힘이 반으로 감소되어 반사의 감각을 느끼지 못하게 된다. 따라서 살며시 쥐는 법을 연습함이 좋다. 정신력은 집중하되 섣불리 추리하지 마라. 이같은 정신자세를 처음부터 습관을 길러서 연습해야 올바른 결과를 얻을 것이다.

## 추로 지하수를 찾는 법

추로 지하수맥을 찾으려면 먼저 그 지방의 물을 작은
병에 담아 왼손에 쥐고 어느 편으로 몇 번 움직이는지의
반사를 정확히 세어두고 물이 흐를 만한 여러 지점을 천
천히 다니면 손에 든 물에서 오는 반사와 같은 반응을 보
아야 한다. 이때 지하수가 흐르면 왼손에 쥔 병 속의 물
에서 오는 반사와 똑같은 반사가 나타날 것이다. 이렇게
몇 개 지점을 찾게 되면 흘러가는 물길을 찾게 되는 것이
다.

## 기맥봉으로 지하수를 찾는 방법

기맥봉을 쥐는 방법에 따라 주의 깊게 쥐고 수맥을 찾
고자 하는 지점을 천천히 걸어가면서 긴장하지 말고 손
에다 정신을 집중시켜 반사를 본다. 이때 물길을 만나도
흘러내리는 쪽으로 기맥봉을 들고 가면 반응이 잘 오지
않으며 수맥이 흐르는 방향으로 거슬러 올라가되 물이
흐르는 양 가장자리 지점에 이르렀을 때만 반응이 나타
난다. 그러므로 물줄기가 흐르는 중간에서는 반응이 나
타나지 않는다. 이때 반응은 사람에 따라 기맥봉이 교합
되는 것이 일반적인 현상이다.

기맥봉을 들고 A점이나 B지점으로 가면 물이 흐르는

중간 지점이 아니고 흐르는 물줄기 가장자리에 이르렀을
때 반응이 있게 된다. 이렇게 해서 수맥의 깊이와 물줄기
의 크기를 알게 된다.

그림 1

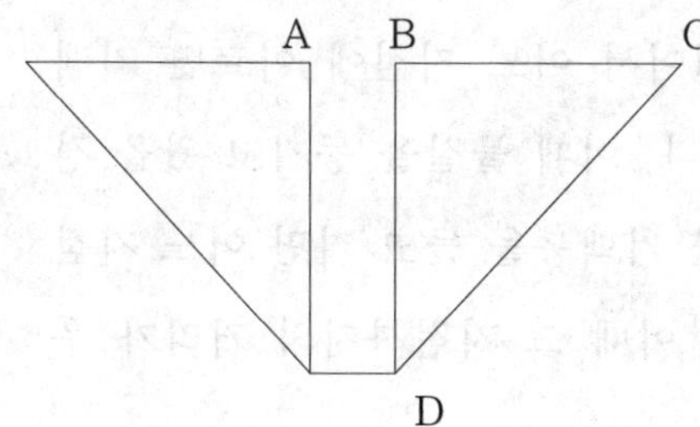


1) A와 B는 물줄기의 크기
2) B와 C의 거리는
   B와 D의 수맥의
   깊이와 일치함

물줄기의 크기와 양은 그림1의 A와 B의 지점 사이에
간격이 물줄기의 크기이고 물의 양이 된다. 그 간격이
20센티미터나 30센티미터가 되면 물줄기의 폭이 넓다는
표시이고 물의 양이 된다.

## 물줄기 깊이를 아는 법

지하수가 몇 미터 지점에서 있는지를 알기 위해서는
추나 기맥봉을 들고 물이 흐르는 지하수의 물줄기에서
90도 각의 정반대 방향으로 가면 반대방향에서 반사가
다시 있게 된다. 추로 하면 물이 있는 곳에서의 움직임과

는 다른 움직임이 있는 것이요, 기맥봉이라면 수맥을 찾을 때와 같이 교합이 될 것이다. 이같이 반사가 나타나는 지점과 물이 있는 지점과의 거리(그림 1)의 B와 C의 거리는 B와 D의 지하수가 흐르는 깊이가 된다.

물의 깊이는 그림2와 같이 수맥지점에서 물길과 직각을 이루는 곳에서 물길이 전혀 없는 곳으로 간다. 이때 기맥봉을 들고 천천히 걸어서 어느 지점에 이르면 기맥봉이 교합되는 지점이 있다. 이때 물길을 등지고 왔을 경우이다. 즉 우물 후보지를 기맥봉을 들고 가면 어느 지점에 갔을 때 교합이 된다. 이때 그 지점까지의 거리가 우물의 깊이가 된다.

그림 2

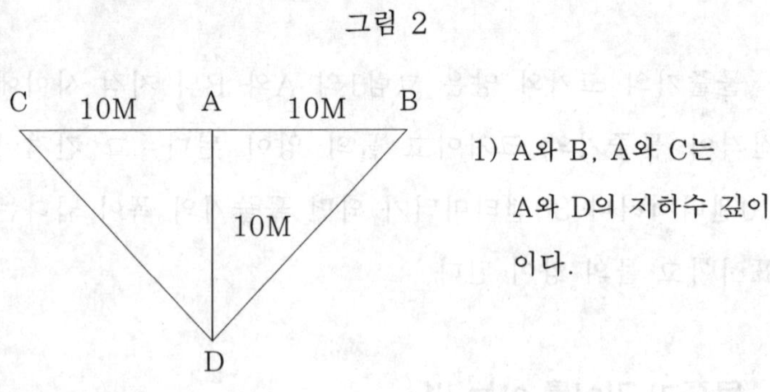

## 초보자의 실습상 주의점

한 가지 기술을 습득하기 위해서는 몇 년의 세월과 노력과 경비가 따르겠지만 그 중에서도 반드시 성취해야겠다는 굳은 의지에 마음가짐이 성공의 비결이라 하겠다.

(1) 손에 기맥봉을 잡을 때는 쥐는 부분보다 약간 위로 향하도록 두손으로 살며시 쥔다.

(2) 수맥이 지나는 지점에 이르면 기맥봉은 교합이 이루어질 것이다. 이때 다시 원형대로 쥐고 다른 곳으로 옮겨가면서 수맥 반사를 찾아본다. 이때 반응이 있는 곳과 없는 곳의 차이를 느낄 것이다.

(3) 긴장하거나 기맥봉에 힘을 강하게 주면 좋은 반응이 어렵다.

(4) 체질에 따라서 어떤 사람은 반응이 바로 나타나지만 어떤 사람은 꾸준한 노력으로 연습을 반복해야만 반응을 얻을 수 있다.

(5) 초심자는 수도관이 묻혀있는 곳이나 약수터에서 연습하는 것이 효과석이다.

(6) 기맥봉을 쥐는 양팔의 간격은 일정하게 유지해야한다.

이상과 같이 주의깊게 정신들여 연습하고 노력하면 누구나 이같이 신비스럽고 좋은 기술을 익히고 발전시킬 것이다.

## 수맥이 인체에 미치는 영향

수맥을 타는 체질은 잠자리 밑으로 수맥이 지나가는
그 위에 누워 잘 경우 혈압이 높은 분은 중풍으로 고생을
하게 되고 체질에 따라서는 만병의 질환을 앓게 된다. 예
를 들면 몸이 붓고 무겁거나 구토증이나 신경통, 정신적
불안감, 두통, 흉몽, 불면증, 식욕부진등으로 시달림을
받게 되지만 정작 병원을 찾으면 특별한 이상은 없고 신
경쇠약증세로 분류되는 일이 많다. 통계에 의하면 신체
장애자의 90퍼센트가 수맥을 타는 체질로서 수맥에 의
한 피해를 입는 것으로 판명되었다. 우리가 살아가는데
자신과 가족의 건강을 위해서는 수맥은 소홀히 해서는
안 된다. 심하면 하나밖에 없는 생명을 잃은 예도 종종
있는 것이다. 또한 임산부가 수맥이 지나가는 방에서 기
거하게 되면 연약한 태아에게 영향을 주어 정신 박약이
나 신체장애자 등 병신자식을 낳게 되어 아이와 부모가
같이 고통을 당하며 살아가는 불행을 안게 된다. 수맥은
이같이 인간뿐만 아니고 동물에게도 마찬가지 현상이 나
타난다. 일정한 장소에서 잠자리를 갖는 축사에도 수맥
이 지나가고 있으면 동물도 마찬가지로 병들게 되는 것
이다. 이와같이 수맥의 파괴력은 상상을 초월하지만 이
를 미연에 방지하려면 구리철판을 깔아주면 수맥의 피해
는 최소화할 수 있는 것으로 전해오고 있으나 입증되지
않고 있으니 수맥이 지나는 위에는 침대나 자녀 책상은

피하여 놓고 생활함이 선책이라 할 것이다.

조사된 통계에 따르면 우리의 체질은 수맥을 타는 체질이 전체 인구의 30%에까지 이르고 있다.

방 밑으로 수맥이 지나가는 그 위에 누워 잘 경우 혈압이 높은 분들은 거의가 중풍으로 고생하게 된다. 그러한 경우 체질에 따라서는 별의별 현상의 질환이 따르게 된 것이다.

수강생 중 어떤 사람은 밖에 나와 활동을 할 때는 그런대로 괜찮은데 밤이 되어 자리에만 누우면 머리가 아프고 잠을 이루지 못하고 밤이면 잠을 설치다 보니 몸이 무거울 뿐 아니라 온몸이 붓고, 곤욕스러운 밤과 싸우고 있다는 하소연이다.

필자는 그 사람의 하소연에 따라 하루는 기거하는 곳을 방문하여 침실을 검증하여 보니 침구를 펴고 누워 자는 밑을 횡단하여 수맥이 지나가고 있음을 확인하고서 오늘부터는 수맥을 피하여 침구를 펴고 잠자리를 하도록 이르고 돌아왔다. 그후 전해오기를 밤이 되면 잠을 편히 자고 일어나니 머리도 맑아진 것 같고 몸도 가벼워져서 이제는 살 것 같다고 전해왔다.

이렇듯 수맥을 타는 체질의 사람이 수맥을 깔고 누워 자면 별의별 현상이 다 나타난다. 아파트의 10여 층도 마찬가지다.

예를 들어 자고 나면 몸이 무거워서 일어나가기 어렵다든가, 심하게 두통이 난다든가 구토가 쏟아져 나온다

든가 하는 신경성 불쾌감들은 거의가 수맥관계에서 일어나고 있는 질환인 것이다. 신경통의 경우도 마찬가지다. 매일처럼 두통이 떠나지를 않아서 병원에 가서 진단을 받으면 특별한 병명을 잡지 못하고 흔히 신경성으로 판정받는 병들이 대부분 수맥관계에서 오는 병이다.

본인은 오랜 경험으로 볼 때 임신한 분들이 수맥이 지나가는 방에서 기거하다가 불구자식을 낳는 경우를 여러 차례 보았다.

현대의학은 태아출산의 불구 원인을 산모의 지병이나 질환으로 보고, 임산부가 지나치게 약물복용을 했다던가 성병 보균자 등으로 진단을 하기도 하는데 위에 열거한 실수를 전혀 저지르지 않고도 병신이 태어날 수 있다는 것은 수맥관계다.

산모(産母) 자신은 성인이라서 수맥의 끈질긴 공격을 어느 정도 막아내고 있다고 하지만, 방어능력이 없는 태아는 어머니의 모태에서 수맥의 공격을 받아 바람직한 성장을 하지 못하고 불구가 되어 태어나며 심하게는 정서불안정이라던가 정신박약의 미숙아로 출산이 되어진다고 하는 비극적 사실이다.

1980년 세계장애자 해를 맞아 서울시내 신체부자유자를 육아원에서 검진한 결과 원아 90%가 수맥을 타는 체질이라는 사실의 통계가 있다. 이같이 수맥은 소홀이 생각해서는 큰 재앙을 맞게 된다. 심하면 생명마저 빼앗기게 된다는 사실을 명심하기 바란다.

## 水脈과 墓地

옛말에 새집 짓고 3년, 장례 치르고 3년을 무사히 지내야 안심한다는 말이 있다. 우리 조상들은 죽은 사람의 시체도 아무데나 매장하지 아니하고 굳이 명당, 길지를 고집했다. 자손된 사람들은 가진 재산을 아끼지 아니하고 명 지관을 모시어 명당을 찾도록 최선의 노력과 정성을 다하여 왔던 것이 관행이요 현실이다.

부모의 시신을 편히 잘 모실 때 조상에 대한 마지막 효이자 자손이 화목하고 번창하여 잘 되고 싶은 소망과 조상에 대한 효를 위해서 명당을 찾는 마음은 간절하다 하겠다.

죽은 짐승들이 피를 흘리고 죽어 있는 푸줏간에서 두려워 떠는 사람은 아무도 없다. 그런데 유독 인간의 시체만 보면 무섭다고 떨린다. 영혼은 떠났지만 이렇듯 영물로서의 인간이기에 사후의 세계를 생각하는 것이고 영의 집, 영을 모셨던 육체이기에 그 육체의 매장지까지도 생각하게 되는 것이 풍수지리와 같은 명당을 찾는 학문이다.

그러나 우리는 장례 지낸 지 삼년이 되기 전 우환과 재앙을 당하는 이웃을 보면서 좌시만 할 수도 없는 것이다.

그렇게 볼 때 우리는 풍수지리를 이해하는 예지를 가져야겠다는 것이 풍수학도의 뜻이요, 지혜이다.

조상의 시체가 명당이라고 판정 받은 좋은 곳에 묻혔다면 자손이 잘 되고, 부와 귀도 누리고, 가문이 번창하고 좋은 경사가 겹치지만, 좋치 않은 흉지에 묻혔을땐 도리어 자손에게 화(禍)가 되어 우환을 겪은 예가 너무도 많다.

장례 지내고 나서 좋은 일은 없고, 우환이 겹치고 근심거리가 속출한다면, 조상의 산소가 잘못된 것이라는 신호로 받아들여 반듯이 점검해 볼 필요가 있다.

집 식구들이 앓게 될 때, 근심 걱정을 하여 병원을 찾게 되고 치료를 하듯이, 눈에 띄게 식구들이 아프고 이상한 징후가 나타나면 지체하지 말고 조상의 산소를 점검해 볼 일이다.

나에게서 수강한 분의 모친의 상을 당하여 공원묘지에 장례를 치뤘는데, 묘자리가 어떤가 와서 봐 달라는 요청이 있어 가서 보니 수맥이 지나가는 자리에 시체를 매장해 두었다.

빨리 이장해야겠습니다. 수맥이 지나가는 자리에 시체가 묻혀 있으면 집안에 큰 우환이 따른다고 알려주니, 후손들도 공감하였으나 바쁘게 사는 사람이라 산을 사서 옮기겠다 하고는 이장을 차일피일 미루다가 엄청난 재앙을 입게 되었다.

조상의 산소 자리가 나쁘면 집터가 나빠서 생기는 우환보다 더 다양하다. 병의 원인 규명도 어렵고 희귀한 질병이 발생하는데 미치고, 머리가 쑤시고, 괴상한 피부병이 발생하는 등 가지각색이다.

특히 무덤에 물이 차든지 나무뿌리가 엉키거나, 뱀이나 쥐가 들어가 있어도 대흉이다. 이런 경우 좋은 자리를 찾아 이장하게 되면 신기하리만큼 깨끗하게 완치되는 예가 너무 많다.

또한 조상들이 작고하셔서 모셨는데, 묘에 잔디가 잘 자라지 않는다고 하소연 하는 분들이 많은 편이다. 그래서 성묘때마다 잘자란 잔디를 떠다가 사초를 하는데도 계속 잘 자라지 못한 곳이 있다. 이는 수맥이 무덤 밑을 지나거나 살풍이 닿기 때문이다. 무덤 밑에 수맥이 있거나 살풍이 닿으면 잔디가 못 자란다.

그뿐만이 아니다. 매년 무덤이 꺼져내려 무덤이 작아지고 관 속의 유골은 까맣게 변색된다. 이런 묘일수록 자손들이 망해서 돌보지 못하고 버려진 무덤같이 잡초더미 속에 휩싸이는데 이는 자손들이 잘되지 않으니 무덤조차 돌보지 못하기 때문이다. 이같이 묘지와 후손의 불행을 막기 위해서는 물심양면으로 정성을 다하여 길지를 찾아 모심으로써 조상은 평안하고 살아있는 후손늘은 번창하고 화목할 것이다.

## 明堂과 氣의 작용

### 吉地와 祖上氣의 동조적 작용

吉地에 모신 조상으로부터 善性의 복록을 받는 동기감

응에 대하여 몇 가지 소개하면 다음과 같다.

조상을 명당에 모신 자손들은 하고자 하는 모든 일에 노력한 만큼의 성과를 거두고 사회에 기여하고 건강하게 천수를 다하며 살아가는 행복과 번영을 누리며 화목한 가정으로 가꾸어서 우환과 횡액의 재앙없이 살아가게 된다.

이같은 사실들에 대하여, 실제로 체험을 하지 못한 사람은 매우 회의적인 사람도 있겠으나, 이같은 결과를 나타내는 실례는 주변에 너무도 많다고 본다.

본인이 오랜 세월 체험한 실례 중 몇 가지만 이 지면을 통하여 소개하고자 한다.

① 연기의 임모씨는 육순이 넘은 나이에 알지 못한 병명으로 대학병원에 입원하여 참기 어려운 전신의 통증과 고통으로 매일 7만원의 병원비를 부담하며 100여 일간을 입원하였으나 조금도 치유되지 않아서 3년 전에 돌아가신 어머님의 묘를 이장코자 파묘를 하니 墓에 물이 가득차 있어 물속에서 고통받고 소진되어가는 시신을 吉地를 찾아 묘를 옮긴 후, 선성의 氣를 받아 언제 아팠느냐 하게 씻은 듯 완쾌되어 건강하게 살고 있다.

② 충주의 최모씨는 아버님이 불치병으로 투병의 고통을 받으며 고생하는 병의 치유를 위해 국내 유수한 종합병원을 다니며 치료를 받았으나 치유가 되지 않다가 5년 전에 돌아가신 조모님의 묘를 옮기고서는 완쾌되어 건강하게 생업에 종사하며 노년기를 보내고 있다.

③ 영광군 백석면의 숯모씨는 아버님이 돌아가신 후부터 어머니 아들 딸 며느리 온 가족이 병명모르는 병환으로 너무도 많은 고통을 받으며 이곳 저곳 병원을 찾아다니다 서울에 사는 사위 된 사람의 주선으로 묘지를 옮기려 파보니, 유골은 침수되어 있고 목근이 감고 있었다. 깨끗이 제거하여 길지로 이장 후 집안 모두가 신기하리만큼 치유가 되어 현재는 서울에서 건강하고 화목하게 살고 있다.

이외에도 신기하리만큼의 사실들이 너무도 많으나 이만 줄인다.

다음은 1997년 9월 26일 MBC에서 할머니의 무덤이라는 소제목으로 방영되어 그 해 연말에 재방송까지 되었던 내용을 간추려 소개하면 용인군 모현면 매산리가 고향인 화제의 주인공 김종호씨 경주 김씨 5대 독자이며 아버지는 공직에 근무하다 6.25때 납북되었으며, 어머니는 당시 26세로 어린 아들 김종호와 할머니 세 식구가 살았으며 성장한 김종호씨는 1970년대 서울 시청에 근무하면서 결혼도 하여 5대 독자집안에 두 아들을 두고 부인은 피혁사업 전문점을 운영하여 사업도 번창하고 남부러워하는 다복한 가정이 되었다.

그러다 할머니 돌아가신 후부터 어머니께서는 허공만 바라보시곤 했다. 그때마다 몸이 불편하시냐 물으면 아무 일도 아니다라는 대답이었다. 그러던 어느날 어머니께서 자신을 앉혀놓고 할머니가 자주 꿈에 나타나 추워

서 못살겠다 하시니 어디가서 알아보아야겠다고 하셨다. 그러나 김종호씨는 대수롭지 않다는 듯 어머니 몸이 허약하여 그렇다고 하며 정성껏 보약도 다려 드렸으나 조금도 나은 것은 없고 오히려 더한 편이었다. 그러던 중 김종호씨 꿈에도 할머니가 시궁창에서 나온 사람같이 흉한 모습으로 밤마다 꿈에 나타났다. 그러나 독실한 기독교 신자인 김종호씨는 더욱더 신앙에 충실했지만 자신과 어머님 꿈에는 매일같이 괴롭힘에 시달리는 와중에 부인마저 가출해 버린 것이다. 백방으로 수소문 하였으나 찾지 못하고 얼마 후부터 부인에게 돈을 빌려준 사채업자만 집을 찾아와 행패를 부리곤 하였다. 채무 내용을 알고 보니 피혁제품점 운영을 하면서 사채업자로부터 2000만원을 빌린 것이 2억이 넘는 돈이 되었다.

결국은 모든 재산을 정리하고 근무하던 직장을 그만두고 퇴직금까지 받아 사채를 정리하고 나니 남은 돈은 월세를 얻을 형편밖에 못되었다. 보증금도 없는 단칸 월세방에 어머니와 두 아들을 데리고 수원에서 생활을 시작하였으나 할머니가 흉한 모습으로 꿈에 보이기만 하면 이곳저곳을 이사 다니다 부천에 가 살면서 아홉번이나 이사를 하였으나 꿈에 할머니의 흉한 모습은 끝나지 않고 계속되었다.

이때 묘지를 잘 본다는 풍수를 소개받아 할머니 묘소를 안내하여 드렸더니 광중에 물이 차 있으니 빨리 이장을 하지 않으면 또다른 재앙이 따를 것이라고 하였으나 믿지 않고 신앙심에 더욱 열중하였다.

그리고 15일이 지난 후 가족이 모여 식사중 둘째 아들이 갑자기 마비 현상을 일으켜 오른쪽 팔을 쓰지 못하고 눈과 입이 돌아간 것이다. 병원에 입원시키고 할머니 묘소에 대한 풍수 말씀이 떠올라 급히 연락하여 파묘를 하여보니 관속에 물이 가득 들어 있고, 머리카락과 손톱은 자라고 있었으며, 살점은 살점대로 뼈는 뼈대로 물 위에 떠있었다. 눈으로 볼 수 없고 악취는 심하여 장의사 인부도 작업을 거부하여 인부에게는 웃돈을 주고 사정하여 1톤 트럭 3대분의 숯으로 시신을 화장하고 돌아와서 심한 몸살을 앓다가 정신을 차려 용인조상과 할머님께 저의 무지로 인하여 지은 죄를 용서하시고 극락 왕생을 마음으로 빌며 제사를 모시고 그 길로 그간 가보지 못한 병원에 들렀더니 흉측하던 아들의 입과 눈과 팔은 정상이 되어 만화책을 보고 있는 것이었다.

그후 할머니께서 단정하고 깨끗한 옷차림으로 미소를 지으며 꿈에 한차례 보인 후로는 꿈에 보이지 않으며 하는 일은 살 이루어지고 아늘 첫째는 서강대학교 경제학과에 수석으로 다녔고, 둘째는 군에 입대하여 가정은 정상을 찾아 부천에 살면서 수맥탐사에 열중하며 산다고 전해 오고 있다.


우리 人間은 祖上을 吉地에 모심으로써 후손이 받는 선성의 양질에 氣의 파장은 상상을 넘는 결과로 표출된다고 보아야 할 것이다.

生前에도 불철주야 자손을 위하는 일이라면, 목숨도 아끼지 않던 부모와 조상의 氣가, 유명을 달리한 땅속에서도, 吉地에 모시면 최선의 동조자라는 것을 깊이 인식하고, 자연의 진리와 법칙을 올바르게 섬겨야 하겠다.

사람은 누구나 자기 인생을 위하여 최선을 다하게 마련이다. 하지만 祖上으로부터 선성에 氣를 받지 못하고, 간섭적 氣를 받는 子孫들은, 노력한 만큼의 대가를 얻지 못하고, 실패로 끝나는 실례는 우리 주변에 너무 많다.

그렇다고 祖上의 墓만 明堂자리에 모시면 노력을 안 해도 다 성취된다고 생각해서는 안 된다. 우리 인간은 노력의 대가를 제대로 받을 수 있는 길이 祖上을 잘 모시는 길이라 본다.

우리의 속담에 "사람은 논두렁, 밭두렁 정기라도 받아야 되고, 뒷산에 올라가는 여우라도 돌봐줘야 되느니" 하는 속담도 우리 조상들의 오랜 세월 동안의 체험을 통한 의미있는 속담이라고 하겠다.

우리는 어떻게 노력을 해서라도, 生氣있는 吉地를 찾아서, 五氣의 균형을 이루고, 온 산천정기가 응축되는 穴場에, 우리의 祖上을 모시어, 유해와 영혼이 편히 쉬게 해야 한다.

그리하여, 자손으로서 도리와 효성을 다함과 동시에, 우리의 생애(生涯)를, 보다 건강하고 복되게 하여, 성공적인 인생을 성취하도록 노력해야 할 것이다.

凶地와 祖上氣의 干涉的 作用

흉지에 모신 祖上으로부터 받은 간섭적 氣는 그 발생하는 원인에 따라, 각각 다르게 나타난다.

몇가지 예를 들어보면,

① 墓에 물이 들어 있으면, 각종 암에 고통을 받기 쉽다. 또 墓에 살풍의 피해를 받으면, 뇌일혈, 중풍에 걸릴 수도 있다.

② 墓에 木根이 침입하면, 신체적, 정신적피해와 재패의 흉운을 맞게 된다. 墓에 각종 염(炎)이 들면, 각종 난치병으로 인패재패의 우환이 따른다.

이상과 같이 祖上으로부터 받는 氣는 子孫들의 영혼과 육신의 뿌리로서, 子孫들의 길흉화복에 많은 영향을 미치게 하는 것이다.

속담에 "잘되면 내 福이요 못되면 祖上탓"이란 말이 있는데, 돌아가신 祖上의 유해를 吉地에 모시는 일은 살아 숨쉬는 자손된 우리가 해야할 일이다.

본인은 이 학문을 연구하면서, 전국 각지를 현장실습도 하고, 그 후손들 가문의 내력노 알아보기도 하는 과정에서 이 학문의 원칙이 너무도 정확함을 체험하게 되었다.

나쁜 흉지의 祖上 墓로부터 받는 子孫들의 우환과 고통이 그리고 吉地에 모신 祖上으로부터 받은 子孫들의 선성에 소응은 너무나도 정확함을 깨달을 수 있었다.

본인은, 이러한 사실들이 너무도 정확하여 풍수지리에

깊이 심취하게 되었지만, 이러한 현상들은 허식없는 자연현상의 정직한 진리라는 사실을 다같이 깨달아야 할 것이다.

자연은 정직할 뿐만 아니라, 선악의 분별력도 없어서 오직 진리 그대로를 나타낼 뿐이다.

또한, 돌아가신 우리의 祖上도 마찬가지다.

生前에는 자손의 실수를 용서도 하고, 더 예쁘기도 하는 육식(六識)의 분별력으로 돌봐주지만 돌아가신 후에는, 자신의 육신이 묻힌 墓地의 환경 그대로를 자연의 진리와 법칙에 따라 氣를 자손들에게 전달할 뿐이다.

사람은 누구나 자기 인생을 위하여 최선을 다한다.

그 결과는 성공하는 사람도 실패하는 사람도 있다.

모든 사물의 결과적인 현상은, 주변 연분들과의 역학적 관계작용의 결과다.

우리는 우리의 주변의 생명체든 비생명체든, 모든 연분들로부터, 氣의 동조적력학작용(同調的力學作用)을 받아가며 살아가고 있다.

우리는, 주변의 헤아릴 수 없는 많은 인연들 중에, 가장 중요한 연분은, 우리의 祖上의 氣라는 것을 깊이 인식해야 할 것이다.

끊임없이 발전하는 현실에서 자기 인생을 위하여, 불철주야 노력하는 인간의 능력에도 한계가 있다.

물질문명의 발달과, 무분별한 외래문화와 개인주의와 편리주의의 만연으로 인한 무관심은 과학적이고 합리적인 풍수지리의 원리를 활용하지 못하게 우리들의 눈을 가리워가고 있다.

이로 인하여, 소중한 祖上의 유골이 나쁜 墓地에서 간섭적 氣를 발산하게 되고, 그 나쁜 소응으로 말미암아, 자손들의 건강과 생명과 모든 것을 일시에 물거품처럼 잃게되는 것이다.

이렇게 우리가 한 가정으로서, 한 국가, 사회의 일원으로서의 주어진 소임을 다하지 못하고, 무지와 편견에만 매달려서 삶을 허무하고 덧없이 소멸시켜 가야만 한다면, 이 얼마나 한스럽고 통탄스러운 일이라 아니할 수 있으리요.

## 명당과 복록

풍수는 자연과학이요, 자연의 조건이 갖추어진 명당의 땅을 찾아서 자연의 좋은 기를 받으며 살다가 사후에는 기가 모인 길지의 땅에 매장되기 위한 학문이다. 양택(陽宅)이나 음택(陰宅) 할 것 없이 자연은 거짓없이 지층 토양의 신악에 따라 좋은 땅에서는 좋은 생기(生氣)만큼의 복록을 누리게 되고 흉지의 땅에 자리잡으면 해악의 재앙을 받게 됨은 진실된 자연의 인과업보에 대가요 진리이다. 어떤 주택이나 상가는 입주하면서 우환과 재앙은 없어지고 모든 일이 잘 이루어져서 부자가 되어 나가는 건물도 있고 어떤 주택이나 업소는 짧은 기간 내에 우환과 고통으로 들어와 사는 사람마다 인패 재패로

망해서 나가는 곳도 있으며 또 어떤 건물은 시공 과정부터 문제가 되면서 완공까지는 소유주가 자주 바뀌는 건물 등은 일단 흉지의 땅이다. 양택 주거지는 우리가 살아가며 기를 받아야 하므로 天人地, 즉 하늘에서 받는 생기와 우리 스스로가 받아가며 활동하는 모든 섭생의 기와 잠자고 기거하며 내일의 재충전을 위해 잠자고 편히 쉬며 받는 지기의 모두를 갖추어져야 되지만 음택은 먹거나 활동함이 없으니 오직 시신을 감싸는 혈토(穴土)지기의 혈징 선악의 영향만 받아 화복발현의 주파를 발산할 뿐이다.

명당은 좋은 지기만큼 반드시 발복해야 명당이다. 명당터에서 생활하고 진기가 모인 명당에 조상을 모시게 되면 좋은 기의 교감 흡수에 따라 자손은 복록을 받게 될 것이다. 길지에 조상을 모신 이같은 자손이라도 복록을 다른 자손과 같이 받지 못하는 경우도 있는데 이는 하루의 1/3 이상을 생활하는 주택에 수맥이 있거나 택지가 흉지인 경우이거나 하루 1/2을 직장에서 생활하는 업소에서 좋은 기를 갖지 못한 경우와 조상에 대한 음덕을 부정하는 자손 등 이 모든 경우는 길지에 모신 조상으로부터 받는 음덕은 차별화 됨은 필연의 당위이며 결과이다.

우리가 받는 음덕은 조상을 길지에 모시고 자신이 생활하는 주변환경이 흉살이 받지 않아야 하고 조상에 대하여는 긍정적이고 고마움을 항상 잊지 않으면서 주위 모든 사람들의 지탄받지 않을 때에 우환은 사라지고 더

많은 복록을 누리게 된다. 부모 조상에게는 효를 다하고 형제 자매와는 우애있고 이웃과는 화목하면서 시기하고 나쁜 마음가짐을 버리고 성실하게 노력하고 살아오는 데도 우환이 따른 것은 분명코 조상을 흉지에 모셨거나 수충이나 살풍을 받는 흉지의 땅에 집을 짓고 산다고 판단하여 서둘러 조상묘지와 주택을 감정하여 지혜롭게 대처해야 할 것이다.

## 묘지풍수 유래와 변천

세개의 장법에는 나라와 문화척도에 따라서 각기 다르게도 행해지지만 매장하는 장법과 불에 태우는 화장과 산 속 나무나 숲 위에 놓아두는 풍장, 물에 띄워버리는 수장 등 여러 방법이 있으나 가장 바람직한 방법은 좋은 지층을 찾아 땅속에 모시는 매장이 우리 인간도리의 가장 기본이요 좋은 방법이 되고 다음은 화장으로 시신을 불에 태워 유골을 납골당에 모시거나 함 속에 넣어 수맥이 없는 곳에 매징(埋葬)과 같이 모시는 것이 가장 바람직하고 좋은 방법이 된다. 또 풍장으로 비조류 날짐승의 먹이가 되게 하거나 수장으로 고기의 먹이가 되게 하는 것 등은 아주 미개인의 장례 법이요 이같은 장법을 선호한 민족치고 잘 사는 민족은 없으며 문화적으로도 후진성을 벗어나지 못하고 있는 것이니 조상을 모시는 일에 신중을 기하기 바란다.

우리 나라에서 행해지는 묘지풍수의 유래와 변천을 다음과 같이 분류하여 고찰하고자 한다.

묘지풍수 유래

먼저 우리 나라 풍수에 대한 신앙은 중국의 영향을 가장 많이 받으며 일반화되어 왔으며

둘째는 지하에 흐르는 생기론이다. 지하에 생기가 모인 곳을 찾아서 조상을 모심으로써 유골은 赤黃色으로 변하며 오래도록 유지되면서 후손에게는 양질에 기의 교감으로 좋은 소응을 받게 된다는 믿음으로 이어 왔으며

셋째는 불교가 국교로서 숭불사상이 한창이던 신라와 고려시대의 승려의 풍수적 행각을 국민대중은 호국융성과 가정의 재해를 막아주는 호국사탑의 건립이나 명당길지의 선정은 승려만이 할 수 있는 것으로 믿게 되어 승려를 존경하게 되었으며 고려 500년 개성 왕도는 신라 명승 도선국사의 점지(占地)에 의해서 도읍지로 이루어진 것으로 전해오고 있으며 조선조 왕도 한양(지금의 서울)도 명승 무학(無學)스님의 점지술에 따라 정해진 것으로 전해오고 있다. 이같이 국가적인 대업이나 묘지의 선정이나 가정적인 문제에 이르기까지 이 모든 길지는 풍수적 안목이 밝은 승려의 손길이 닿지 않은 곳이 없다고 믿어지고 있었던 것이다.

넷째 근세 조선조의 유교적 영향

조선조에서는 인심일신(人心一新)정책으로 유교를 숭

상하고 불교를 억제하는 숭유억불(崇儒抑佛)정책을 펴면
서 부모조상에 대한 효친 사상을 높이 받들며 돌아가신
조상의 유골을 정성들여 길지를 찾아 모시면 우리들 후
손들은 행운을 맞게 된다는 효행심을 기르고 이에 반하
면 재난을 맞게 되는 것으로 믿어왔으며 조선조 건국 초
기 정도전, 하윤, 권중화 등 풍수에 능한 중신들의 의견
또한 일치되어 조상은 길지를 찾아 잘 모시어야 재앙을
면하고 건강장수와 행복한 삶을 누린다고 확신하게 되면
서 풍수사상과 효친사상은 불가분의 관계로 이어왔다.
택조길 신유안(宅兆吉 神遊安) 묘지가 길하면 영혼이 편
하다는 뜻이다(조선금석총람)에 전해오고 있다.

다섯째 지력지상지령(地力地相地靈)신앙으로 신라의
上代부터 땅에는 지령과 지세(地靈과 地勢)에 의한 산천
정기의 기의 선악에 따라 사람은 행불행(幸不幸)으로 살
아가게 된다는 地力신앙의 풍수사상이 묘지풍수 신앙의
완성이라고 보게 된 것을 삼국유사에서 전해오고 있다.

여섯째 우리나라의 혈족(血族) 지상주의와 풍수

우리나라는 고대 국왕에서부터 모든 국민 대중에 이르
기까지 혈족중심 사회라는 사실이다. 국왕은 자기 혈족
이 대를 이어 번창하면서 무궁토록 왕권을 유지하려는
사상이요 모든 국민은 자기 혈족이 세를 누리고 번창하
는 데 초점이 맞추어져서 국가에 충성보다는 부모조상에
대한 효의 사상이 더욱더 강하게 뿌리내려 자신의 직계
혈족만이 가문의 영달과 번영을 누리게 되며 여타는 보

장받을 수 없다고 믿어온 것이다. 이같은 요구에 부응하는 사상이 다자손(多子孫)희망과 묘지풍수이다. 이같이 묘지풍수가 뿌리깊고 국민적인 신앙으로 자리잡게 되면서 오늘에 이어져 왔다고 할 것이다.

### 묘지풍수 매장과 화장

풍수는 자연의 지리지형 지세와 지기의 좋고 나쁨에 따라 우리들 인간에게 미치는 화복의 재난에 피해는 줄이고 복을 구하려는 것이다. 주거 풍수는 우리가 생활하는데 필요로 하는 좋은 환경이 갖추어지면 되는 것이지만 묘지풍수는 산천 정기의 생기가 모인 곳에 조상을 모시어야 후손들은 재앙 없이 노력한 만큼 복을 받는다고 믿어왔던 것이다. 따라서 우리의 조상들은 가세가 어렵고 힘들어도 자손들의 건강장수와 부귀를 위하여 생기의 땅을 찾아 조상을 모시려고 노력하여 왔던 것이다.

### 장묘문화

우리나라의 장묘문화는 고대로부터 여러 가지 방법으로 행하여져 왔음을 전해오고 있으나 아직도 우리에게는 매장문화가 절대 우위를 점하고 있으며 산업화사회로 급격한 변화에 따라 고향을 떠나 낯선 땅에서 생업에 종사하는 서민 대중을 중심으로 화장문화도 변해가는 추세이다.

ㄱ) 보통장

근세 우리 조상의 장법 중 하나가 되는 성빈(成殯)은 부모조상의 죽음에 대해 석별의 정을 기리고 장지 선정이나 장례비 조달 등 그 가정의 사정에 따라 정식 분묘로 매장하기 전에 일정기간 시신을 안치하는 방법으로 가빈(家貧), 초빈(草殯), 야빈(野殯), 토빈(土殯)의 네 가지 법식으로 가문과 지방에 따라 행하여져 왔던 것으로 전해오고 있다.

먼저 가빈은 집안의 거실이나 대청마루 등 빈터 등에 오두막을 지어 관을 안치하는 것이요 둘째 야빈은 산에 임시로 오두막을 지어서 관을 안치하는 것이다. 셋째 초빈은 야외에 마땅한 장소를 정하여 짚을 깔고 나뭇가지를 놓은 위에 관을 두고 관위에 나뭇가지나 풀잎, 볏짚 등으로 덮어둔 것이다. 넷째 토빈은 구덩이를 파서 짚을 깔고 관을 안치하고 볏짚이나 풀잎으로 덮은 뒤 흙을 덮는가묘의 형태를 성빈한 것이다.


ㄴ) 특수장

㉠덕장(德葬)은 한시적으로 오두막 등을 지어서 탈육(脫肉)이 되어 유골만 남도록 안치하는 방법으로 뼈만 남기를 기다렸다 정상적인 장례를 치르는 방법이다.

㉡풍장은 시신을 나무사다리를 짜서 그 위에 얹어 놓고 풀을 덮거나 볏짚으로 덮어서 인적(人蹟)이 없는 야산에 두었다가 뼈만 남게 되면 선정된 묘지에 정식 매장

하는 전초단계의 임시 가장(假葬)법이다.

ⓒ권조(權厝)의 가매장법은 마땅한 길지를 선정하지 못하여 잠정적으로 임시 가매장하였다가 본 매장을 하는 방법이다.

### 화장

우리나라의 화장문화는 역사적으로는 신라시대부터 극히 일부이지만 행하여 왔고 고려시대에는 불교의 융성과 함께 고승들을 중심으로 화장이 행하여졌으나 이조에 와서는 특수한 경우를 제외하고는 거의 화장은 없었던 것으로 전해오고 있다.

그러나 고려시대 명승들의 화장에도 오늘날과 같이 화장시설이 되어 있는 것이 아니고 나무에 불을 피워서 시체를 불태우게 되었다.

시체를 불에 태우면 죽은 사람과 살아있는 사람과는 동기감응(同氣感應)과 종성인자(種姓因子)에 인연이 완전히 단절된다고 하여 특수한 경우 외에는 기피하여 왔으나 다음과 같은 경우만은 관행적으로 화장을 하여 왔던 것이다.

1) 승려들은 속세와 인연을 끊어 처자식이 없기에 일반적으로 화장을 하게 되지만 당시 사회의 여건상 화장이 매장보다 번잡하고 경비가 많이 들게 됨으로 유덕한 고승만을 화장하여 사리(舍利)만을 모아 부도(浮屠)의 석탑을 만들어 석탑 속에 봉하고 장사 지냈다.

2) 전사자

전쟁 중 적지에서 사망하는 전사자는 적지에 묻으면 불경스러운 모욕을 받게 되고 시신을 고향까지 보내기도 어렵게 되니 화장으로 유골만 가져오는 것이다.

3) 괴질이나 악성 질환으로 사망한 자

괴질이나 악성질환으로 사망한 자는 화장을 함으로써 자손들이나 주변에 병근(病根)의 전파를 예방한다는 뜻으로 관행적으로 행하여져 왔다.

4)변사자나 횡액으로 죽은 사람

길거리에서 불의의 횡사자나 익사자 산사태 등으로 토석(土石)에 깔려 죽거나 기차나 자동차에 치어 죽은 사람이나 당혼기의 남녀가 불의의 사고로 죽은 자 등은 원한의 악귀가 되어 살아있는 사람에게 재앙이 따른다고 하여 화장을 하는 경우가 많았다.

5)부모조상을 모시고 재앙이 끊이지 않을 때

부모조상을 매장 후 재앙과 우환이 끊이지 않을 때 복서에 문의하여 매장지가 흉지로 판명되어 재앙이 따른다고 느끼지만 가세가 어려워 길지를 구하지 못하면 화장을 하게 되는 것이다.

그러나 화장 후 유골을 물에 띄우거나 동산에 뿌리거나 풍장으로 날려 버리는 방법 등은 수장이나 풍장과 다름없는 장법으로 후손들에게는 선성의 동조적 좋은 기를 받기란 어려운 장법이 된다. 화장 후 강이나 산에 뿌려진 유골의 영혼치고 불안하지 않은 영혼은 없을 것이다. 굳

이 화장을 해야 한다면 유골은 반드시 도자기나 나무상
자에 모시어 납골묘에 안치 보관하든지 수맥이 통하지
않고 살풍이 닿지 않는 양지바른 땅에 모시는 것은 사자
의 후손된 자손의 도리이니 최선을 다해야 영혼은 편안
하고 후손은 안정된 삶을 누릴 수 있음을 이해하기 바란
다. 우리가 명당 길지를 찾는 것은 조상의 영혼을 편안케
하고 후손들은 화목하고 잘 살아 보고자 하는데 본 뜻이
있을 것이니 화장 뒷마무리에 최선을 다하기 바란다.

이상과 같이 화장의 풍습은 이미 신라시대에부터 행하
여져 왔으나 풍장 빈장 등과 같이 본장을 위하여 뼈를 얻
기 위한 수단의 일부에 지나지 않았다고 전해오고 있으
며 후손들은 차장으로 매장을 하게 되었으나 후손이 없
는 유골은 화장으로 뼈를 뿌리기도 하는 방법들이 시대
의 변천에 따라 오늘에 전해오고 있으니 재삼 숙고하여
조상과 자손에게 욕되지 않은 선택을 찾으시기 바랍니
다.

흉지매장보다는 화장이 善策이 된다.

전통적으로 조상숭배와 매장선호사상이 강한 풍토에
서도 장점과 단점이 같이 공존한다고 보겠다.

매장은 좋은 明穴에 조상을 안장한 자손들은 다행한
일이겠으나, 길지를 구하지 못하고 흉지에 조상을 매장
함으로 인하여, 자손들이 각종 흉액을 당하지 않으려면,
火葬을 하는 것도 차선책이다.

사실상 좋은 明堂이란 생각과 같이 얻기가 쉽지 않은

것이 현실이다.

이렇듯 좋은 吉地를 찾아서 祖上을 모시면, 그 자손들은 그 사회를 이끌어가는 지도자가 되고, 훌륭한 인품이 배출되는 것은 자연의 진리이다.

그러나 매장 선호사상 때문에, 좋지 못한 흉지에 매장함으로써 조상의 간섭적 氣로 인한, 그 자손들에게 미치는 각종 재앙과 우환은 피해야 할 것이다.

통계에 의하면 태어나면서부터 수많은 정신질환자, 지체부자유자, 정신박약아, 난치병환자 등 이러한 불행을 안고 살아야 하는 가정들이 연간 수만이 넘는다고 한다.

이러한 모든 불행을 당하는 원인은, 자연의 진리를 모르는 무지로 인하여 흉지나 수맥위에다 조상을 모시거나 수맥 위에서 기거하거나 살풍이 닿은 곳에서 사는 결과라고 하겠다.

자연은 거짓없이 정직하다.

위와 같은 불행을 미리 막기 위해서는, 자연의 진리를 올바르게 알고, 올바른 장법을 선택하여야 할 것이다.

火葬은 매장선호사상 때문에 나쁜 흉지에 조상을 모시는 것보다는 부득이 하면 火葬을 하여 납골묘지에 안장하는 것이 차선책이라도 선택하여야 한다고 본다.

그러나 여건이 되는 자손들은 明穴吉地를 찾아서 祖上을 모시어야 후손들은 화목하고 복을 받아 번창하고 그 시대의 존경받는 지도자가 되는 것은 의심의 여지가 없는 진리요 참효임을 명심하여 최선을 다하기 바란다.

風水地理와 孝

우리들 인간은 부모조상의 種性因子의 氣를 받아 이 세상에 태어나 우주공간 자연의 품에서 삶을 누리고 있는 生의 帶에서는 육식의 분별력에 따라 子女를 위하여 사력을 다해서 도와주고 잘못을 사랑으로 감싸주며 용서도 하지만 生의 帶를 마치고 死後에 자연계에 매장이 된 뒤에는 살아 생전의 육식이나 감정은 없어지고 자연이 간직한 氣의 선악에 따른 진리와 정직한 파장만이 있을 뿐이다.

선한 길지의 땅에서는 善 그대로를 보내고 음습한 흉지의 땅에서는 음습한 흉지의 땅에서 받는 그대로의 지기파장을 자손들에게 전달될 뿐이다.

우리가 이 세상에 태어나서 살아가는데 그 많은 연분들과 인연을 맺고 살아가지만 그 중에서 최상의 가장 훌륭한 동반자요 동조자는 부모요 조상뿐이다. 부모조상이 살아계신 생전에는 자녀의 일이라면 목숨을 아끼지 않던 부모조상을 사후에는 살아있는 우리들 후손이 정성을 다하여 길지를 찾아 모시게 되면 지하땅속에서도 부모조상 만큼의 우리들 후손의 후원자요 나와 동조자요 나의 동반자가 없다는 것을 깨달아서 자연계의 법칙과 풍수의 참뜻을 올바르게 이해하여야 할 것이다. 부모조상과 子孫간 氣의 교감흡수는 種姓因子 동기감응법칙에 따라 부모조상의 유골이 자연의 선성에 地氣를 받아 편안하면 자손 또한 편안할 것이요 흉지에 매장되어 유골이 산화되어 급속히 소진되면서 불안하면 그 자손 또한 우환과 고통으로 재앙을 맞게 되는 것이다.

부모조상의 유골이 神靈의 生氣를 받아야 편안하며 동질의 유전인자를 가진 후손에게 선성의 양질에 氣를 교감흡수케 하여 하고자 하는 모든 일들을 성공적으로 유도하게도 되는 것이다. 자연의 생기가 모인 곳은 따뜻한 훈기의 열이 있게 되고 열이 있으면 전류가 나타나고 전류가 흐르면 진동을 일으켜 파장의 주파수를 일으켜서 氣가 같은 유전인자끼리 전달교감흡수하게 됨으로 부모조상의 신령이 편안하면 자손들도 편안한 삶을 누리게 될 것이다.

풍수지리는 부모조상에 대한 뿌리깊은 효친사상이요 생존한 우리 자손들의 건강과 화목을 관장하는 학문이 될 것이다.

父母祖上에 대한 孝란 사람의 행실 중에 가장 아름답고 참된 만고불변의 진리요, 윤리도덕의 원천이다.

부처님도 "경전"과 "부모은중경"을 노래하여, 부모은혜의 높고, 크고, 소중함을 가르쳤고, 하느님도 "십계명"에서 "네 부모를 공경하라"고 가르쳤으며, 孔子님도 "효경(孝經)"을 통하여 "부자지도(父子之道)는 천성야(天性也)"라고 가르쳤다.

그러나, 이러한 孝사상은 주로 生前의 부모에 대한 孝를 가르침이 대부분이었고, 돌아가신 祖上에 대한 孝에 대하여서는, 극히 관념적이고, 관행적으로 행하여졌다고

하겠다.

우리가 하루라고 하는 것은, 태양이 있는 밝은 낮과 어두운 밤을 다 지나야 하루라고 하듯이, 사람도 하루중의 낮에 해당하는 살아있는 생의 대(生의 帶)와, 하루중의 밤에 해당하는 죽어서 유골이 다 없어질 때까지의 사의 대(死의 帶)까지를 다 지나야 인간의 일주기(人間의 一週期)가 끝나는 것이다.

그러나 우리는 일반적으로 生前의 孝만을 중요시했다.

그것은 生前의 부모가 자손에게 주는 영향만을 주로 인식하고, 사후의 부모가 자손에게 주는 영향에 대하여서는, 현상적인 인식(現象的인 認識)이 어려울 뿐만 아니라, 어떤 증거에 의한 확신도 할 수 없으므로 그저 막연하게 "祖上의 墓를 잘 모시면 자손이 잘된다더라", 또는 "祖上을 잘 섬기면 복받는다"라는 추상적인 생각에 의하여 행하여져 왔을 뿐이었다.

우리는 돌아가신 祖上에 대한, 애석한 마음과 지극한 정성으로 그 은혜를 추모하며, 엄숙한 제례(祭禮)를 봉행하여야 하는 것이 자손의 도리임은 말할 나위도 없지만, 돌아가신 조상을 섬기는데 있어서 더욱 중요한 참된 孝는, 좋은 유택(幽宅)을 마련하여 안장하고 그 유골과 영혼을 편히 쉬게 하며, 묘역(墓域)을 잘 관리 보존하는 일에 있다고 할 것이다.

살풍(殺風)이 몰아치고, 물이 들어 있어 습기차고, 음습한 흉지의 땅에다 매장해 놓고, 호화롭게 석물(石物)

로 묘역을 치장하는 일은 대단히 잘못되는 경우라고 하겠다.

그러나 이같은 일들은 시행착오로서, 조상의 유골이나 영혼이 편안하지도 않을뿐더러, 그 子孫들은 오히려 화(禍)를 받을뿐이며, 福을 받기란 아주 미약한 것이다.

돌아가신 祖上에 대한 참된 孝는, 반드시 風水地理에 대한 진리와 원칙을 올바르게 알고, 참된 吉地를 얻어서 안장(安葬)하지 않는다면, 공들여서 정성을 다하였다 하여도 결과는 소응을 바라기는 어려울 것이다.

지금까지 이 학문은, 이해하고 해득하기가 어려워서, 일반적으로 그 진리를 습득하기가 사실상 어려웠다고 본다. 소위 전문가라고 하는 지사(地師)들도 주로 추상적이고, 관념적인 이론에만 의존하여, 자연의 山地답사에 의한 과학적인 해명이 따르지 못했기 때문에, 더욱이 어려움이 많았다고 하겠다.

모든 학문은 후예들의 끊임없는 추구(追究)에 의하여 연구발전되어, 현실에 공헌을 하고, 미래에 대한 희망적인 확신을 줌으로써, 학문의 가치가 평가되는 것이다.

이러한 관점에서, 이제 우리의 이 風水地理學은 기존의 동양철학과 자연공학을 인간에너지에 접목(接木) 시킴으로써, 보다 과학적이고 합리적으로 연구발전 시키지 않으면 안 되게 되었다.

그동안 우리는 추상적이고 관습적으로 행하여 오던 祖上死后의 孝에 관행을 이제부터는 과학적이고 합리적인

방법과 이론으로 과감히 재정리 해야할 시점에 왔다고
본다.

　이러한 배경에서 본인은, 오늘날 여러 가문의 자손들
이 行事하고 있는 祖上의 장례에 대한 孝의 정성에, 조금
이라도 도움이 되었으면 하는 마음으로 그동안 본인이
얻어진 지식과 경험을 바탕으로 지금까지의 관념적이고
추상적인 이론에서 과감히 탈피하여 명당은 먼저 土色이
증명이 되고, 매장 후에는 실질적인 결과가 현상으로 증
명이 되어야 학문으로서의 진가를 받을 것이다. 풍수지
리는 부모조상에 대한 뿌리 깊은 효친사상이요 생존한
우리자손들의 건강과 화목을 관장하는 학문이다.

　즉 자연의 氣와 인간의 氣가 합성된 氣의 작용을 통해
서 피흉취길의 선성에 소응을 얻을 수 있게 하는 원리를
연구하고자 하는 뜻에서 부분적이나마 증보개정판으로
펴내게 되니 동호인 수학에 누가 되지 않고 보탬이 되었
으면 하는 마음 간절하다 하겠다.

# 제15장 지방과 축문

## 1. 祗榜書式

| 삼촌숙부 | 삼촌숙모 | 외조부 | 외조모 | 망처 | 남편 | 고조부 | 고조모 | 증조부 | 증조모 | 조부 | 조모 | 아버지 | 어머니 |
|---|---|---|---|---|---|---|---|---|---|---|---|---|---|
| 顯伯叔父某官某公府君神位 | 顯伯叔母孺人某貫某氏神位 | 顯外祖考某官某公府君神位 | 顯外祖妣孺人某貫某氏神位 | 亡妻某貫某氏神位 | 顯辟某官某公府君神位 | 顯高祖考某官某公府君神位 | 顯高祖妣孺人某貫某氏神位 | 顯曾祖考某官某公府君神位 | 顯曾祖妣孺人某貫某氏神位 | 顯祖考某官某公府君神位 | 顯祖妣孺人某貫某氏神位 | 顯考某官某公府君神位 | 顯妣孺人某貫某氏神位 |
| 현백숙부모관모공부군신위 | 현백숙모유인모관모씨신위 | 현외조고모관모공부군신위 | 현외조비유인모관모씨신위 | 망처모씨신위 | 현벽모관모공부군신위 | 현고조고모관모공부군신위 | 현고조비유인모관모씨신위 | 현증조고모관모공부군신위 | 현증조비유인모관모씨신위 | 현조고모관모공부군신위 | 현조비유인모관모씨신위 | 현고모관모공부군신위 | 현비유인모관모씨신위 |

## 2. 장례축

◎ 초상축 장지를 정하고 영구전에 고유
今以得地 某郡某里 (先塋局內면 某里先塋下) 某坐之原將以 某
금이득지 모군모리 (선영국내면 모리선영하) 모좌지원장이 모
日 襄奉 (將以 某日 合窆于先俾某貫某氏之墓) 敢昭告于
일 양봉 (장이 모일 합폄우선비 모관모씨지묘) 감소고우


◎ 발인축 발인 당일 영전에 고유
靈輀旣駕 往則幽宅 載陳遺體 永訣終天
령이기가 왕즉유택 재진유체 영결종천


◎ 소상축 ( 대상축도 같음)
維歲次 丙子 四月 甲寅朔 十五日 戊辰孝子 ○○감소고우
유세차 병자 사월 갑인삭 십오일 무진효자
顯考學生 府君 日月不居 奄及小祥 夙興夜處 哀慕不寧 謹以淸
현고학생 부군 일월부거 엄급소상 숙흥야처 애모불영 근이청
酌 庶羞哀薦 常事尙
작 서수애천 상사상
饗
향

◎ 산신축 초상시 천광작업하기 직전 산신에 고유

維歲次 丙子 四月 甲寅朔 十五日 戊辰幼學 ○○○감소고우

유세차 병자 사월 갑인삭 십오일 무진유학

土地之神 今爲 學生某官 某公之墓 塋建宅兆 (合葬이면 合窆于)

토지지신 금위 학생모관 모공지묘 영건택조(합장이면 합폄우)

某封 某氏之墓 神其保佑 俾無後艱 謹以淸酌 脯醢祗薦 于神尙

모봉 모씨지묘 신기보우 비무후간 근이청작 포해지천 우신상

響

향


◎ 평토제축 조묘성분후 묘전에 고

維歲次 丙子 四月 甲寅朔 十五日 戊辰孤子

유세차 병자 사월 갑인삭 십오일 무진고자○○감소고우

(모상에는 애자로 하고 부모구망시 孤子로 함)

顯考學生 府君謹以 封土墳貌旣成形歸窀穸 體魄修寧 幽明迥隔

현고학생 부군근이 봉토분모기성형귀둔석 체백수영 유명형격

昊天罔極 謹以淸酌 庶羞哀薦 奠獻尙

호천망극 근이청작 서수애천 전헌상

響

향

◎ 신묘고유 성분후 고묘축

維歲次 丙子 四月 甲寅朔 十五日 戊辰孝子 ○○감소고우

유세차 병자 사월 갑인삭 십오일 무진효자

顯考學生 府君之墓 新改幽宅 事畢封塋伏惟尊靈 永安 體魄

현고학생 부군지묘 신개유택 사필봉영복유존령 영안 체백


◎ 산신축 신산성분을 마치고 산신에 고유(신장과 이
장시)

維歲次 丙子 四月 甲寅朔 十五日 戊辰幼學 ○○○감소고우

유세차 병자 사월 갑인삭 십오일 무진유학

土地之神 今爲 學生 某官某公 ○○○窆玆 幽宅 神其保佑俾無

토지지신 금위 학생 모관모공 ○○○폄자 유택 신기보우비무

後艱謹以淸酌 脯醢 祇薦于神尙

후간근이청작 포해지천우신상

饗

향


◎ 고선영축 선산하 묘를 쓰려고 할 때 쓰기직전에 고
함

維歲次 丙子 四月 甲寅朔 十五日 戊辰 幾世孫 ○○감소고우

유세차 병자 사월 갑인삭 십오일 무진 기세손

顯幾代祖考(無官則學生) 府君之墓 今爲 幾世孫 某官府君 以
현기대조고(무관즉학생) 부군지묘 금위 기세손 모관부군 이
今月某日 瑩建幽宅於 先祖之前 某坐某向 將改瑩域 伏惟尊靈
금월모일 영건유택어 선조지전 모좌모향 장개영역 복유존령
不震不驚 謹以酒果用伸 虞告謹告
부진불경 근이주과용신 우고근고


◎ 합장후고측 합장시 구묘에 고함
維歲次 丙子 四月 甲寅朔 十五日 戊辰孤哀子 ○○감소고우
유세차 병자 사월 갑인삭 십오일 무진고애자
顯考學生 府君之墓 (母先葬 즉 先妣로 함) 慈以先妣孺人 某貫
현고학생 부군지묘 (모선장 즉 선비로 함) 자이선비유인 모관
某氏 合葬于 左封瑩 旣築舊宅兆 維新 禮合從事悲號罔極 謹以
모씨 합장우 좌봉영 기축구택조 유신 례흡종사비호망극 근이
淸酌 用伸 虞告謹告
청작 용신 우고근고


◎ 신보축 초상시 구묘를 옮겨 신묘에 같이 합장시
維歲次 丙子 四月 甲寅朔 十五日 戊辰孝子 ○○감소고우
유세차 병자 사월 갑인삭 십오일 무진효자
顯考學生 府君之墓 新改幽宅 合祔以 先妣 某貫某氏 事畢封瑩
현고학생 부군지묘 신개유택 합부이 선비 모관모씨 사필봉영

伏惟尊靈 永安體魄

복유존령 영안체백


◎ 이개장 조묘후 산신축

維歲次 庚辰 二月 癸亥朔 二十一日 癸未 ○○○감소고우

유세차 경진 이월 계해삭 이십일일 계미

土地之神 今爲學生 府君 ○○○宅兆不利 將改 葬于 此以神其保佑俾無後艱

토지지신 금위학생 부군 ○○○택조불리 장개 장우 차이신기보우 비무후간

謹以淸酌脯醢 祇薦于神尙

근이청작포해 지천우신상

饗

향


◎ 고묘축 이장천장시 봉분을 계묘 직전에 고축

維歲次 丙子 四月 甲寅朔 十五日 戊辰孝子 ○○감소고우

유세차 병자 사월 갑인삭 십오일 무진효자

顯考 某官某公 (顯妣孺人 某貫某氏) 葬于茲地 歲月滋久 體魄

현고 모관모공 (현비유인 모관모씨) 장우자지 세월자구 체백

不寧 今將改葬 敢先破墳 伏惟尊靈 不震不驚

불영 금장개장 감선파분 복유존령 부진불경

◎ 산신축 계묘시 구묘를 파기 직전 산신에 고함

維歲次 丙子 四月 甲寅朔 十五日 戊辰幼學 ○○○감소고우

유세차 병자 사월 갑인삭 십오일 무진유학

土地之神 今爲學生 某官某公 卜宅茲地 恐有他患 將啓窆遷于 他

토지지신 금위학생 모관모공 복택자지 공유타환 장계폄천우 타

所 建茲宅兆神其保于俾無後艱謹以淸酌 浦醢祇薦于神尙

소 건자택조신기보우 비무후간근이청작 포해지천우신상

響

향


◎ 개사초고묘축 사초하려는 묘에 고함

維歲次 丙子 四月 甲寅朔 十五日 戊辰孝子 ○○감소고우

유세차 병자 사월 갑인삭 십오일 무진효자

顯考學生 府君之墓 伏以封築 不謹歲久 頹俾茲渭 吉日將加修葺

현고학생 부군지묘 복이봉축 불근세구 퇴비자위 길일장가수즙

伏惟尊靈 勿震勿驚 謹以酒果 用伸 虞告謹告

복유존령 물진물경 근이주과 용신 우고근고

◎ 산신축 사초묘지 조묘를 마치고 산신에 고함

維歲次 丙子 四月 甲寅朔 十五日 戊辰孝子幼學 ○○○감소고우

유세차 병자 사월 갑인삭 십오일 무진효자유학

土地之神 今爲學生 某官某公 某貫某氏 塚宅崩頹 將加修治 神基

토지지신 금위학생 모관모공 모관모씨 총택붕퇴 장가수치 신기

保佑俾 無後艱 謹以酒果 祗薦于神尙

보우비무후간 근이주과 지천우신상

饗

향


◎ 당위사필고축 사초를 마치고 묘전에 고함

維歲次 丙子 四月 甲寅朔 十五日 戊辰孝子 ○○감소고우

유세차 병자 사월 갑인삭 십오일 무진효자

顯考學生 府君之墓 旣封旣莎 舊宅幽新 伏惟尊靈 永世是寧

현고학생 부군지묘 기봉기사 구택유신 복유존령 영세시영


◎ 산신축 개사초 하기 전에 산신에 고유함

維歲次 丙子 四月 甲寅朔 十五日 戊辰幼學 ○○○감소고우

유세차 병자 사월 갑인삭 십오 무진유학

土地之神 今爲學生 某官某公 (비위면 某貫某氏) 府君之墓 宿草

토지지신 금위학생 모관모공 (비위면 모관모씨) 부군지묘 숙초

故損 改修封塋 神其保佑謹以 酒果祗薦 于神尙

고손 개수봉영 신기보우근이 주과지천 우신상

響

향


◎ 입비석축 비석을 세우고자 할 때 묘전에 고함

維歲次 丙子 四月 甲寅朔 十五日 戊辰孝子 ○○감소고우

유세차 병자 사월 갑인삭 십오일 무진효자

顯考學生 府君之墓 今具石物 用衛墓道 伏惟尊靈 是憑是依

현고학생 부군지묘 금구석물 용위묘도 복유존령 시빙시의


◎ 입석후축 입비를 마치고

維歲次 丙子 四月 甲寅朔 十五日 戊辰孝子 ○○감소고우

유세차 병자 사월 갑인삭 십오일 무진효자

顯考學生 府君之墓 伏以 今具石物 用衛墓道 伏惟尊靈 是憑是依

현고학생 부군지묘 복이 금구석물 용위묘도 복유존령 시빙시의

◎ 사토지축 타소로 이천장시 산신에 고함

維歲次 丙子 四月 甲寅朔 十五日 戊辰幼學 ○○○감소고우

유세차 병자 사월 갑인삭 십오일 무진유학

土地之神 玆有學生 某官某公  유인은 某貫某氏) 卜宅玆地 恐有

토지지신 자유학생 모관모공  유인은 모관모씨) 복택자지 공유

他患 今將啓窆 遷于他所 謹以淸酌 脯醢 祗薦于 神尙

타환 금장계폄 천우타소 근이청작 포해지천우 신상

響

향


◎ 개사토 사토지축 이장을 하지 않고 사초만 할대 산
신에 고함

維歲次 丙子 四月 甲寅朔 十五日 戊辰幼學 ○○○감소고우

유세차 병자 사월 갑인삭 십오일 무진유학

土地之神 今爲 某官某公 유인은 某貫某氏) 府君 塚宅崩頹 將

토지지신 금위 모관모공 유인은 모관모씨) 부군 총택붕퇴 장

加修治 神其保佑俾無後艱 謹以 酒果祗薦于神尙

가수치 신기보우비무후간 근이 주과지천우신상

響

향

◎ 개사초 사초와 입석을 같이할 때 묘에 고함

維歲次 丙子 四月 甲寅朔 十五日 戊辰孝子 ○○감소고우

유세차 병자 사월 갑인삭 십오일 무진효자

顯考學生 府君之墓 日月悠久 墓地崩壞 茲以吉辰 改封砂土 乃

현고학생 부군지묘 일월유구 묘지붕괴 자이길진 개봉사토 내

爲石物 而表塋域 謹以酒果 用伸奠獻尙

위석물 이표영역 근이주과 용신전헌상

饗

향


## 3. 십월시제축(십월시제축)


維歲次 丙子 十月 壬子朔 十五日 丙寅 六代孫 ○○감소고우

유세차 병자 십원 임자삭 십오일 병인 육대손

顯六代祖考 學生府君 顯六代祖?孺人 某貫某氏之墓 歲薦一祭

현육대조고 학생부군 현육대조비유인 모관모씨지묘 세천일제

禮有中制 履玆霜露 彌增感慕 謹以淸酌 庶羞祗薦時事尙

례유중제 리자상로 미증감모 근이청작 서수지천시사상

饗

향

◎ 십월시제 산신축 (한식 구월구일도 같음)

維歲次 丙子 十月 壬子朔 十五日 丙寅 幼學 ○○○감소고우

유세차 병자 십월 임자삭 십오일 병인 유학

土地之神 某官某公 恭修歲事于 顯幾代祖考 某官府君之墓 惟時

토지지신 모관모공 공수세사우 현기대조고 모관부군지묘 유시

保佑 實賴神休 敢以酒果 饌敬伸奠獻尙

보우 실뢰신휴 감이주과 찬경신전헌상

饗

향

# 제16장 기타

墓封墳造墓踏山歌

여보시오 喪主님네 天下明堂 여기로다. 主山峰이 높고 높아 萬鍾이 울닐거요.

甲卯峰이 높고 보니 三聖八賢 날자리요. 丙丁峰이 높다보니 白髮父母 長壽하고

巽辛峰이 높고 보니 玉堂翰林 날자리요. 坤申峰이 높고보니 皇后王妃 날자리요.

艮寅峰이 높고 보니 七歲 男兒 登科地요, 庚兌峰이 높고보니 天下名將 날자리요.

子午卯酉四正峰은 君王님의 畢生地요, 乾坤艮巽四胎峯은 萬古 英雄 날자리요.

寅申巳亥四生峯은 賢人達士 날자리요, 甲庚丙壬 四順峯은 萬古 女將 날자리요.

乙辛丁癸四强峯은 天下力士 날자리요, 辰戌丑未四藏峯은 石崇巨富 날자리요.

405

三合龍

1) 艮寅龍이 丙午돌아 辛戌坐가 되고 보면 家難타고
   恨歎마라. 寅葬卯發 여기로다.
2) 乾亥龍이 甲卯돌아 丁未坐가 되고 보면 아들 없다
   恨歎마라. 不逾當年生貴子라.
3) 巽巳龍이 兌庚돌아 癸丑坐가 되고 보면 三代白頭
   恨歎마라. 代代政承 여기로다.
4) 坤申龍이 壬坎돌아 乙辰坐가 되고보니 皇后揀澤 걱
   정마라, 삼대황후 날자리라,
어화 世上 사람들아 修德積善明堂이다.
以上은 造墓封墳灰 다질 때 답산가이다.


砂格歌

君王砂 있는 곳에 帝王候가 낳게 되고 領相砂 있는 곳
에 長次官이 낳게 되고,
　御屏砂 있는 곳에 원님孫이 낳게 되고, 獨奉砂있는 곳
에 군수孫이 낳게되고
　富峯砂있는 곳에 巨富孫을 두게 되고 文章砂 있는 곳
에 文章名筆을 낳게 되고
　娥眉砂있는 곳에 子子孫孫 美人 난다.
　圓形砂 穴場에는 많은 자손 태어나니 仁義가 바로 서
네

方形사 혈장에는 자손들이 총명하니 智慧를 주관하네.

橫形사 혈장에는 자손들이 충성하니 信義가 바로 서고

抱形사 혈장에는 자손들이 효도하니 慈愛로운 가문되고,

情形사 혈장에는 온 가족이 화목하니 情이 많은 가족되고

貴形사 혈장에는 자손들이 급제하니 人丁이 창성하고,

眞龍사 혈장에는 관대방수 朝堂하니 명진사해 자손두고,

周形사 혈장에는 財星이 照臨하니 거부자손 두게 되고,

美形사 혈장에는 蛾眉砂가 조림하니 子子孫孫 미인 난다

靑龍밖에 봉우리는 庶子孫이 횡재하고, 白虎위에 平盤石은 代代 충신 나게 되고,

봉분 뒤에 吉岩石은 力士壯士 將軍나고, 艮方峰이 수려하면 칠세 남아 등과하고,

丙午峰이 수려하면 등과급제 손이 나고, 水口앞에 놀바위는 부와 귀가 代를 잇고,

蛾眉山下 顧祖穴에 玉帶美人 태어나고, 靑龍밖에 巽巳峰針 針術人이 태어나고,

丑方巽方 長江水는 韓林學士 태어나고, 乾方峰은 長壽貴요 艮方峰은 장원귀라.

午未峰은 賢妻貴요 戌亥峰은 부자귀라

一根雙峰 案이 되면 쌍동아가 태어나고, 小溪水는 역수하고 大溪水는 순수하소

靑龍方水와 甲丙庚壬方水는 양수라 男子先發하게 되고,

白虎方水와 乙丁辛癸方水는 음수라 女子先發하게 된다.

八方明山 百餘里 三千餘尺 蓮花地는 文武科甲 三公將相 충신효자 필생지라


水木火土金星水는 五行水로 분류하면

굴곡수는 水星水요 直冲水는 木星水요, 分流水는 火星水요 方圍水는 土星水요,

彎弓水 청수하니 감고 돌면 金星水다

飛龍上天 형국에는 은하수砂가 필요하고, 猛虎出林 형국에는 眠狗砂가 필요하고,

雲從龍 형국에는 三台峰이 필요하고, 將軍形 국세에는 旗鼓砂가 필요하고,

賢人讀書 형국에는 學堂水가 필요하고, 文武將相 형국에는 領相砂가 필요하고,

鳳凰歸巢 형국에는 梧桐枝가 필요하고, 金鷄抱卵 형국에는 巢朝砂가 필요하고,

渴馬渴鹿 형국에는 池塘水가 필요하고, 君王拜禮 형국에는 封君砂가 필요하고

吉山歌

　主山峰이 王氣하면 帝王後孫 낳게 되고 주산봉이 瑞氣하면 宰相孫이 낳게 되고,

　주산봉이 수려하면 영웅호걸 낳게 되고 주산봉이 高貴하면 文官子孫 낳게 되고,

　주산봉이 장엄하면 무관자손 낳게 되고 주산봉이 양명하면 名人孫이 낳게 되고,

　주산봉이 厚富하면 부귀손이 낳게 된다.

　내룡맥이 광채나면 세도손 낳게 되고, 내룡맥이 왕성하면 王侯將相 낳게 되고,

　내룡맥이 多枝龍은 많은 孫을 두게 되고, 내룡맥이 厚富하면 부귀영화손을 두고,

　내룡맥이 順龍이면 충효손을 두게 되고, 내룡맥이 長遠하면 長壽富貴孫을 두고,

　내룡맥이 聳秀하면 獨尊孫을 두게 된다.

　靑龍白虎 왕성하면 本孫外孫 득세하고, 靑龍作局瑞氣하면 本孫 富貴勢道 갖고,

　白虎作局瑞氣하면 本孫外孫 富貴 난다.

　靑龍上部 光彩 나면 장자손이 부귀낳고, 청용중부 광채나면 仲孫 末孫 富貴한다.

　白虎上部 光彩 나면 賢妻 女息 富貴 둔다.

凶山歌

　主山峰이 없는 곳에 主管子孫을 없게 되고, 주산봉이
陰濕散亂하면 不孝添祖孫이 낳고,

　주산봉이 陰濕無力하면 百病孫을 두게 되고, 주산봉이
陰濕賤石하면 卑賤因窮 하게 되고

　주산봉이 險惡하면 醜한 孫을 두게 되고, 주산봉이 散
亂無力하면 과부 治家孫을 둔다.

　내룡맥이 貧弱하면 卑賤因窮 子孫난다.

　내룡맥이 片龍이면 不具子孫 낳게 되고, 내용맥이 斷
絶되면 無後絶孫하게 되고,

　내룡맥이 孤龍이면 子孫들이 孤獨하고, 내용맥이 陰濕
散만하면 축첩방탕 子孫 둔다.

　청룡백호 逆理하면 本孫外孫 불효하고, 청용산이 背反
散氣陰濕하면 本孫들이 불효하고 백호산이 背反하면 外
孫들이 불효하고, 청용산이 散氣險難하면 淫湯不孝孫이
난다.

　散山砂가 있는 곳에 살림살이 거덜나고, 結項砂가 있
는 곳에 목맨 자손이 있게 되고,

　壓死砂가 있는 곳에 車輛事故 조심하고, 懸裙砂가 있
는 곳에 淫蕩子孫 낳게 되고

　窺峯砂가 있는 곳에 盜賊孫이 낳게 되고, 劍死砂가 있
는 곳에 以金致死孫이 낳고

　逃走砂가 있는 곳에 夜半逃走 子孫 둔다.

直傾砂 혈장에는 直走하고 도망가니 자손들이 거덜나고,

背形砂 혈장에는 동서로 배반하니 자손들은 불효하네.

反形砂 혈장에는 반역하고 돌아가니 불효불충孫이 나고,

散形砂 혈장에는 山勢가 散漫하니 자손들이 산만하고,

空虛形 혈장에는 주변사가 허술하니 孫과 財를 얻을소야

破形砂 혈장에는 주변사가 파쇠되니 破産災難 어이할고,

傷形砂 혈장에는 斷絶破碎 되었으니 孤寒 자손탄식한다.

泄氣形 혈장에는 眞氣를 못 얻으니 祖上들이 울고 있다.

病形砂 혈장에는 주변 砂水 병이 드니 百病재난 어이할고

甲卯方 泉井水는 홀아비가 태어나고, 巽巳水가 相冲하면 광중에 물이 들고,

丙午方의 泉井水는 水災火災 두려웁고, 子午方水 相冲하면 음란으로 패가하고,

反弓水가 案이 되면 가난함을 면할소야, 陰宅陽宅 冲射水는 人敗財敗 어이하리.

靑龍白虎 相冲 하면 子孫들이 不睦하고, 靑龍끝 작은 봉은 양자손을 두게 되고,

白虎끝 작은 봉은 부녀자가 음난하고, 艮寅方 흉암석
은 맹인손이 나게 되고,

靑龍砂가 요절하면 횡사자손 나게 되고, 坤申方이
相冲하면 老少과부 치가한다.

乾兌方에 우물물은 남녀손이 음란하다.

이상의 吉凶砂 외에도 吉凶砂歌가 있으니 參考하시기
바란다.

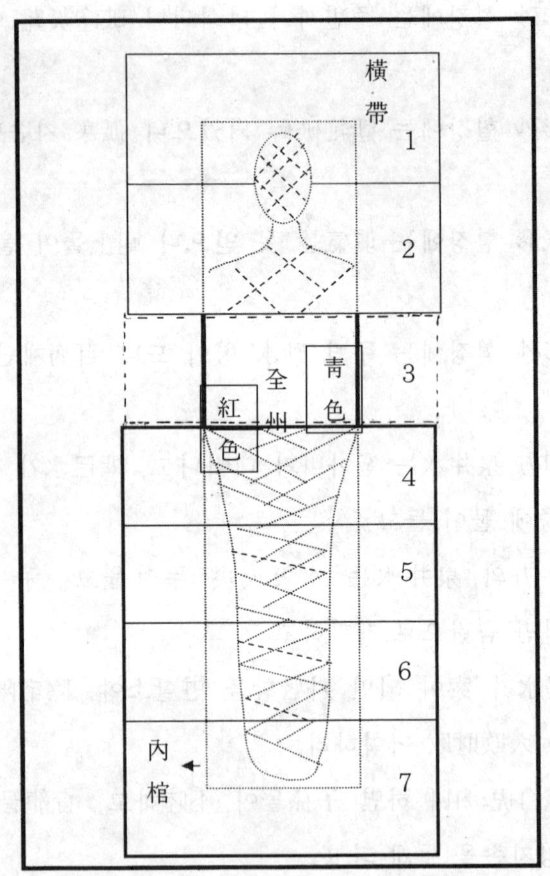

## 맺는말

　풍수지리학은 효친사상에 뿌리내린 학문으로 참여하는 선호도는 지식 수준이 높고 생활이 윤택한 계층일수록 참여도가 높게 나타나고 생활이 어렵거나 자기의 뜻한 바를 이루지 못하거나 사업에 실패한 계층일수록 참여율은 저조한 것으로 통계상 나타나 있다.

　이같은 현상은 생활이 안정되고 지식수준이 높을수록 부모조상의 음덕을 높이 받들어 더욱더 정성을 다하게 되지만 생활이 어렵고 많이 배우지 못하였거나 사업에 실패하였거나 자기가 하고자 하는 일에 뜻을 이루지 못한 자손들일수록 부모조상에 대한 고마움보다는 한탄과 원망으로 불평과 불만을 갖게 되고 생업에 쫓기다 보니 마음의 여유를 갖지 못하여 부모조상을 돌아볼 겨를이 없다고 할 것이다.

　이와 같은 현상은 자연진리의 법칙에 따라 돌아가신 조상은 자손들의 노력여하에 따라 生氣地에 매장되기도 하고 흉지에 매장되기도 하니 우리들 생존한 자손들의 노력여하에 따라서는 자연의 냉엄한 인과업보의 법칙에 따라 善緣의 음덕을 받기도 하고 악연을 맞게도 되니 우

413

리들 생존한 자손들은 생활이 어렵고 힘들어도 부모조상
의 유해는 정성을 다하여 생길지에 모시도록 최선을 다
하여야 할 것이다.

오직 자연은 정직과 진리만 있을 뿐이니 조상을 생기
가 모인 곳에 모시게 되면 조상의 유해가 명당길지에 양
질의 지기에서 받는만큼만 자손들에게는 음덕이 교감된
다는 것을 다시 한번 깨닫고 이해하길 바란다.

## 실용생활풍수

초판인쇄 / 2002년 8월 10일
초판발행 / 2002년 8월 15일

저자 / 巨堂 정정운
발행인 / 이재명
발행처 / 삼지사

주소 / 서울특별시 중구 신당동 249-20
전화 / 02-2234-4560, 0733
팩스 / 02-2232-3710
등록 / 1983. 8. 1. 제4-6호
정가 / 15,000원

• 독자 여러분의 참신한 원고를 기다립니다.
• 잘못된 책은 구입하신 서점에서 바꾸어 드립니다.

ISBN   89-7358-326-3      03140

풍수지리반 관산기염